Logik
für Philosophen

Logik
für Philosophen

von
Prof. Dr. Arnold Oberschelp
Christian-Albrechts-Universität Kiel

B·I·
Wissenschaftsverlag
Mannheim/Leipzig/Wien/Zürich

Die Deutsche Bibliothek – CIP-Einheitsaufnahme

Oberschelp, Arnold:
Logik für Philosophen / von Arnold Oberschelp. –
Mannheim; Leipzig; Wien; Zürich: BI-Wiss.-Verl., 1992
ISBN 3-411-15491-8

Gedruckt auf säurefreiem Papier
mit neutralem pH-Wert (bibliotheksfest)

Druck: RK Offsetdruck GmbH, Speyer
Bindearbeit: Progressdruck GmbH, Speyer
Printed in Germany
ISBN 3-411-15491-8

Vorwort

Die Grundkonzeption dieses Buches ist es, eine Einführung in die wichtigsten Begriffe und Sätze der Aussagenlogik und Prädikatenlogik zu geben, die ohne Verzicht auf Strenge auch für Leser zugänglich sein soll, die der Mathematik ferner stehen. Dabei wird versucht, die historischen Zusammenhänge und den grundlagentheoretischen Hintergrund deutlich werden zu lassen, sowie den allgemeinen sprachtheoretischen Aspekt der Logik herauszuarbeiten. Darüber hinaus sollen weitere philosophisch relevante Logiksysteme angesprochen werden.

Die **Aussagenlogik** dient dazu, in einem einfachen Fall den Aufbau eines logischen Systems mit Syntax, Semantik und der Definition logischer Begriffe vorzuführen. Als Hilfsmittel für die Bearbeitung logischer Fragen wird das Wahrheitstafelverfahren entwickelt.

Die **Prädikatenlogik** nimmt in diesem Buch die zentrale Stelle ein. Um eine stoffliche Entlastung zu erreichen, wird die einfache Version ohne Funktionszeichen behandelt. Das ist vertretbar, da später in der Klassenlogik ohnehin Funktionen betrachtet werden, und zwar sogar unter Einschluß partieller Funktionen. Ferner wird der Beweis des Vollständigkeitssatzes, der ja in vielen Büchern dargestellt ist, nur skizziert. Es wird jedoch wegen der Bedeutung für die Anwendungen die Prädikatenlogik von vornherein in mehrsortiger Form entwickelt. Der ausführlich behandelte Ableitungskalkül arbeitet mit Annahmen, die in jeder Beweiszeile genannt werden müssen. Dabei werden auch die praktisch wichtigen, aber oft vernachlässigten Ersetzungsschlüsse besprochen. Für die Substitution wird eine eigene Regel formuliert, statt Substitutionen, wie es sonst meist geschieht, in die Quantorenregeln einzuarbeiten. Das erweist sich insbesondere im letzten Kapitel als nützlich.

Eine Besonderheit dieses Buches ist der Abriß einer **Klassenlogik**, die die Prädikatenlogik erweitert und auch die logische Theorie der Relationen und Funktionen und die Kennzeichnungslogik umfaßt. Die Klassenlogik wird in einer typenfreien Sprache mit Angabe eines vollständigen Ableitungskalküls entwickelt. Sie ist auf eine präzise Semantik gegründet und enthält keinerlei Antinomien.

Zum Abschluß wird ein Ausblick auf die **Modallogik** und weitere philosophisch relevante Logiksysteme gegeben.

Dieses Buch ist aus Vorlesungen zur Einführung in die Logik hervorgegangen, die ich seit 1974 regelmäßig in Kiel für Philosophen und Studierende nichtmathematischer Fächer gehalten und ständig fortentwickelt habe. Zu den Vorläufern des Buches gehören, beginnend mit einem handschriftlichen Skript von 1977, verschiedene Vorlesungsausarbeitungen, die auch über verschiedene Auflagen hinweg fortentwickelt wurden. Die letzte Fassung ist für die Buchveröffentlichung abermals überarbeitet und umgearbeitet worden, insbesondere im Kapitel über die Klassenlogik.

Ich danke allen Mitarbeiten, die mir bei der Erstellung des Manuskriptes geholfen haben. Regina Hornauer schrieb unermüdlich und sorgfältig viele Texte. Torsten Domrös, Detlef Graff, Joachim Gut, Volker Kontze, Lucas Peña, Frank Reitmaier, Detlef Romig, Philipp Rothmaler und Martin Schumann haben in verschiedenen Stadien der Entstehung sorgfältig Korrektur gelesen und manche Anregung gegeben, die aufgegriffen werden konnte.

Kiel, Januar 1992

Arnold Oberschelp

Inhaltsverzeichnis

Kapitel IV Klassenlogik

Anhang

§0. Historische Vorbemerkung

Seit den Anfängen der Wissenschaft ist logisches Schließen praktiziert worden, doch ist damit noch nicht die Logik als eine wissenschaftliche Disziplin gegeben. So wird man ja auch nicht dadurch, daß man eine Sprache beherrscht, bereits zum Linguisten. Die Logik entstand durch die wissenschaftliche Reflexion auf das Schließen selbst. Obwohl auch das früh einsetzte, läßt sich sagen, daß die Logik als Wissenschaft erst von Aristoteles geschaffen wurde, der sie sogleich auf ein beträchtliches Niveau brachte. Seine Logik kann heute als ein Vorläufer der Prädikatenlogik und auch der Klassenlogik angesehen werden. Ein typischer Lehrsatz seiner Logik ist z. B.:

0.1 Wenn P allen M und M allen S zukommt, so kommt auch P allen S zu.

Die Termini P, M, S stehen dabei für Begriffe oder Klassenausdrücke.

Einen anderen Höhepunkt der antiken Logik stellt die von der Philosophie der Stoa geschaffene stoische Logik dar. Hauptvertreter im Hinblick auf die Logik waren Zenon von Kition, Diodoros Chronos und Chrysippos. Die Stoische Logik kann als Vorläufer der Aussagenlogik angesehen werden. Ein typischer Lehrsatz ist z. B.:

0.2 Wenn das Erste so das Zweite. Nun nicht das Zweite. Also nicht das Erste.

Die Ausdrücke das Erste, das Zweite stehen dabei für ganze Aussagesätze. Jedoch ist das oft mit den aristotelischen Termini vermengt worden.

In den folgenden zwei Jahrtausenden war die Logik so sehr von Aristoteles geprägt, daß sich andersartige Ansätze kaum durchsetzen konnten und auch keine bahnbrechenden Weiterentwicklungen erfolgten. Auch die stoische Logik fand nicht die Beachtung, die sie verdiente. Die meisten Schriften der stoischen Logiker gingen verloren und es sind nur (zumeist unfreundliche) Kommentare erhalten, aus denen man die stoische Logik erst rekonstruieren muß. Als man den hohen Rang der stoischen Logik erkannte, war die moderne Aussagenlogik bereits geschaffen und die stoische Logik nur noch von historischem Interesse. Übrigens lief das, was heute als "Logik" bezeichnet wird, lange unter dem Titel "Dialektik". Die Bezeichnung "Logik" hat sich erst im neunzehnten Jahrhundert endgültig durchgesetzt.

Eine Blütezeit erlebte die Logik in der Scholastik, als die antike Wissenschaft für das Abendland wiederentdeckt wurde. Dabei dominierte die Lehre des Aristoteles. Es wurden die Benennungen für die Syllogismen und ein ausgeklügeltes mnemotechnisches System von Merksprüchen entwickelt. Die "Summulae Logicales" von Petrus Hispanus (später Papst Johannes XXI.) wurden für drei Jahrhunderte das führende Lehrbuch der Logik. Die Scholastiker befaßten sich viel mit semantischen Fragen. In dem bekannten Universalienstreit ging es um die Seinsweise der Allgemeinbegriffe, ob sie eine eigenständige Existenz haben (Realismus) oder nur Wörter sind (Nominalismus).

Viele Ideen des Neubeginns der Logik lassen sich sodann auf Gottfried Wilhelm Leibniz zurückführen. Er bemühte sich insbesondere um eine kalkülmäßige Erfassung der Logik. Es gelang ihm aber nicht, eine adäquate formale Sprache zu finden.

Die Logik galt, als die anderen Wissenschaften sich von der Autorität des Aristoteles lösten und dann begannen, sich stürmisch zu entwickeln, weithin als eine ziemlich abgeschlossene, aber recht sterile Disziplin.

Das änderte sich erst im neunzehnten Jahrhundert. Seit dieser Zeit wurde die Logik zu einem beträchtlichen Teil von Mathematikern weiterentwickelt. Dabei erfuhr sie eine tiefgreifende Umgestaltung. Die Methoden sind durchweg mathematisch und auch die Inhalte weitgehend auf die Mathematik bezogen.

Dabei ist die ältere Logik aber nicht zugunsten der modernen Logik aufgegeben worden, so wie es mit der Alchimie beim Aufkommen der Chemie der Fall war. Sie ist auch nicht in der Weise berichtigt worden, wie es mit der älteren Physik und Astronomie bei der Entwicklung der modernen Wissenschaft geschah. Die ältere Logik, die völlig korrekt war, ist in der modernen Logik aufgegangen, etwa so wie die antike Mathematik in der modernen Mathematik aufgegangen ist.

Charakteristisch für die moderne Logik ist die Verwendung künstlicher, formaler Sprachen anstelle natürlicher Sprachen. Das führt zu der Unterscheidung zwischen (formalen) Objektsprachen, die das Objekt der Untersuchung sind, und der Metasprache, deren inhaltliches Verständnis vorausgesetzt wird und in der die Untersuchung erfolgt. Hierdurch wird die präzise Definition logischer Begriffe und die Verwendung mathematischer Methoden erst ermöglicht.

Die Formalisierung geht in der Logik über das in der Mathematik übliche Maß insofern hinaus, als auch Wörter und Wendungen wie z. B.:

0.3 nicht, und, oder, wenn ..., so ..., ... genau dann, wenn ..., für alle, es gibt ein, gehört zu

durch Symbole dargestellt werden, nämlich:

0.3 a $\neg, \wedge, \vee, \Longrightarrow, \Longleftrightarrow, \forall, \exists, \in$

Die Aussage 0.1 dieses Paragraphen kann damit, unter Benutzung einer Variablen v, in folgender Weise formalisiert werden:

0.1 a $\forall v(v \in M \Longrightarrow v \in P) \wedge \forall v(v \in S \Longrightarrow v \in M) \Longrightarrow \forall v(v \in S \Longrightarrow v \in P)$

Und der Schluß in 0.2 kann formal so dargestellt werden:

0.2 a
$$\begin{array}{l} p \Longrightarrow q \\ \neg\, q \\ \hline \neg\, p \end{array}$$

Es sollen nun noch einige Stichworte zur Entwicklung der modernen Logik gegeben werden, selbst wenn diese dem Leser u. U. nur andeutungsweise verständlich sind.

Die semantische Definition des Folgerungsbegriffs durch Betrachtung aller Uminterpretationen der Sprache findet sich bereits bei Bernhard Bolzano. Allerdings sind die sprachlichen Mittel bei ihm noch nicht präzisiert und er betrachtet nicht den Unterschied von logischen und nichtlogischen Konstanten.

George Boole versuchte, in die Logik ein Rechnen nach Art der Algebra einzuführen. Wenn die Variablen x, y, ... für Begriffe (Klasssen) oder auch für Aussagen und +, · für Vereinigung und Durchschnitt (bei Klassen) bzw. für "oder" und "und" (bei

Aussagen) stehen, so erhält man logische Gesetze, die in vieler Hinsicht den Gesetzen des Zahlenrechnens ähneln, doch gibt es auch Unterschiede. Es gilt z. B. bei dieser logischen Interpretation:

$$x \cdot (y+z) = (x \cdot y)+(x \cdot z) \quad \text{und ebenso} \quad x+(y \cdot z) = (x+y) \cdot (x+z)$$

Noch heute redet man von der Booleschen Algebra, die insbesondere in der Informatik von Bedeutung ist.

Charles S. Peirce entwickelte sehr ausgereifte logische Systeme. Die Dualitität zwischen dem einschließenden Oder und dem Und wurde von ihm klar formuliert, und er hatte auch schon praktisch die Prädikatenlogik in Händen. Seine Schriften blieben aber lange Zeit weitgehend unbekannt.

Ähnlich ging es zunächst Gottlob Frege, dem bedeutendsten Logiker des neunzehnten Jahrhunderts. Von ihm stammt die erste umfassende Formalisierung von Aussagenlogik, Prädikatenlogik, Kennzeichnungslogik, sowie der logischen Theorie der Klassen, Relationen und Funktionen. Seine Formalisierung umfaßt nicht nur die Sprache, auch die zugelassenen Schlußweisen sind genau angegeben. Frege gab die erste wirkliche Zahldefinition, d. h. er definierte den Zahlbegriff mit Hilfe rein logischer Begriffe und leitete die arithmetischen Gesetze logisch ab. Ferner leistete er bedeutende und heute sehr beachtete Beiträge zur Sprachphilosophie, insbesondere mit seiner Unterscheidung von Sinn und Bedeutung eines Ausdrucks. Freges unmittelbare Wirkung war aber gering. Dazu trug seine (zweidimensionale) Symbolik bei, die sich nicht durchsetzen konnte und die auf den ersten Blick sehr unübersichtlich wirkt. Ein tragischer Punkt war, daß kurz vor Erscheinen des letzten Bandes seines Hauptwerkes (Grundgesetze der Arithmetik, I 1893, II 1903) von Bertrand Russell darin ein Widerspruch entdeckt wurde (die sog. Russellsche Antinomie), der gar nicht so einfach ausgeräumt werden kann. Man kann die Antinomie etwa in der Weise formulieren, daß man die Klasse aller Klassen bildet, die sich nicht selbst als Element enthalten und dann fragt, ob diese Klasse sich selbst als Element enthält.

Inzwischen begann in der Mathematik mit der Entwicklung der Mengenlehre eine andere Entwicklungslinie. Die Mengenlehre ermöglichte die moderne axiomatische Methode. Letztlich ist durch diese Entwicklung die Mathematik völlig umgestaltet worden.

Die von Georg Cantor begründete und zu einem wesentlichen Teil selbst entwickelte Mengenlehre verstand sich zunächst gar nicht als ein logisches System, ist aber in der weiteren Entwicklung mit der Logik verschmolzen. Auch in der Mengenlehre tauchten Antinomien auf. Doch ließ sich Cantor, der nicht formal vorging, dadurch nicht beunruhigen. Eine Konsolidierung fand die Mengenlehre durch eine Axiomatisierung, die 1908 von Ernst Zermelo angegeben wurde.

Unabhängig von Frege befaßten sich auch Richard Dedekind und Guiseppe Peano mit dem Zahlbegriff. Sie charakterisierten die natürlichen Zahlen durch innere Eigenschaften, die die Nachfolgerfunktion und die Methode der vollständigen Induktion betreffen. Heute würde man sagen, daß sie die natürlichen Zahlen axiomatisch charakterisierten. Peano ging mehr formal vor und entwickelte eine (lineare) Symbolik, aus der die heute übliche logische Symbolik hervorging. David Hilbert legte 1901 eine Axiomatisierung der Geometrie vor. Diese hat die Entwicklung des modernen axiomatischen Standpunkts eingeleitet und auch die Semantik der modernen Logik beeinflußt. Frege hat allerdings dieser Sichtweise nichts abgewinnen können.

Bertrand Russell, der direkt durch Frege beeinflußt worden war und der die von ihm selbst entdeckte Antinomie ausräumen wollte, entwickelte die sog. Typenlogik, deren Grundidee ist, daß die mathematischen Objekte in verschiedene Stufen eingeteilt sind und eine Klasse jeweils von höherer Stufe als ihre Elemente ist. Er schrieb zusammen mit Alfred North Whitehead das monumentale Werk der "Principia Mathematica" (I 1910, II 1912, III 1913), das den eigentlichen Durchbruch brachte. Fortan war allgemein anerkannt, daß die Logik in der Form eines formalen Systems entwickelt werden sollte, das die sprachlichen Mittel und die zugelassenen Beweismittel umfaßt (was Frege zuerst realisiert hatte), und daß man dabei im Hinblick auf mögliche Antinomien kritisch vorgehen muß.

Russell war aber noch naiv-optimistisch bezüglich der Reichweite der formalen Methoden. Er wollte nachweisen (ähnlich wie schon vorher Frege mit seinem System der "Grundgesetze"), daß sich alle mathematischen Wahrheiten in seinem System der "Principia" beweisen lassen.

Die Überwindung der Antinomien war das zentrale Thema der Logik in den ersten drei Jahrzehnten des zwanzigsten Jahrhunderts. Luitzen J. E. Brouwer entwickelte ab 1908 die intuitionistische Mathematik, die in rigoroser Weise bereit war, Wesentliches vom klassischen Bestand der Mathematik zu opfern, wobei auch bedeutende Mathematiker, wie z. B. Hermann Weyl, dieser Richtung zuneigten. Das rief Hilbert auf den Plan, der erklärte, die Mathematik ließe sich "nicht aus dem von Cantor geschaffenen Paradies vertreiben". Er entwickelte das Programm der Beweistheorie, um durch den formalen und "finiten" Nachweis der Widerspruchsfreiheit den Bestand der klassischen Mathematik zu retten.

Der in den zwanziger Jahren recht heftig geführte Grundlagenstreit und die Sorgen um Widersprüche sind abgeflaut. Aber die Probleme sind nicht eigentlich gelöst worden. Nach wie vor gibt es verschiedene Grundlagenstandpunkte.

Der klassische Standpunkt verwendet in der Metatheorie Mengenlehre. Danach sind die abstrakten mathematischen Objekte "an sich" da, und ihre Eigenschaften werden "entdeckt". Er entspricht dem mittelalterlichen Begriffsrealismus und wird im Hinblick auf die Ideenlehre Platons auch als Platonismus bezeichnet.

Die Konstruktivisten sind die Nachfahren der Nominalisten. Nach dem konstruktivistischen Standpunkt "erschafft" man durch mathematische Begriffsbildung die mathematischen Objekte, die man sich nicht als unabhängig existierend vorzustellen braucht — bei einem strengeren Standpunkt — nicht so vorstellen soll.

Heute sind viele Logiker aber nicht mehr geneigt, sich strikt an einen Standpunkt zu binden. Eher wählen sie den Standpunkt je nach der Art der vorzunehmenden Untersuchung aus (etwa ob sie mengentheoretisch oder beweistheoretisch ist).

Nach dem Erscheinen der "Principia Mathematica" setzte eine intensive Arbeit an den logischen Systemen ein. Die sehr umständliche Russellsche Typenlogik wurde durch Frank P. Ramsey, Kurt Gödel und Alfred Tarski vereinfacht. Als einfachste Teile wurden Aussagenlogik und Prädikatenlogik (Logik der ersten Stufe) herauspräpariert. Die axiomatische Mengenlehre wurde weiterentwickelt, formalisiert und in die Logik eingebaut.

Es zeigten sich aber auch die ersten Grenzen formaler Methoden. Thoralf Skolem wies 1929 auf die Existenz abzählbarer Modelle der (prädikatenlogisch formalisierten) Mengenlehre hin und zeigte 1933 die Nichtcharakterisierbarkeit der natürlichen Zahlen in der Prädikatenlogik. Diese Resultate waren von ihm durchaus kritisch gemeint. Doch machen gerade die sich darin ausdrückenden Beschränkungen die Prädikatenlogik zu einem nützlichen logischen Werkzeug. Gödel gelang es 1930, für die Prädikatenlogik nachzuweisen, daß die bekannten logischen Schlußregeln wirklich ausreichen, um alle Folgerungen zu ziehen; die Logik der ersten Stufe ist vollständig.

Ein Jahr später erfolgte eine tiefe Zäsur in der Logik, die den Abschied von der naiven Vorstellung bedeutete, man könne alles was gilt, auch formal beweisen. Gödel zeigte 1931 die prinzipielle Unvollständigkeit der Logik höherer Stufe und jeder axiomatisch aufgebauten Arithmetik sowie die formale Unbeweisbarkeit der Widerspruchsfreiheit. Diese Sätze, die Grenzen formaler Methoden aufzeigen, sind vielleicht die bedeutendsten logischen Resultate überhaupt.

Hierdurch verlor die Logik höherer Stufe, die Typenlogik, an Gewicht. Die Logik der ersten Stufe, die Prädikatenlogik, die bis dahin nur als ein Fragment der "eigentlich interessierenden" Logik höherer Stufe gegolten hatte, wurde aufgewertet und gewann in der Folge eine zentrale Stellung in der Logik.

Durch die Gödelschen Sätze wurde auch das Hilbertsche Programm der Beweistheorie in der ursprünglich intendierten Form als undurchführbar nachgewiesen. Doch gelang es Gerhard Gentzen 1936, mit einer Erweiterung des "finiten Standpunkts" die Widerspruchsfreiheit der axiomatischen Zahlentheorie nachzuweisen. Seitdem hat sich die Beweistheorie von der engen Hilbertschen Zielsetzung gelöst und ist zu einem umfangreichen und weit entwickelten Teilgebiet der Logik geworden.

Es erwies sich dabei als unabdingbar, zu klären, was algorithmisch überhaupt gemacht werden kann. Das führte im Jahr 1936 zu einer Präzisierung des Berechenbarkeits- und Entscheidbarkeitsbegriffs, die man wirklich als letztgültig und nicht mehr verbesserbar ansehen kann. Daran waren neben Gödel besonders Alonzo Church, Stephen C. Kleene, Alan M. Turing und Emil L. Post beteiligt. Church zeigte 1936 die Unentscheidbarkeit der Logik erster Stufe. Das besagt, daß es keinen wie auch immer gearteten Algorithmus gibt, um von beliebig gegeben Aussagen der Prädikatenlogik zu entscheiden, ob sie allgemeingültig sind. Hierdurch wird eine Grenze algorithmischer Methoden aufgezeigt. Die Untersuchungen, die an die Begriffe der Berechenbarkeit und Entscheidbarkeit anknüpfen, haben zur Entwicklung der Rekursionstheorie geführt.

Die von Zermelo begründete axiomatische Mengenlehre hat sich zu einem umfangreichen Teilgebiet der Logik entwickelt. Ergänzungen zur Axiomatik kamen von Abraham A. Fraenkel, Thoralf Skolem, Johann (John) von Neumann, Kurt Gödel und Paul Bernays. Gödel bewies 1939 die relative Widerspruchsfreiheit des Auswahlaxioms (AC), das Zermelo eingeführt hatte und dem wegen seines nichtkonstruktiven Charakters oft eine geringe Evidenz zugeschrieben wird, und der Kontinuumshypothese (CH), die besagt, daß es zwischen der Anzahl der natürlichen Zahlen und der der reellen Zahlen keine weiteren (unendlichen) Anzahlen gibt. Cantor hatte sich vergeblich bemüht, CH zu beweisen. Die volle Unabhängigkeit von AC und CH wurde 1961 von Paul Cohen gezeigt und löste eine Fülle weiterer Resultate aus.

Zu den klassischen Gebieten der Logik gehört auch die Modelltheorie. Ein frühes Resultat über die Kardinalzahl von Modellen von Formelmengen wurde 1915 von Leopold Löwenheim bewiesen und 1920 von Skolem erweitert. Grundlegend ist eine berühmte Arbeit von Tarski, in der er die Nichtdefinierbarkeit des Wahrheitsbegriffes für eine Sprache in ihr selbst zeigte. Das Resultat stammt aus dem Jahr 1931, die Hauptveröffentlichung erschien 1936. Das führte zur Unterscheidung von Objektsprache und Metasprache und zur Entwicklung der (mengentheoretisch fundierten) Semantik, die den Rahmen für die Modelltheorie abgibt. Tarski hat große Impulse zur Entwicklung der Modelltheorie gegeben, in der mathematische Strukturen unter möglichst allgemeinen Gesichtspunkten, unter Einsatz logischer Hilfsmittel und insbesondere unter Verwendung formaler Logiksprachen untersucht werden. Ein grundlegender Satz der Modelltheorie ist der Endlichkeitssatz, den Anatoli I. Malcev 1936 bewies.

Eine wichtige Seitenlinie zu Modelltheorie und Mengenlehre ist die von Abraham Robinson begründete Nichtstandardanalysis, in der man u.a. das Umgehen mit unendlich kleinen Größen auf eine exakte Grundlage stellen kann.

Enge Beziehungen bestehen zwischen der Logik und der Informatik. Das ist bei der Rekursionstheorie evident, in der mit der Explikation des Berechenbarkeitsbegriffs auch ein wichtiger Grundbegriff der Theoretischen Informatik geklärt wird.

In der Informatik besteht aber generell ein besonderer Bedarf an formalen logischen Methoden und Theorien. Während es für die Mathematik ausreicht, daß Theoreme und Beweise formalisierbar sind (weil mathematische Beweise von Menschen gemacht, gelesen und verstanden werden), müssen wesentliche Teile der Informatik streng formalisiert sein (weil Programme zwar (meist) von Menschen gemacht, aber von Maschinen ausgeführt werden, die nur über sehr begrenzte Fähigkeiten verfügen, Sinnzusammenhänge zu erkennen und Fehler zu korrigieren).

Ein wichtiges Ziel ist es deshalb, Methoden zum Beweis der Korrektheit von Programmen zu entwickeln. Man möchte, ähnlich wie ein Mathematiker die Gültigkeit eines Satzes beweist, streng nachweisen können, daß ein vorgelegtes Programm auch wirklich immer das tut, was es soll, daß es einer bestimmten Spezifikation genügt. Einen einflußreichen Ansatz gab C. A. R. Hoare an.

Beim Logischen Programmieren schließlich möchte man sogar erreichen, daß die Spezifikation eines Problems das Programm ersetzt. Die Maschine soll, gestützt auf eine vorher eingegebene umfangreiche Wissensbasis aus Fakten und Regeln, selbst die Lösung finden. Wegen der oben erwähnten Unentscheidbarkeit der Logik, ist das nicht vollständig möglich. Deshalb sind auch pragmatisch wichtige Teillösungen von Interesse.

Das ist auch in der Disziplin der Künstlichen Intelligenz der Fall, wo man sich um die Entwicklung von Systemen bemüht, die Leistungen erbringen (z. B. beim Planen, Entscheiden, Reagieren, Handeln), für die der Mensch seine kognitiven Fähigkeiten einsetzen muß. Es ist dafür eine theoretische Durchdringung des Umfeldes nach Art der Logik erforderlich, wobei aber eher typisch philosophische als mathematische Begriffe zu analysieren sind.

Natürlich hat die Logik enge Bindungen zur Philosophie, aus der sie ja historisch stammt. In der letzten Zeit ist die philosophisch orientierte Logik wieder erstarkt.

Dazu hat wesentlich die Entwicklung der Modallogik beigetragen. Darin geht es um die Begriffe "notwendig" und "möglich". Die ersten Untersuchungen dazu stammen bereits von Aristoteles. Auch in der Scholastik hat man sich intensiv mit Modallogik befaßt. Die Modallogik wurde aber als schwierig und unklar angesehen. Als Alexandria christlich wurde, galt die Modallogik — so mokierten sich später islamische Gelehrte — als "Gefahr für das Christentum", und es durfte nur die assertorische Logik des Aristoteles gelehrt werden. In die moderne Logik wurde die Modallogik durch Clarence I. Lewis wieder eingeführt, doch hat sie Willard v. O. Quine scharfsinnig kritisiert. Wirklich konsolidiert wurde die Modallogik erst durch die von Saul Kripke und Stig Kanger entwickelte Semantik.

Dabei hat sich die Modallogik von dem Ziel, eine logische Analyse von Notwendigkeit und Möglichkeit zu geben, gelöst und ist von paradigmatischer Bedeutung für die Analyse sog. intensionaler Kontexte geworden. Mit der Theoretischen Linguistik trifft man sich in dem Bemühen, das Funktionieren von Sprache allgemein zu analysieren und zu verstehen. Bahnbrechende Arbeiten zum Verhältnis von formalen und natürlichen Sprachen unter Einschluß der Semantik stammen von Richard Montague.

In diesem Buch wird der klassische Grundlagenstandpunkt eingenommen, der in der Metatheorie Mengenlehre voraussetzt und der sich immer wieder als tragfähig erwiesen hat.

Nach der Aussagenlogik wird ausführlich die Prädikatenlogik entwickelt. Darauf folgt die knappe Darstellung einer Klassenlogik, die aber alle wesentliche Definitionen enthält. Schließlich wird ein Ausblick auf die Modallogik und weitere philosophisch relevante Logiksysteme gegeben.

Die prädikatenlogischen Sprachen sind vornehmlich zur Formulierung mathematischer Sachverhalte geeignet. Man könnte meinen, sie seien für die Philosophie nicht relevant und für Anwendungen außerhalb der Mathematik würden andere logische Systeme mit anderen Sprachen besser passen.

Es soll hier keineswegs behauptet werden, daß die Prädikatenlogik der logischen Weisheit letzter Schluß ist. In vieler Hinsicht sind die prädikatenlogischen Sprachen zu starr und ihre semantischen Grundannahmen in realen Situationen unzutreffend.

Aber die Prädikatenlogik kann durchaus eigenes Interesse beanspruchen. Sie ist noch sehr einfach, hat aber trotzdem große Ausdrucksfähigkeit und ein beträchtliches Anwendungspotential. Sie setzt einen Standard, an dem sich andere logische Systeme messen lassen müssen. Außerdem dürfte sie für erweiterte logische Systeme eine Art Basis und Ausgangspunkt darstellen. Jedenfalls wird man ohne gründliche Kenntnis der Prädikatenlogik auch keine besseren Logiksysteme entwickeln können. Deshalb sollte sie im Mittelpunkt einer Einführung in die Logik stehen.

I. Einleitung

§ 1. Erste Abgrenzung der Logik

Wir bleiben in diesem Kapitel innerhalb der Umgangssprache und führen keine künstliche Sprache ein. Wir fangen dabei nicht mit einer "tabula rasa" an, sondern knüpfen an ein schon vorhandenes Vorverständnis an, das wir verschärfen wollen. Ohnehin glaubt ja jeder gebildete Zeitgenosse, "logisch korrekt" denken zu können. Tatsache ist, daß schon mit dem Spracherwerb gewisse logische Fähigkeiten verbunden sind. Das richtige Verständnis solcher Wörter wie "alle", "einige", "und", "oder", "nicht" befähigt schon zu logischen Schlüssen.

Ein **Schluß** ist gegeben durch gewisse Aussagen, die **Prämissen** des Schlusses, und eine weitere Aussage, die **Konklusion** des Schlusses. Wenn man die Prämissen akzeptiert und **deshalb** auch die Konklusion, so hat man den Schluß vollzogen. Dabei beruft man sich oft auf die Logik und sagt: "Das ist doch ganz logisch". Darin liegt ein Appell an andere, den Schluß ebenfalls zu vollziehen, andernfalls verhielte man sich "unlogisch", womit man dann auch soviel wie unvernünftig und irrational meint. Und in der Tat fühlt man sich oft (durch seine Vernunft) gedrängt, der Konklusion zuzustimmen.

Beispiele für Schlüsse:

1.1 Am Tatort liegt eine Tabakspfeife.
Also ist der Täter Pfeifenraucher.

1.2 Alle Menschen sind sterblich.
Sokrates ist ein Mensch.
Also ist Sokrates sterblich.

1.3 Einige Hunde beißen.
Fifi ist ein Hund.
Also beißt Fifi.

1.4 Alle Hunde beißen.
Fifi ist ein Dackel.
Also beißt Fifi.

Schlüsse gemäß 1.1 werden sicherlich oft vollzogen, etwa vor Gericht. Es handelt sich aber nicht um einen logisch korrekten Schluß. Es sind Umstände denkbar, unter denen die Prämisse wahr aber die Konklusion falsch ist (z. B.: Ein anderer hat dort die Pfeife verloren). Ein Vollzug des Schlusses wäre unter diesen Umständen unsicher. Jedenfalls sollte man sich dabei nicht auf die Logik berufen.

Schulbeispiel eines logisch korrekten Schlusses ist 1.2.

Dagegen ist 1.3 kein logisch korrekter Schluß. Denn wenn es auch bissige Hunde gibt, so braucht doch Fifi nicht zu ihnen zu gehören. Selbst wenn Fifi tatsächlich bissig wäre, so würde das den Schluß 1.3 nicht korrekt machen, denn es ist mit den Prämissen auch verträglich, daß es anders wäre.

Auch 1.4 ist kein logisch korrekter Schluß. Das liegt nicht daran, daß die erste Prämisse falsch ist. Denn **wenn** alle Hunde bissig **wären**, so auch jeder Dackel und insbesondere Fifi. Der Schluß ist inkorrekt, weil die Prämisse fehlt, daß jeder Dackel ein Hund ist. Erst der folgende Schluß ist logisch korrekt.

1.4 a Alle Hunde beißen.
Fifi ist ein Dackel.
Alle Dackel sind Hunde.
Also beißt Fifi.

Auch der Schluß 1.1 ließe sich durch Zufügung weiterer Prämissen (daß keiner außer dem Täter die Pfeife verloren hat, daß nur Pfeifenraucher Pfeifen verlieren) verbessern. Allerdings sind dann die neuen Prämissen eher anfechtbar.

Die Alltagslogik wimmelt von solchen verborgenen Prämissen: Jeder Dackel ist ein Hund, auf Mittwoch folgt Donnerstag, das Jahr hat zwölf Monate, jeder Mensch hat zwei Eltern, Sozialismus ist schlecht, Sozialismus ist gut usw.

Diese nicht explizit genannten Prämissen sind keineswegs immer harmlos und unstrittig. Manche widersprechen sich gar.

Als eine erste Aufgabe der Logik könnte man formulieren:

> Die Logik soll lehren, was ein **logisch korrekter Schluß** ist, wann aus gewissen Aussagen (als Prämissen) eine Aussage (als Konklusion) **logisch folgt**. Dabei dürfen keine verborgenen Prämissen vorkommen, vielmehr müssen alle Annahmen explizit gemacht werden.

Es ist vielleicht klar geworden, daß in der sogenannten Alltagslogik kaum wirklich logisch korrekte Schlüsse vorkommen. Im täglichen Leben ist es auch gar nicht praktikabel, nur streng logisch vorzugehen. Eine Argumentationstheorie, in der das praktische Schließen eine Rolle spielt, ist etwas anderes als Logik. Aber logische Kenntnisse können eine Hilfe auch beim praktischen Schließen sein.

§ 2. Aussagen

Prämissen und Konklusionen von Schlüssen sind **Aussagen**, d. h. Aussagesätze. Damit sind sie **sprachliche Gebilde** und abgegrenzt von Gedanken, Urteilen, Sachverhalten o. ä.

Man betrachte:

2.1 Der Hund jagt den Hasen

2.2 Der Hase wird vom Hund gejagt

Das sind **verschiedene** Aussagen, obwohl derselbe Sachverhalt ausgedrückt wird, man dasselbe Urteil fällt, wenn man sie behauptet und (vielleicht) derselbe Gedanke mit ihrer Behauptung verbunden ist.

Es scheint zunächst so, daß der genaue Wortlaut doch nicht so wichtig sei und daß es mehr darauf ankomme, **was** gesagt sei als **wie** es gesagt sei. Deshalb solle man etwas als Prämissen und Konklusion nehmen, das sich bei einer Umformulierung wie von 2.1 zu 2.2 **nicht** ändert. Jedoch sind Urteile, Gedanken, der Sinn von Aussagen u. ä. Objekte schwer zu fixieren und zu untersuchen. So ist es z. B. unklar, was es bedeutet, daß zwei (verschieden formulierte) Gedanken gleich sind, oder daß zwei verschiedene Aussagen denselben Sinn haben. Letztlich ist man doch auf den sprachlichen Ausdruck angewiesen; und dann kann man auch gleich Aussagen als Prämissen und Konklusionen nehmen. Diese lassen sich leicht aufzeichnen, vergleichen und in intersubjektivierbarer Weise diskutieren. Daß 2.1 und 2.2 "dasselbe ausdrücken", äußert sich dann darin, daß diese Aussagen logisch äquivalent sind, d. h. wechselseitig auseinander folgen.

Manche Probleme, die die Logik gar nicht betreffen, werden durch die Wahl von Aussagen als Bestandteile von Schlüssen vermieden. So lehrt die Logik nicht, wie die Menschen denken, noch wie sie denken sollten. Es geht bei dem logischen Folgerungsbegriff um eine Beziehung zwischen Aussagen, also - in geschriebener Form - letztlich zwischen Zeichenreihen. Dabei handelt es sich, wie wir noch sehen werden, um eine objektiv festliegende Beziehung, die nicht vom Subjekt, das etwa die Logik anwendet, abhängt. Aber natürlich kann einem Anwender die Kenntnis dieser objektiven Beziehung bei der Lebenspraxis des Redens und Argumentierens helfen.

Das Wort "Aussage" ist eine Verkürzung von "Aussagesatz". Neben Aussagen gibt es noch andere Sätze (Fragesätze, Befehlssätze, Wunschsätze u. ä.). Diese spielen für die Logik zunächst keine Rolle, wenn es auch Bemühungen gibt, neben der "assertorischen" Logik eine Fragelogik, Befehlslogik u. ä. aufzubauen. Wir weisen darauf hin, daß z. B. die Ausdrücke einer Programmiersprache Befehle und keine Aussagen sind.

Zur Festlegung, was eine Aussage ist, bieten sich zwei Kriterien an.

2.3 **Wahrheitskriterium**

Eine Aussage ist ein sprachliches Gebilde, das nach Fixierung einer Interpretation entweder wahr oder falsch ist.

Mit diesem Kriterium kann man in vielen Fällen entscheiden, ob ein vorgelegtes sprachliches Gebilde eine Aussage ist oder nicht. Man fragt, ob es wahr oder falsch ist. Wenn diese Frage als sinnvoll empfunden wird, handelt es sich um eine Aussage.

Wir betrachten Beispiele:

2.4 Liste einiger sprachlicher Ausdrücke

(a) Die Erde hat einen Mond
(b) Kiel liegt an der Ostsee
(c) "Kiel" besteht aus vier Buchstaben
(d) $8 < 4$
(e) Kiel
(f) Wie spät ist es?
(g) Gustav ist älter als Paul
(h) Ist Gustav älter als Paul?
(i) Die Tür ist offen
(j) Öffne die Tür!
(k) Heinrich V. ist der Vater von Heinrich VI.
(l) der Vater von Heinrich VI.
(m) $\log 1=0$
(n) $\log 0=1$
(o) Jede gerade Zahl ab 4 ist Summe von zwei Primzahlen
(p) Der Vater Hannibals wurde 285 v. Chr. geboren
(q) $\log 1$
(r) $\log 0$
(s) Bla bla
(t) „;x3D0rrnHmp 3plx))

Wir wollen den Status der Ausdrücke dieser Liste diskutieren.

Aussagen sind: (a), (b), (c), (d), (g), (i), (k), (m), (o), (p)

Man erkennt sofort, daß (a), (b), (c) wahr und somit Aussagen sind. Bei (d) beachte man, daß auch falsche Aussagen nichtsdestoweniger Aussagen sind.

(e) ist keine Aussage, sondern ein Name (einer Stadt), entsprechend bezeichnen (l), (q) gewisse Objekte (einen Menschen bzw. eine Zahl). Sie sind nicht eines Wahrheitswertes fähig. Die Frage, ob das wahr oder falsch ist, paßt nicht.

Auch die Fragesätze (f), (h) sind keine Aussagen. Im Gegensatz zu einer Aussage (die etwas aussagt), beinhaltet eine Frage eine Aufforderung zu einer Äußerung (z. B. bei (f) die aktuelle Uhrzeit zu sagen bzw. bei (h) den Wahrheitswert von (g) mitzuteilen).

Ebenso ist der Befehlssatz (j) keine Aussage, sondern die Aufforderung dafür zu sorgen, daß die Aussage (i) wahr wird.

Auch (s), (t) ist kein Wahrheitswert zuzuordnen. Diese sprachlichen Gebilde sind gar nicht wohlgeformt und insbesondere keine Aussagen.

Vielleicht würde man auch (n) als Aussage ansehen, aber der Logarithmus von Null ist gar nicht definiert. Deshalb ist (r) kein Zahlname, und man würde wohl (n) als sinnlos einstufen. Doch hängt das davon ab, wie man solche "undefinierten Ausdrücke" behandelt. Genaueres läßt sich darüber aber erst in den später eingeführten künstlichen Sprachen sagen.

Der Unterschied von (b) und (c) gibt Veranlassung zu einem kleinen Exkurs über Namen für sprachliche Gebilde und über Anführungszeichen. Beide Aussagen (b) und (c) sind wahr. In (b) wird das Wort "Kiel" **gebraucht**, um etwas über die Stadt Kiel auszusagen, was eine bekannte geographische Tatsache ist. Weil man die Stadt nicht selbst in den Text einfügen kann, braucht man einen sprachlichen Vertreter, der im Text auf die Stadt hinweist. Das ist das Wort "Kiel". In (c) ist das Wort **gemeint**, und es wird etwas Sprachliches über das Wort "Kiel" ausgesagt, was durch Nachzählen von Buchstaben festgestellt werden kann.

Man mache sich den Unterschied von Gebrauchen und Meinen klar: Man gebraucht Wörter, um über gewisse Objekte zu reden, die gemeint sind und die i.allg. von außersprachlicher Art sind. Die gebrauchten Wörter sind **Namen**, die gemeinten Objekte ihre **Denotate**.

Aber manchmal sind die gemeinten Objekte auch selbst von sprachlicher Art und man muß über Wörter, Aussagen u. ä. sprachliche Objekte reden, die ja auch selbst im Text vorkommen können. Das ist insbesondere in der Logik oft der Fall. Um das klar zu machen, kann man Anführungszeichen verwenden, die ja in der natürlichen Sprache verwendet werden, um etwas wörtlich zu zitieren. Ein sprachlicher Ausdruck in Anführungszeichen eingeschlossen dient als Name des umschlossenen Ausdrucks. Das sollte durch (c) demonstriert werden.

Die konsequente Verwendung von Anführungszeichen kann aber auch umständlich und verwirrend werden. Deshalb verwendet man auch oft sprachliche Gebilde als Namen von sich selbst und überläßt es dem Kontext, klar zu machen, was gemeint ist, das Wort oder sein Denotat. Auch wir werden gewöhnlich Anführungzeichen weglassen. Das tun wir insbesondere dann, wenn ein sprachlicher Ausdruck für sich auf eine Zeile gesetzt wird. Dann lassen wir auch ein abschließendes Satzzeichen weg, wenn der Ausdruck als Objekt so betrachtet wird, wie später die Formeln unserer formalen Objektsprachen (die auch keine Satzzeichen enthalten).

Wir weisen ferner darauf hin, daß man bisweilen Anführungszeichen auch anders verwendet. Man kann dadurch etwas einfach nur hervorheben wollen, wie es auch durch besondere Schriftart (fett, kursiv) möglich ist. Man verwendet sie aber auch "irgendwie", um auf eine "abweichende" Lesart oder eine andere Besonderheit hinzuweisen, ohne genau zu sagen, was damit wirklich gemeint ist. Mit diesen "Irgendwie-Anführungszeichen" sollte man sparsam umgehen.

Wir fahren in der Behandlung unserer Liste 2.4 fort.

Wir haben eben (g) als Aussage eingestuft. Doch wird man sich schwer tun, den Wahrheitswert anzugeben. Man muß wissen, welcher Gustav und welcher Paul gemeint sind. Auch bei (i) hängt es ja von den Umständen ab (wann und wo), ob diese Aussage wahr ist. Bei (k) werden auch diejenigen, die nicht wissen, daß Kaiser Barbarossa der Vater von Heinrich VI. ist, meinen, daß jedenfalls ein Wahrheitswert feststeht. Doch bei genauer Betrachtung gibt es auch hier mehrere Lesarten (z. B. englische Geschichte oder deutsche Geschichte), die zu unterschiedlichen Wahrheitswerten führen.

Eine Aussage hat also nicht für sich genommen bereits einen Wahrheitswert W (wahr) oder F (falsch). Gewöhnlich müssen noch nähere Umstände fixiert sein, ein Kontext muß angegeben werden, man muß wissen, worüber man redet. Wir wollen diese Umstände unter dem Stichwort **Interpretation** zusammenfassen. Das ist also etwas, das zu dem sprachlichen Ausdruck hinzukommen muß, damit ein Wahrheitswert festliegt.

2.5 Interpretationsschema

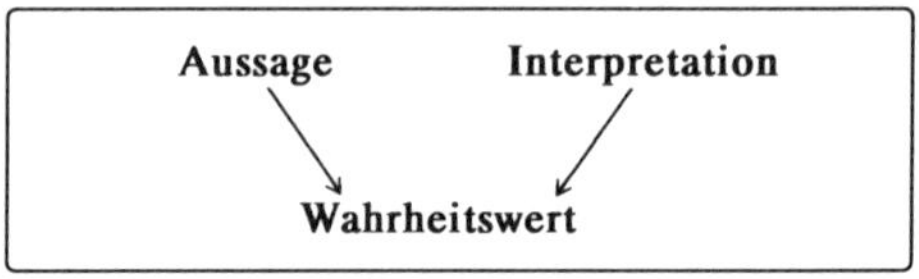

Oft versteht sich die Interpretation von selbst und wird dann gar nicht erwähnt. Wir reden bei einer solchen naheliegenden Interpretation von einer **Standardinterpretation.** Eine solche ist z. B. in (a), (b), (c), (d), (m), (o), (p) angenommen worden. Bei (k) hatte man vielleicht auch zunächst an deutsche Geschichte als Standardinterpretation gedacht. Letztlich hängt es von pragmatischen Umständen, etwa der Situation bei der Äußerung einer Aussage ab, was und wie man standardmäßig interpretiert.

Vom Standpunkt der Logik aus sind alle Interpretationen - und seien sie auch noch so abgelegen - gleichberechtigt, und Standardinterpretationen sind nicht vor anderen Interpretationen ausgezeichnet.

Wenn wir sagen, daß der Wahrheitswert einer Aussage nach Fixierung einer Interpretation festliegt, so bedeutet das nicht, daß man diesen Wahrheitswert kennen muß. So wird mancher vielleicht gar nicht wissen, ob die Aussage (m) wahr oder falsch ist. Bei (o) kennt zur Zeit niemand den Wahrheitswert, doch könnte er in der Zukunft noch entdeckt werden. Bei (p) schließlich kennt niemand den Wahrheitswert mit Sicherheit, und es ist unwahrscheinlich, daß sich das (etwa durch Entdeckung neuer Quellen) jemals ändern wird. Nichtsdestoweniger nimmt man an, daß der Wahrheitswert bei der Standardinterpretation (Zahlentheorie für (o), Alte Geschichte für (p)) oder allgemein bei irgendeiner Interpretation **an sich** festliegt.

Die Annahme, daß nach Fixierung einer Interpretation die Wahrheitswerte von Aussagen festliegen, ist das **Zweiwertigkeitsprinzip**. Das ist eine der Grundannahmen des sog. klassischen Grundlagenstandpunktes. In der konstruktiven Logik versucht man ohne diese Annahme auszukommen.

Oft wird ein sprachliches Gebilde aber nicht deshalb als Aussage eingestuft, weil es als eines Wahrheitswertes fähig erkannt wird, sondern weil es auf grammatisch regelgerechte Weise, wie andere Aussagen auch, aufgebaut ist. Das führt zu folgendem Kriterium.

2.6 **Grammatikkriterium**
Eine Aussage ist ein sprachliches Gebilde, das auf Grund der Regeln der Grammatik als Aussagesatz klassifiziert wird.

Für die Anwendung dieses Kriteriums wird vorausgesetzt, daß man als Sprecher der natürlichen Sprache deren Grammatik beherrscht. Das heißt nicht unbedingt, daß man die grammatischen Regeln auch selbst formulieren kann. Aber es soll heißen, daß man die Kompetenz hat, grammatisch wohlgeformte Ausdrücke zu erkennen und sie den wichtigsten syntaktischen Kategorien wie Nomina, Verben, Sätzen u.ä. zuzuweisen.

Manche Aussagen unserer Liste wird man wohl nicht durch Nachdenken über den Wahrheitswert, sondern eher nach diesem Kriterium als Aussage eingestuft haben (z. B. wenn man (n) als Aussage einstufte oder (t) als sinnlos abtat). Doch sind für die natürliche Sprache beide Kriterien unscharf und fallen auseinander. Gegen die folgende wahre Aussage ist von keinem Kriterium her etwas einzuwenden:

2.7 Die Aussage 2.4 (d) dieses Paragraphen ist falsch

Betrachten wir nun aber:

2.8 Die Aussage 2.8 dieses Paragraphen ist falsch

Nach dem Grammatikkriterium wäre 2.8 zweifellos eine Aussage. Doch kann 2.8 kein Wahrheitswert zugeordnet werden. Wenn man annimmt, 2.8 sei wahr, so stimmt, was dadurch ausgesagt wird, d.h. die Aussage 2.8 ist falsch. Nimmt man an, 2.8 sei falsch, so stimmt nicht, was dadurch ausgesagt wird, d.h. die Aussage 2.8 ist nicht falsch. Nach dem Wahrheitskriterium kann also 2.8 nicht als Aussage eingestuft werden.

Die Lösung der Schwierigkeiten erfolgt in der Logik durch die Schaffung künstlicher Sprachen. Diese sind durch eine Grammatik definiert, so daß das Grammatikkriterium trivialerweise erfüllt ist. Es wird sodann ein Interpretationsbegriff und damit eine Bewertung der Aussagen durch Wahrheitswerte definiert, so daß auch das Wahrheitskriterium erfüllt ist.

Diese künstlichen Sprachen, für die man die logischen Begriffe expliziert, nennt man, weil sie das Objekt der Untersuchung darstellen, auch **Objektsprachen**. Die Sprache, in der man die Untersuchung durchführt, wird als **Metasprache** bezeichnet. Als Metasprache dient uns die natürliche Sprache. Sie wird nicht hinterfragt, und ihr inhaltliches Verständnis wird vorausgesetzt. In diesem ersten Kapitel nehmen wir die Trennung von Objektsprache und Metasprache allerdings noch nicht vor.

§3. Logische Folgerungen

Wir wollen nun versuchen, zu klären, was eine logische Folgerung ist.

Im Normalfall geht man von Prämissen aus, die (bei gegebenen Umständen) wahr sind, um zu einer Konklusion zu kommen, die (bei denselben Umständen) ebenfalls wahr ist. Bei einem logischen Schluß darf dabei keinerlei empirisches Wissen über die involvierten Gegenstände mit hereinspielen. In dem logischen Schluß:

3.1 Alle Menschen sind sterblich
Sokrates ist ein Mensch
―――――――――――
Sokrates ist sterblich

kommt es gar nicht auf die Bedeutung der Termini "Mensch", "sterblich", "Sokrates" an. Wenn diese Ausdrücke dasselbe bedeuten würden wie "Hund", "bissig", "Fifi", so dürfte dadurch die Gültigkeit des Schlusses nicht beeinträchtigt werden. Wenn 3.1 ein logischer Schluß ist, so also auch:

3.2 Alle Hunde beißen
Fifi ist ein Hund
―――――――――――
Fifi beißt

Während in 3.1 die Prämissen und die Konklusion wahr sind (in der üblichen Interpretation der Umgangssprache), ist das bei 3.2 nicht der Fall, die erste Prämisse ist falsch, die Konklusion kann wahr oder falsch sein, je nachdem, welcher Hund mit "Fifi" gemeint ist. Wir ersehen daraus:

Damit ein Schluß logisch korrekt ist, ist es **nicht** erforderlich, daß Prämissen und Konklusion wahr sind. Man kann logische Schlüsse **nicht** dadurch definieren, daß man fordert, Prämissen und Konklusion sollten wahr sein. Sonst wäre ja auch der Schluß von einer wahren Aussage (z. B. "Alle Menschen sind sterblich") auf jede andere wahre Aussage (z. B. "Der Mond ist rund") logisch korrekt, was nicht der Fall ist.

Um zur Definition der logischen Folgerung zu gelangen, erinnern wir daran, daß der Wahrheitswert einer Aussage von der Interpretation der Sprache abhängt. Diese ist auch für die Umgangssprache keineswegs selbstverständlich und fixiert, vielmehr sind viele Ausdrücke, insbesondere Eigennamen, in der Umgangssprache ambig. So gibt es z.B. viele Hunde die "Fifi" heißen. Aber die Bedeutung der Vokabeln "Hund", "bissig" liegt in der Umgangsprache fest (Standardinterpretation). Für die Zwecke der Logik muß man aber auch Uminterpretationen solcher Termini zulassen. So soll doch wohl die Frage, ob ein Schluß logisch korrekt ist, nicht davon abhängen, welche Bedeutung das Wort "Hund" in der deutschen Sprache hat. Wenn es dasselbe bedeuten würde wie das Wort "Mensch", so würde das den logischen Charakter des Schlusses nicht tangieren. Dadurch macht man sich frei von der speziellen Bedeutung der Ausdrücke, die ja in den Schluß nicht eingehen soll.

Bei der Uminterpretation können sich die Wahrheitswerte von Prämissen und Konklusion ändern. Dabei können, rein kombinatorisch betrachtet, vier Fälle auftreten:

1	Alle Prämissen wahr	Konklusion wahr
2	Nicht alle Prämissen wahr	Konklusion wahr
3	Alle Prämissen wahr	Konklusion falsch
4	Nicht alle Prämissen wahr	Konklusion falsch

Die Fälle 1, 2, 4 können, wie wir gesehen haben, bei einer logischen Folgerung durchaus auftreten.

Doch würde es sicherlich nicht dem entsprechen, was man unter "logisch korrekt" versteht, wenn man aus wahren Prämissen eine falsche Konklusion erschließen würde. Deshalb darf der Fall 3, daß alle Prämissen wahr sind und dennoch die Konklusion falsch ist, bei einer logisch korrekten Folgerung **niemals**, d.h. bei **keiner** Interpretation vorliegen.

Woher weiß man nun, daß bei einer logischen Folgerung niemals der Fall 3 auftritt? Die Antwort ist einfach:

Das ist die **Definition** eines logischen Schlusses!

Ein vorgelegter Schluß ist ein logisch korrekter Schluß, wenn es **keine** Interpretation der Sprache gibt, in der alle Prämissen wahr sind und die Konklusion falsch ist (Fall 3). Für **jede** Interpretation liegt also einer der Fälle 1, 2, 4 vor, d. h. wenn alle Prämissen wahr sind, so auch die Konklusion (Fall 1), wenn nicht alle Prämissen wahr sind, so wird von der Konklusion gar nichts verlangt, sie kann wahr sein (Fall 2) oder auch falsch (Fall 4).

Wir geben noch einmal die Definition des Folgerungsbegriffs in verschiedenen Formulierungen. Bislang schrieben wir die Prämissen und die Konklusion untereinander, getrennt durch einen "Schlußstrich":

3.3 $$\begin{array}{c}\psi_1\\ \vdots\\ \psi_n\\ \hline \varphi\end{array}$$ Lesart: von $\psi_1, \ldots, \psi_n$ kann man schließen auf φ.

Man schreibt auch die Prämissen und die Konklusion hintereinander und trennt sie durch ein besonderes Folgerungszeichen: $\Vdash$. Man nennt dann die Prämissen auch die Annahmen und die Konklusion die Behauptung der Folgerung:

3.4 $\psi_1, \ldots, \psi_n \Vdash \varphi$ Lesart: aus $\psi_1, \ldots, \psi_n$ folgt (logisch) φ.

Aber es handelt sich bei 3.3 und 3.4 nur um verschiedene Ausdruckweisen. Der Schluß 3.3 ist korrekt genau dann, wenn die Folgerung 3.4 besteht. Wir werden die Schreibweise entsprechend 3.3 später bei logischen Schlußregeln verwenden. Das sind Handlungsanweisungen zum Gewinnen von Folgerungen. Ansonsten verwenden wir die Schreibweise gemäß 3.4.

Es folgt die offizielle Definition des Folgerungsbegriffs. Wegen der Wichtigkeit des Begriffs geben wir mehrere gleichwertige Formulierungen an.

3.5 a **Folgerungsbegriff, Formulierung A**

Für beliebige Aussagen $\psi_1, \ldots, \psi_n, \varphi$ ist

$\psi_1, \ldots, \psi_n \Vdash \varphi$

gleichbedeutend mit:

Es gibt keine Interpretation der Sprache, in der $\psi_1, \ldots, \psi_n$ wahr werden, aber φ falsch wird.

Wenn es doch eine solche Interpretation gibt, so liegt also keine logische Folgerung vor. Um das auszudrücken, streichen wir das Folgerungszeichen durch: $\nVdash$. Wir nennen eine Interpretation, die die Prämissen wahr und die Konklusion falsch macht, eine Gegenbeispielinterpretation, kurz ein **Gegenbeispiel**.

3.5 b **Folgerungsbegriff, Formulierung B**

Für beliebige Aussagen $\psi_1, \ldots, \psi_n$, φ ist

$\psi_1, \ldots, \psi_n \nVdash \varphi$

gleichbedeutend mit:

Es gibt eine Interpretation, in der $\psi_1, \ldots, \psi_n$ wahr sind und φ falsch ist.

Um zu zeigen, daß eine logische Folgerung von $\psi_1, \ldots, \psi_n$ auf φ **nicht besteht**, genügt die Angabe (wenigstens) **einer** Gegenbeispielinterpretation. Um zu zeigen, daß die Folgerung **besteht**, muß man von **jeder** Interpretation nachweisen, daß sie keine Gegenbeispielinterpretation ist.

Die Formulierung A ist "negativ" abgefaßt (Für keine Interpretation ...). Wir geben noch eine völlig gleichwertige "positive" Formulierung.

3.5 c **Folgerungsbegriff, Formulierung C**

Für beliebige Aussagen $\psi_1, \ldots, \psi_n, \varphi$ ist

$\psi_1, \ldots, \psi_n \Vdash \varphi$

gleichbedeutend mit:

In jeder Interpretation, in der $\psi_1, \ldots, \psi_n$ wahr sind, ist auch φ wahr.

Beim logischen Folgern darf man die in Betracht zu ziehenden alternativen Interpretationen nicht einschränken. Das zeigt das folgende Beispiel eines Schlusses:

3.6

Sofia liegt nördlicher als Boston
Boston liegt nördlicher als Rom
―――――――――――――――
Sofia liegt nördlicher als Rom

Vielleicht wird man die Wahrheitswerte dieser Aussagen (in der ersichtlichen Standardinterpretation natürlich) gar nicht kennen. Doch auch ohne auf den Atlas zu sehen, weiß man: **wenn** die Prämissen wahr sind, so muß es auch die Konklusion sein. Auch wenn man die drei Städtenamen beliebig uminterpretiert, wird man es niemals erreichen, daß die Prämissen wahr sind und die Konklusion falsch ist. Deshalb könnte man meinen, hier läge eine logische Folgerung vor. Doch ist das nicht der Fall. Eine Gegenbeispielinterpretation sieht z. B. so aus, daß man "liegt nördlicher als" im Sinne von "ist durch den Atlantik getrennt von" versteht und sonst die Standardinterpretation beibehält.

Es folgen noch einige Beispiele für Nichtfolgerungen.

3.7 Heute regnet es in Kiel $\nVdash$ Heute regnet es in Kapstadt

Jeder Tag legt eine neue Interpretation fest, dabei treten sicherlich alle vier Fälle auf, also auch Fall 3.

3.8 Die Erde ist rund $\nVdash$ Die Erde hat einen Mond

In der Standardinterpretation ist beides wahr. Wenn das Wort "Erde" den Planeten Venus bedeutet, erhalten wir eine Gegenbeispielinterpretation.

3.9 Die Venus hat einen Mond $\nVdash$ Die Venus ist eckig

In der Standardinterpretation ist beides falsch. Wenn wir "Venus" durch die Erde interpretieren, so entsteht eine Gegenbeispielinterpretation.

3.10 Die Erde ist eckig $\nVdash$ Die Erde hat einen Mond

In der Standardinterpretation ist die erste Aussage falsch, die zweite wahr. Für eine Gegenbeispielinterpretation muß es umgekehrt sein: Man interpretiere "eckig" durch rund und "Erde" durch Venus.

Auf dem Umstand, daß Fall 3 der Tabelle (Prämissen wahr und Konklusion falsch) bei einer logischen Folgerung **nicht** vorliegt, beruht die Anwendungsfähigkeit der Logik. Gewöhnlich hat man gewisse Prämissen, die (in einer gewissen Anwendungssituation) bereits als wahr erkannt sind, d. h. Fall 2 und Fall 4 liegen nicht vor. Bei einer logischen Folgerung bleibt dann nur Fall 1 übrig, d.h. die Konklusion ist (in derselben Situation) ebenfalls wahr. So schließt man bei wahren Prämissen, daß die Konklusion wahr ist. Bei falschen Prämissen dagegen kann, auch bei logisch korrekter Folgerung, von Seiten der Logik her gar nichts über den Wahrheitswert der

Konklusion gesagt werden. Insbesondere braucht bei falschen Prämissen die Konklusion nicht falsch zu sein.

Man beachte: Auch wenn in Anwendungssituationen gewöhnlich nur **eine** Interpretation verwendet wird, so nimmt die Definition des Folgerungsbegriffs auf **alle** möglichen Interpretationen der Sprache bezug. Der Folgerungsbegriff wird dadurch sehr schwer beherrschbar, da man ja beim Folgern eigentlich immer alle möglichen Interpretationen der Sprache im Auge haben muß. Es ist eine wichtige Aufgabe der Logik, besser beherrschbare Methoden zum Ziehen von Folgerungen zu entwickeln. Dieses geschieht durch die Entwicklung von Regelsystemen und formalen Beweisen.

§ 4. Weitere logische Begriffe

4.1 **Logische Äquivalenz**

Zwei Aussagen φ, ψ sind logisch äquivalent, wenn sie wechselseitig auseinander folgen, d. h. wenn $\varphi \Vdash \psi$ und $\psi \Vdash \varphi$.

Logisch äquivalente Aussagen haben in allen Interpretationen jeweils gleiche Wahrheitswerte.

4.2 **Allgemeingültig, kontradiktorisch**

Eine Aussage ist logisch wahr oder allgemeingültig, wenn sie in jeder Interpretation wahr ist, sie ist logisch falsch oder kontradiktorisch, wenn sie in jeder Interpretation falsch ist.

4.3 **Erfüllbar, widerlegbar**

Eine Aussage ist faktisch oder kontingent, wenn sie in einigen Interpretationen wahr und in einigen Interpretationen falsch ist, sie ist erfüllbar, wenn sie in wenigstens einer Interpretation wahr ist, und sie ist widerlegbar, wenn sie in wenigstens einer Interpretation falsch ist.

Die in 4.2 und 4.3 eingeführten Eigenschaften einer Aussage kommen ihr unabhängig von einer gerade benutzten Interpretation zu oder nicht zu. Sie sind nicht interpretationsabhängig, wie es bei den Begriffen wahr und falsch der Fall ist. Graphisch läßt sich das etwa in folgender Weise darstellen, wobei die Aussagen durch die umrahmten Punkte der Zeichenebene repräsentiert werden sollen:

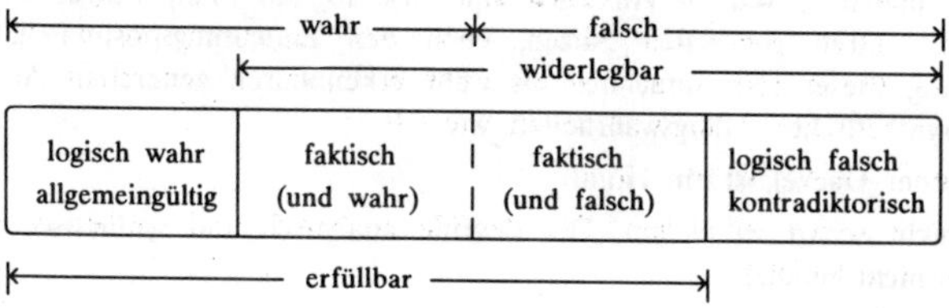

Die Grenze zwischen wahren und falschen Aussagen hängt von der verwendeten Interpretation ab. Die logisch wahren und die logisch falschen Aussagen liegen unabhängig davon fest.

Beispiel einer logisch wahren Aussage:

Wenn der Hahn kräht auf dem Mist, so ändert sich das Wetter oder es bleibt wie es ist.

Die Negation dieser Aussage ist logisch falsch.

Logisch wahre Aussagen gelten als uninteressant und trivial, da sie nichts über die Wirklichkeit aussagen. Sie können ja gar nicht falsch werden, sie sind nicht widerlegbar. Doch ist oft die Erkenntnis, daß eine gegebene Aussage logisch wahr ist, keineswegs trivial. Mit den logisch wahren Wenn-so-Aussagen würde man nämlich auch alle logischen Folgerungen beherrschen.

Die meisten Aussagen des täglichen Lebens sind nicht logisch wahr. Die typische Anwendungssituation ist so, daß man Prämissen $\psi_1, \ldots, \psi_n$ hat, die zwar wahr aber **nicht** logisch wahr sind. Die Wahrheit ist etwa durch Messung, Beobachtung oder andere empirische Quellen ermittelt worden. Wenn man dann auf φ logisch korrekt schließen kann, so ist auch φ i. allg. nur faktisch. Doch weiß man dann, daß φ wahr ist, ohne neue Messungen, Beobachtungen o. ä. vornehmen zu müssen.

In diesem Zusammenhang findet man auch die Bezeichnungen "analytisch" und "synthetisch". Eine Aussage ist analytisch, wenn sie allein auf Grund der Regeln der Sprache als wahr oder falsch erkannt werden kann, wenn dazu keine außersprachlichen Mittel erforderlich sind. Andernfalls wird sie als synthetisch bezeichnet. So ist z. B. die Aussage

4.4 Wenn Karl Bäcker ist, so kann Karl backen

analytisch, und zwar analytisch wahr. Denn im Deutschen bedeutet "Bäcker" als Berufsbezeichnung soviel wie "Mann, der berufsmäßig backen kann".

Andererseits würde man in der Logik auch Interpretationen zulassen, in denen 4.4 falsch ist, so daß es sich nicht um eine allgemeingültige Aussage handelt. Der Gebrauch der Wörter "Bäcker" und "backen können" führt aber zu dem generellen (und analytisch wahren) Satz

4.5 Alle Bäcker können backen

Daraus folgt logisch 4.4. Eine Aussage wie 4.5 nennt man auch ein **Bedeutungspostulat**. Die analytisch wahren Aussagen sind also logische Folgerungen aus gewissen analytisch wahren generellen Sätzen, eben den Bedeutungspostulaten. Aber die Abgrenzung dieser rein sprachlich als wahr erkennbaren generellen Aussagen von anderen synthetischen Alltagswahrheiten, wie z. B.

4.6 Jeder Dackel ist ein Hund

ist gar nicht scharf zu ziehen. Die Begriffe analytisch und synthetisch werden im folgenden nicht benutzt.

§ 5. Logische Konstanten

Die wechselnden Interpretationen machen in der Definition des Folgerungsbegriffs die Bedeutung von Wörtern wie "Sokrates", "Fifi", "Mensch", "Hund" u. ä. frei veränderbar. Auf diese Weise macht man sich von der speziellen Bedeutung dieser Wörter (in einer Standardinterpretation) unabhängig. Doch darf man nicht beliebige Wörter uminterpretieren. Wir betrachten zwei logische Folgerungen:

5.1 Karl spielt Fußball und Handball ||— Karl spielt Fußball

5.2 Alle Hunde beißen, Fifi ist ein Hund ||— Fifi beißt

Wenn wir in 5.1 "und" im Sinne von "oder" und in 5.2 "alle" im Sinne von "einige" verstehen, verlieren die Schlüsse die Korrektheit, und es gibt Gegenbeispiele.

Es gibt also gewisse Ausdrücke, die bei jeder zugelassenen Interpretation in derselben Weise, d. h. immer im Standardsinne zu verstehen sind. Diese Ausdrücke, die vom Uminterpretieren auszunehmen sind, sind die **logischen Konstanten**.

Die Frage, welches denn nun die logischen Konstanten sind, beantworten wir, indem wir eine Liste angeben. Dabei fassen wir die Konstanten zu gewissen Gruppen zusammen:

5.3 **Liste logischer Konstanten**

(a) nicht, und, oder, wenn..., so... , genau dann, wenn
(b) für alle, es gibt ein
(c) trifft zu auf
(d) ist identisch mit
(e) das (eindeutig bestimmte)...mit...
(f) die Klasse der...mit...
(g) es ist möglich, daß... , es ist notwendig, daß...

Logische Systeme unterscheiden sich u. a. dadurch, daß sie unterschiedliche logische Konstanten zulassen.

Zum logischen Vokabular (a), den Junktoren, gehört die **Aussagenlogik**, die wir im nächsten Kapitel als eine Art Vorstufe zur Prädikatenlogik betrachten wollen.

Zum logischen Vokabular (a), (b), (c) gehört die **Prädikatenlogik**, die wir im dritten Kapitel untersuchen werden. Wir werden dabei die **Identitätslogik** einschließen, d. h. auch (d) zu den logischen Konstanten zählen.

Mit (e) schließen wir die **Kennzeichnungslogik** ein, mit (f) gelangen wir zur **Klassenlogik**. Wir werden beides im vierten Kapitel behandeln.

Wenn (g) zum logischen Vokabular gehört, so redet man von **Modallogik**. Dabei kann man auf dem aussagenlogischen Niveau bleiben oder auch Ausdrucksmittel der Prädikatenlogik oder Kennzeichnungslogik zufügen. Wir werden am Schluß kurz auf die Modallogik eingehen.

Für die logischen Konstanten sind in der Umgangssprache keine eigenen Symbole üblich. Die einzige Ausnahme ist das bekannte Gleichheitszeichen =, mit dem man ausdrückt, daß die links und rechts davon stehenden Namen dasselbe Objekt bezeichnen. In jedem logischen System führt man aber für die anderen logischen Konstanten formale Kurzbezeichnungen ein (vgl 0.3 a).

Es fallen einem sicherlich noch andere Wörter ein, die man auch zu den logischen Konstanten zählen möchte, z. B. "falls", "weder ... noch ... ", vielleicht auch "viele", "wenige", "es ist wahrscheinlich, daß" u. ä. Zum Teil werden wir solche Wörter auf andere zurückführen und so in unsere logischen Systeme einordnen. Zum Teil werden wir sie auch unberücksichtigt lassen. Aber Ausdrücke wie "liegt nördlicher als", "Bäcker", "backen können" u. ä. gehören eindeutig nicht zu den logischen Konstanten, obwohl sie in der Alltagskommunikation immer in der gleichen Standardweise interpretiert werden.

Man mag es als unbefriedigend empfinden, daß wir die logischen Konstanten nur durch Aufzählung in einer (sicherlich noch ergänzungsfähigen) Liste bestimmen und daß wir zu einer Vielzahl logischer Systeme anstelle **einer** Logik in **einer** einheitlichen und universellen Sprache kommen. Doch lassen sich die oben angesprochenen begrenzten Logiksysteme in präzisen Sprachen auf das genaueste aufbauen. Und der Wunsch nach einer einzigen, umfassenden Logik, die zugleich dem Genauigkeitsstandard genügt, wie er etwa durch die Prädikatenlogik gesetzt ist, ist wohl nicht realisierbar.

§ 6. Nichtlogische Konstanten und Variablen

Die in Aussagen vorkommenden Termini, die keine logischen Konstanten sind, sondern je nach Interpretation verschiedene Bedeutungen erhalten können, bezeichnen wir als **nichtlogische Konstanten,** kurz **Konstanten**. Dazu zählen Namen bestimmter Individuen. Beispiele:

6.1 Karl, Heinrich VI.
Kiel, Köln
0, 1, 8, π

Hier handelt es sich um Namen von Menschen, von Städten, von Zahlen. Doch ist es in anderen Interpretationen (als gewissen naheliegenden Standardinterpretationen) auch möglich, daß diese Wörter andere Individuen bezeichnen.

Ebenfalls zu den nichtlogischen Konstanten zählen Ausdrücke, die Eigenschaften oder Klassen von Individuen bezeichnen. Beispiele:

6.2 ...ist Mensch, ...ist sterblich
...ist Stadt, ...ist Dorf
...ist gerade, ...ist ungerade, ...ist Primzahl

Die Pünktchen ... deuten an, daß zu diesen Ausdrücken eine Leerstelle gehört, in die ein Individuenname gesetzt werden kann, wobei dann ein Aussage entsteht.

Weitere Arten von Konstanten bezeichnen zweistellige Beziehungen oder Relationen von Individuen. Beispiele:

6.3 ...ist älter als..., ...ist Vater von...
...liegt nördlicher als..., ...hat mehr Einwohner als...
$\ldots < \ldots$, $\ldots \leq \ldots$, ...ist teilbar durch...

Wieder andere nichtlogische Konstanten sind Funktionsnamen. Eine Funktion ist eine Zuordnung, die gewissen Individuen (den Argumenten der Funktion) gewisse Individuen (als Funktionswerte) eindeutig zuordnet. Ein Funktionsname kann mit Namen der Argumente kombiniert werden und ergibt dann einen Namen des zugeordneten Funktionswertes. Funktionsnamen erzeugen also aus Individuennamen weitere Individuennamen. Beispiele:

6.4 der Vater von...
der Bürgermeister von..., die Entfernung von...nach...
$\ldots + \ldots$, $\sqrt{\ldots}$

Wenn in der Logik auch die Bedeutung der Konstanten nicht festliegt, so wird man doch meinen, daß eine Konstante der Art 6.1 stets ein Individuum bezeichnet, eine der Art 6.2 stets eine Eigenschaft oder Klasse von Individuen bezeichnet, eine der Art 6.3 stets eine Beziehung oder Relation zwischen Individuen und eine Konstante der Art 6.4 stets eine Funktion von Individuen in Individuen bezeichnet. So verfährt man in der Prädikatenlogik und unterscheidet syntaktisch zwischen Individuenkonstanten, Relationskonstanten und Funktionskonstanten. Doch handelt es sich um eine Frage der Grammatik, die nicht zwingend vorgeschrieben ist. Man kann durchaus allgemeinere logische Systeme aufbauen, in denen die syntaktischen Unterschiede zwischen solchen Arten von Konstanten aufgehoben sind. Hierauf werden wir in Kapitel IV zurückkommen. In Kapitel III werden wir die Prädikatenlogik behandeln. Dabei werden wir der Einfachheit wegen die Funktionskonstanten gemäß 6.4 weglassen. Für mathematische Zwecke ist eine solche Prädikatenlogik "ohne Funktionskonstanten" zu unbeholfen. Für unsere Zwecke reicht sie aber aus, zumal wir in Kapitel IV ohnehin Funktionen behandeln werden.

Bevor wir uns der Prädikatenlogik zuwenden, betrachten wir im nächsten Kapitel die Aussagenlogik. Die dort auftretenden nichtlogischen Konstanten haben wir oben noch gar nicht erwähnt. Es handelt sich um vollständige Aussagen. Zunächst denkt man dabei an unzerlegbare Aussagen, die sich nicht weiter analysieren lassen. In der natürlichen Sprache gibt es praktisch solche Ein-Wort-Aussagen gar nicht. Am nächsten kommen dem Aussagen wie:

6.5 Es schneit
Es regnet

Die Grammatik erfordert zwar ein Subjekt, aber es gibt kein **Es**, das schneit. Vielmehr wird nur das Vorliegen eines bestimmten Zustandes ausgesagt. Man braucht sich unter den Konstanten der Aussagenlogik aber nicht (prinzipiell) unzerlegbare Aussagen vorzustellen. Es können auch grammatisch zusammengesetzte Aussagen sein, die man nur mit den Mitteln der Aussagenlogik nicht analysieren kann oder die man nur einfach nicht analysieren will und die deshalb als unzerlegter Block behandelt werden.

Bei den Konstanten, die der natürlichen Sprache entnommen sind, wird die Verwendung gewisser Interpretationen suggeriert. Wir redeten von Standardinterpretationen. Um diese Assoziationen zu vermeiden, kann man z.B. Phantasiewörter als logische Konstanten benutzen und Aussagen der folgenden Art bilden:

6.6 Alle Knusis sind krortig
Gaga ist ein Knusi
Gaga ist krortig

Das sind natürlich keine Aussagen der deutschen Sprache, höchstens von einer Variante davon (Zweisteinsprache). Immerhin weiß man, daß "Gaga" als Individuenkonstante und "Knusi", "krortig" als Klassenkostanten anzusehen sind. Und das reicht, um logische Begriffe für solche Aussagen studieren zu können.

Man könnte auch einfach Buchstaben als Konstanten nehmen:

6.7 Alle A sind B
c ist ein A
c ist ein B

Das ist schon seit Aristoteles so üblich.

Solche Buchstaben bezeichnet man oft auch als **Variablen**. Es stellt sich die Frage, was der Unterschied von Variablen und Konstanten ist, zumal ja auch die Bedeutung der Konstanten sehr variieren kann. Die Grenze ist durchaus fließend und die Terminologie nicht einheitlich. Deshalb wollen wir hier unseren Gebrauch darlegen.

Wir werden Ausdrücke, wie sie oben erläutert sind, als Konstanten bezeichnen. Dabei kann es sich um Ausdrücke der natürlichen Sprache, um Phantasieausdrücke oder einfach um Buchstaben handeln. Das Denotat einer Konstanten kann sich von Interpretation zu Interpretation, von Kontext zu Kontext ändern. Konstanten können von verschiedener Art sein (Individuenkonstanten, Relationskonstanten o.ä.). Sie sind ferner in dem Sinne "einfache" Ausdrücke, als sie mit den sprachlichen Mitteln des gerade betrachteten Systems nicht weiter analysiert werden.

Für Variablen gilt all dieses auch. Wir heben sie aber von den Konstanten ab, weil wir die Zuordnung von Werten zu Ausdrücken zweistufig vornehmen werden. Ein Teil einer vollständigen Interpretation soll gewissermaßen festlegen, wovon geredet wird, was die Individuen sind, was die Konstanten bedeuten. Das reicht, um Aussagen Wahrheitswerte zuordnen zu können. Die Variablen sollen dann noch keine Werte haben, vielmehr soll die Bewertung der Variablen gesondert möglich sein.

Das führt dazu, daß man Ausdrücke hat, die die syntaktische Form von Aussagen haben, aber noch Variablen enthalten und keine Aussagen sind, weil ihr Wahrheitswert nach Festlegung der Individuen und der Konstantendenotate noch nicht festliegt. Diese Ausdrücke werden als **Aussageformen**, kurz **Formeln**, bezeichnet. Solche Formeln sind z.B.:

6.8 $x<2$

6.9 $x^2+y^2=1$

6.10 $x^2+a\cdot x+b=0$

6.11 x ist der Vater von y

6.12 x liegt zwischen y und z

Hier würde man sagen, daß die Interpretation festliegt. Man weiß in 6.8, 9, 10, daß über Zahlen geredet wird und die Konstanten $0, 1, 2, <, +, \cdot, {}^2$ ihre Standardbedeutung haben. Aber es handelt sich nicht um Aussagen, da die Werte der Buchstaben "x", "y" nicht festliegen. Diese Buchstaben sollte man als Variablen auffassen. Entsprechend wird in 6.11 über Menschen und in 6.12 über geographische Objekte gesprochen, aber die Interpretation sagt nicht, was die Variablen bedeuten.

Wir weisen ferner auf die Buchstaben "a", "b" in 6.10 hin. Bisweilen werden solche Buchstaben als Formvariablen bezeichnet, deren Werte als vorab festgelegt gedacht werden, während die Werte der Lösungsvariablen "x" danach bestimmt werden. Es ist aber genausogut möglich, diese Buchstaben als Konstanten anzusehen, allerdings ohne Standardinterpretation. Wir sehen daran, daß es weitgehend Sache einer pragmatischen Festlegung ist, welche Zeichen man als Variablen und welche man als Konstanten bezeichnen will. In den formalen Objektsprachen muß man das jeweils genau sagen.

Die Unterscheidung von Konstanten und Variablen und dementsprechend von Aussagen und Formeln ist sehr zweckmäßig. Sie gibt auch ein besseres Bild der mathematischen Sprache, wo genau dieser Unterschied auf einer intuitiven Ebene gemacht wird.

In einem Falle allerdings brauchen wir wirklich Variablen, wenn wir nämlich Variablen "binden". Die gebundenen Variablen, die dazu dienen, sich in allgemeiner Weise auf alle Individuen eines Bereiches zu beziehen, können nicht als Konstanten angesehen werden, wie das bei den freien Variablen möglich ist.

Wir werden das später in der Prädikatenlogik genauer erörtern. In der Aussagenlogik ist das noch nicht erforderlich, weil man dort gar keine Möglichkeit zur Variablenbindung hat.

Es sei darauf hingewiesen, daß die natürliche Sprache im Gegensatz zu unseren Logiksprachen ohne Variablen arbeitet. Das ist einer der Punkte, der die Vergleichbarkeit erschwert. Wir kommen darauf später bei der Diskussion von Formalisierungen und Verbalisierungen zurück.

§ 7. Bemerkungen zur Metatheorie

Wir haben schon einigemal darauf hingewiesen, daß man in der Logik künstliche, formale Sprachen einführt, die sog. **Objektsprachen**, und **für** die Objektsprachen logische Begriffe definiert und untersucht. Wir werden solche Objektsprachen bald kennenlernen, und zwar zunächst die aussagenlogischen Sprachen.

Die Untersuchung selbst wird **in** der Umgangssprache durchgeführt, die man in diesem Zusammenhang auch als **Metasprache** bezeichnet und die mit all dem, was man voraussetzt und benutzt, die **Metatheorie** bildet. Die Metasprache muß man bereits verstehen und die Metatheorie benutzen können.

Das klingt harmlos, da die Metasprache Deutsch ist und jeder, der dieses Buch liest, hinreichend gut Deutsch versteht, um z. B. diesen Erläuterungen folgen zu können. Doch ist die Metasprache nicht einfach nur Umgangsdeutsch, sie ist mathematisches Deutsch, und unsere Metatheorie enthält mengentheoretische Sätze. Allerdings setzen wir nicht eigentlich mathematisches Spezialwissen voraus. Man braucht keine besonderen Kenntnisse über Analysis oder Algebra. Wir benutzen nur allgemeine Sätze über Klassen, Mengen, Relationen und Funktionen, die aber sicherlich auch nicht jedermann geläufig sind. Deshalb sind einige Bemerkungen hierzu angebracht. Wir wollen einige Begriffe und Bezeichnungen kurz vorstellen.

Die Objekte, über die die formalen Sprachen sprechen, die zu Klassen zusammengefaßt werden, zwischen denen Relationen bestehen, die als Argumente und Werte von Funktionen auftreten, bezeichnen wir als **Individuen**. Das können mathematische Objekte sein wie z. B. Zahlen, andere Objekte wie z. B. Häuser, Tiere, Menschen, oder sprachliche Objekte wie Buchstaben, Zeichenreihen, Wörter u. ä. Von Seiten der Logik wird nicht vorgeschrieben, was man als Individuen zu nehmen hat. Darüber entscheidet die jeweilige Anwendungssituation.

Eine **Klasse** ist "Sammelding", eine Zusammenfassung von Individuen. Die darin zusammengefaßten Individuen sind die Elemente der Klasse, und die Klasse ist eindeutig bestimmt, wenn feststeht, welche Elemente sie hat. Wenn ein Individuum a Element einer Klasse A ist, so schreibt man $a \in A$, wenn das nicht der Fall ist, so schreibt man $a \notin A$. Für die Klassen aller Individuen x, die einer sprachlich formulierten Bedingung genügen, die wir durch $\cdots$ andeuten, schreibt man $\{x \mid \cdots\}$. Wenn eine Klasse A Subklasse einer Klasse B ist (d. h. jedes Element von A auch Element von B ist), so schreibt man $A \subseteq B$. Dabei ist Gleichheit erlaubt. Wenn A echte Subklasse von B ist (also zusätzlich A von B verschieden ist), so schreibt man $A \subsetneq B$. Eine besondere Klasse ist die leere Menge $\emptyset$, die keine Elemente hat. Die Klasse der A und B gemeinsamen Elemente wird mit $A \cap B$ (Durchschnitt von A und B) bezeichnet. Der Durchschnitt kann leer sein, dann sind A und B disjunkt. Die Klasse der Elemente, die in A oder in B liegen, wird mit $A \cup B$ bezeichnet (Vereinigung von A und B). Für die endliche Klasse mit den Elementen $a_1, \ldots, a_n$ schreibt man $\{a_1, \ldots, a_n\}$.

Besondere Klassen, nämlich solche, die sich gemäß den Axiomen der Mengenlehre bilden lassen, werden als **Mengen** bezeichnet. Die meisten metatheoretischen Klassen, mit denen wir es zu tun haben, sind Mengen. Die leere Klasse und die endlichen Klassen sind Mengen. Subklassen von Mengen und Durchschnitte und Vereinigungen von Mengen sind Mengen. Die bekannten **Zahlenbereiche** sind Mengen. Die Menge der **natürlichen Zahlen**, zu der die Zahlen $0, 1, 2, 3, \ldots$ gehören, wird mit $\mathbb{N}$ bezeichnet. Zur Menge $\mathbb{Z}$ der **ganzen Zahlen** gehören die natürlichen Zahlen und die negativen ganzen Zahlen $-1, -2, -3, \ldots$. Die Menge $\mathbb{Q}$ der **rationalen Zahlen** enthält die ganzen Zahlen und alle Zahlen, die sich als Brüche ganzer Zahlen darstellen lassen, wie z. B. $5/2$, $-2/3, \ldots$. Die Menge $\mathbb{R}$ der **reellen Zahlen** umfaßt $\mathbb{Q}$ und enthält außerdem alle irrationalen Zahlen wie z.B. $\sqrt{2}$, π, $\log 3, \ldots$. Auch die Symbole und Formeln von Sprachen bilden Mengen, die Individuenbereiche von Strukturen, die wir zur Interpretation verwenden, sind Mengen. Wir werden den Mengenbegriff nicht thematisieren, setzen aber in der Metatheorie Mengenlehre voraus.

Eine **Relation** ist gewissermaßen eine mehrstellige Klasse. Für eine n-stellige Relation steht fest, ob sie auf n Individuen in gegebener Reihenfolge zutrifft oder nicht, und sie ist dadurch eindeutig festgelegt. Einen Satz von n Individuen $a_1, \ldots, a_n$ mit gegebener Reihenfolge faßt man auch zu einem neuen Individuum, einem n-Tupel $\langle a_1, \ldots, a_n \rangle$ zusammen und kann eine Relation mit einer Klasse von n-Tupeln gleichsetzen. Wenn für alle Tupel $\langle x_1, \ldots, x_n \rangle$ einer Relation dabei stets $x_i \in A_i$ ist $(i = 1, \ldots, n)$, so reden wir von einer Relation auf $A_1, \ldots, A_n$.

Eine **Funktion**, auch **Abbildung** genannt, ist eine eindeutige Zuordnung, die gewissen Individuen, den **Argumenten**, gewisse Individuen als **Werte** zuordnet. Man sagt auch, daß die Funktion für die Argumente definiert ist und nennt die Klasse der Argumente den **Definitionsbereich** und die Klasse der Werte den **Wertebereich** der Funktion. Eine Funktion kann auch mehrstellig sein, dann hat sie Tupel von Individuen im Definitionsbereich. Der Wert, der entsteht, wenn man eine Funktion f auf ein Argument $\langle a_1, \ldots, a_n \rangle$ **anwendet**, ist eindeutig bestimmt. Meist schreibt man in der Mathematik $f(a_1, \ldots, a_n)$ (mit der Lesart: f von $a_1, \ldots, a_n$) für diesen Wert, doch sind auch andere Schreibweisen üblich.

Die metatheoretischen Tatsachen, die wir benutzen, werden wir nicht besprechen. Im letzten Kapitel werden wir aber eine Klassenlogik entwickeln und viele der genannten Begriffe auch in einem logischen System vorstellen. Dabei werden auch die gültigen Schlußregeln und die wichtigsten logischen Sätze angegeben. Mit dem dabei gewonnenen Verständnis wird man auch insgesamt die benutzte Metatheorie besser verstehen.

Man könnte gegen unser Vorgehen einwenden, daß keine wirkliche Begründung der logischen Systeme erfolgt, da wir ja in der Metatheorie all das (und sogar noch mehr) voraussetzen, was wir dann in logischen Systemen im Rahmen von Objektsprachen einführen und studieren. Das ist richtig, aber man braucht darin keinen Einwand zu sehen. Wir fangen nicht völlig voraussetzungfrei an, aber wir explizieren unsere metatheoretischen Voraussetzungen. Letztlich gewinnt man dadurch, daß man in der Metatheorie formale Systeme studiert, die die Metatheorie widerspiegeln, auch ein besseres Verständnis der inhaltlichen Metatheorie. Das Durchlaufen eines Begründungszusammenhangs, wobei man in zirkulärer Weise wieder den Ausgangspunkt erreicht und dabei dennoch einen höheren Erkenntnisstand gewinnt, bezeichnet man auch als hermeneutische Spirale. Diese Spirale hat aber gewissermaßen nur eine Windung. Man kann nicht ein immer besseres Verständnis der Metatheorie und etwa des Mengenbegriffs dadurch gewinnen, daß man immer wieder formalisiert, zur Metametatheorie übergeht usw.

II. Aussagenlogik

§8. Die formalen Sprachen der Aussagenlogik

Die Aussagenlogik ist ein sehr einfaches logisches System. An logischen Konstanten spielen nur die **Junktoren** eine Rolle. Das sind gewisse Zeichen, die Aussagen zu neuen Aussagen miteinander verbinden. In der Aussagenlogik werden Aussagen nur hinsichtlich ihrer Zusammensetzung mit Hilfe von Junktoren betrachtet. Aussagen, die nicht so aufgebaut sind, bleiben unanalysiert.

Wir sagten bereits in der Einleitung, daß wir formale und künstliche Objektsprachen einführen wollen. Dieses soll jetzt für die Aussagenlogik geschehen. Die aussagenlogische Sprache wollen wir mit

8.1 LB(...)

bezeichnen. Der Buchstabe L soll an "Logik" und auch "Language" erinnern, der Buchstabe B an "Boole". Die Klammer deutet an, daß noch gewisse Festlegungen zu treffen sind. Hier passen noch Parameter hinein. In der Tat gibt es nicht nur **eine** Sprache der Aussagenlogik, sondern deren mehrere. Wir wollen die Möglichkeiten der Festlegung kurz diskutieren, bevor wir unsere endgültige Definition geben.

Die erste Festlegung betrifft die zugelassenen aussagenlogisch unzerlegbaren Aussagen. Dieses sind die nichtlogischen Konstanten der Aussagenlogik. Man redet auch von atomaren Aussagen, Aussagenvariablen (engl. propositional variables) oder Booleschen Variablen. Wir wollen sie als **Boolesche Konstanten** bezeichnen und völlig freistellen, welche und wieviele es gibt. Wir fassen alle zugelassenen Booleschen Konstanten zu einer Menge C zusammen, die ein Bestimmungsstück der Sprache ist.

Man könnte etwa als Booleschen Konstanten die folgende Buchstaben nehmen:

8.2 p , q , r

Man könnte auch die folgenden Zeichenreihen zu Booleschen Konstanten erklären:

8.3 KARLISTMAURER, ESREGNET, KARLARBEITET

Diese sollen ungeachtet der Tatsache, daß sie aus mehreren Buchstaben des Alphabets der Metasprache zusammengesetzt sind, jeweils als **ein** Zeichen des Alphabets der aussagenlogischen Objektsprache gelten.

Oft kommt man mit nur wenigen Booleschen Konstanten aus. Doch nimmt man auch bisweilen abzählbar unendlich viele Zeichen, die dann für alle Zwecke ausreichen sollen, "auf Vorrat" auf, etwa:

8.4 $p_0, p_1, p_2, p_3, \ldots$

Eine andere Festlegung betrifft die Auswahl der Junktoren, die auch in unterschiedlicher Weise erfolgen kann. Man könnte etwa außer dem Junktor ODER (im einschließenden Sinne) auch ein ENTWEDER ODER (im ausschließenden Sinne) berücksichtigen. Hier wollen wir uns auf eine Auswahl festlegen und diese beibehalten. Wir werden später sehen, daß die von uns gewählten Junktoren ausreichen.

Wieder eine andere Festlegung betrifft die graphische Gestalt der Symbole für die Junktoren. Man kann etwa das UND durch das (auf Schreibmaschinen vorhandene) Zeichen & darstellen oder (wie wir es machen werden) durch $\wedge$. Auch hier wollen wir keine Varianten zulassen und uns auf eine Version festlegen. Man sollte nur wissen, daß man in der Literatur bisweilen auf anders aussehende Zeichen stößt.

Schließlich gibt es noch grammatische Unterschiede in der Schreibweise. Man kann z. B. zweistellige Junktoren vor oder zwischen die zu verknüpfenden Aussagen schreiben, man redet von Präfix- und Infixschreibweise. Ferner kann man es unterschiedlich mit der Klammerung halten, die für die eindeutige Lesbarkeit erforderlich ist. Auch hier werden wir uns auf eine "offizielle Schreibweise" festlegen.

Somit bleibt als einziger Parameter bei uns nur noch die Menge der Booleschen Konstanten übrig. Für jede Menge C von Booleschen Konstanten definieren wir jetzt die aussagenlogische Sprache LB(C):

8.5 **Alphabet**

C sei eine Menge, deren Elemente Boolesche Konstanten heißen. Dadurch ist eine aussagenlogische Sprache LB(C) festgelegt, deren Alphabet die folgenden Zeichen enthält:

(a) die Booleschen Konstanten aus C,

(b) die Junktoren $\top$, $\bot$, $\neg$, $\wedge$, $\vee$, $\Longrightarrow$, $\Longleftrightarrow$,

(c) die Klammern (,) als Hilfszeichen.

Dabei sollen die Booleschen Konstanten von den Junktoren und Klammern verschieden sein. Ferner soll es nicht vorkommen, daß verschiedene Kombinationen dieser Zeichen dasselbe Schriftbild ergeben. Dann kann man eine Zeichenreihe, d.h. eine endliche Folge von Zeichen des Alphabets, durch Hintereinanderschreiben der Zeichen angeben.

Es sind sodann die **wohlgeformten Ausdrücke** der Sprache festzulegen. Das sind die durch eine Grammatik ausgezeichneten Zeichenreihen. In allgemeineren Sprachen können sie noch in verschiedene syntaktische Kategorien eingeteilt sein. Die aussagenlogischen Sprachen haben nur eine syntaktische Kategorie. Wir bezeichnen die Ausdrücke dieser Kategorie als **Formeln**. Sie sind die objektsprachliche Entsprechung der Aussagen aus dem ersten Kapitel. Wir werden später prädikatenlogische Formeln einführen, von denen gewisse, nämlich diejenigen ohne freie Variablen, als Aussagen bezeichnet werden. Die aussagenlogischen Formeln gehören dazu, so daß es auch korrekt ist, von Aussagen zu reden.

8.6 **Formeln**

Die Formeln von LB(C) sind folgendermaßen definiert:

(a) Jede Boolesche Konstante aus C ist eine Formel.

(b) Wenn φ, ψ Formeln sind, so sind auch

$\top$, $\bot$, $\neg\varphi$, $(\varphi\wedge\psi)$, $(\varphi\vee\psi)$, $(\varphi\Longrightarrow\psi)$, $(\varphi\Longleftrightarrow\psi)$

Formeln.

(c) Es gibt keine weiteren Formeln von LB(C).

Die Formeln gemäß (a) nennt man auch **atomar** und die gemäß (b) **molekular**.

Die Definition der Formeln ist **rekursiv**. Zunächst werden gewisse Formeln explizit definiert (8.6 a). Dann wird gesagt, wie man aus bereits erhaltenen Formeln weitere Formeln aufbaut (8.6 b). Das ist der rekursive Teil der Definition. Man rekurriert auf bereits definierte Formeln, um neue Formeln zu definieren. Die Abschlußklausel (8.6 c), daß die Formeln **genau** die Zeichenreihen sind, die man so erhält, wird oft auch weggelassen, da sie bei einer rekursiven Definition automatisch anzunehmen ist.

Wir geben einige Lesarten an. Diese geben schon einen Hinweis auf die Bedeutung, die aber erst in der Semantik festgelegt wird. Die Lesarten gehören zu dem (hier ausgesparten) Bereich der Pragmatik und sind nicht so streng festgelegt, wie die Schriftform der Sprache. Die Lesarten sollen nur eine Möglichkeit der mündlichen Verständigung eröffnen. Ähnliche Ausdrucksmöglichkeiten sind ebenfalls akzeptabel.

8.7 **Lesarten**

Formel:	Lesart:
$\top$	Verum
$\bot$	Falsum
$\neg\varphi$	nicht φ
	es ist nicht der Fall, daß φ
	Negation von φ
$(\varphi\wedge\psi)$	φ und ψ
	Konjunktion von φ und ψ
$(\varphi\vee\psi)$	φ oder ψ
	Disjunktion von φ und ψ
$(\varphi\Longrightarrow\psi)$	wenn φ, so ψ
	φ impliziert ψ
	Subjunktion von φ und ψ
	φ Pfeil ψ
$(\varphi\Longleftrightarrow\psi)$	φ genau dann, wenn ψ
	φ äquivalent ψ
	Äquijunktion von φ und ψ
	φ Doppelpfeil ψ

Wir betrachten einige Beispielsprachen:

8.8 L_1 sei die aussagenlogische Sprache mit den Konstanten p, q, r wie in 8.2. L_1 ist also gleich LB(C), wobei C die Menge {p, q, r} ist.
Dann sind Formeln von L_1:

$$(p\Longrightarrow q),\ (\neg q\Longrightarrow\neg p),\ \neg(p\wedge q),\ (\neg p\vee\neg q),\ (r\Longrightarrow\bot),\ ((p\wedge q)\wedge r),$$

Keine Formeln von L_1 sind:

$(p\wedge q\wedge r)$	(Klammern fehlen)
$\neg(p)$	(Klammern zuviel)
$(p\neg\Longleftrightarrow q)$	($\neg\Longleftrightarrow$ ist kein Junktor, $p\neg$ keine Formel)

8.9 L_2 sei die aussagenlogische Sprache mit den Konstanten wie in 8.3.
Dann sind Formeln von L_2:

(ESREGNET $\Longrightarrow \neg$ KARLARBEITET)
(KARLARBEITET $\Longrightarrow \neg$ ESREGNET)

8.10 L_3 sei die aussagenlogische Sprache mit den Konstanten in 8.4.
Dann sind Formeln von L_3:

$$((p_1 \wedge (p_2 \vee p_3)) \Longleftrightarrow ((p_1 \wedge p_2) \vee (p_1 \wedge p_3)))$$
$$(p_1 \Longrightarrow (p_2 \Longrightarrow (p_3 \Longrightarrow p_4)))$$
$$(((p_1 \wedge p_2) \wedge p_3) \Longleftrightarrow (p_1 \wedge (p_2 \wedge p_3)))$$

Klammern sind für die eindeutige Lesbarkeit wichtig. Doch wird das Formelbild durch zuviele Klammern für das menschliche Auge leicht unübersichtlich. Ein Durchforsten des Klammerwaldes wäre hilfreich. Deshalb wollen wir einige Regeln angeben, um durch das Weglassen von Klammern Abkürzungen von Formeln zu gewinnen, die übersichtlicher sind und die wir so verwenden, wie Formeln selbst. Diese Regeln gehören der pragmatischen Ebene an. Es soll dadurch die "offizielle Notation", auch wenn diese tatsächlich selten wirklich hingeschrieben wird, nicht verändert werden. Pragmatisch mag es durchaus nützlich sein, auch in gewissen Fällen Klammern zu setzen, auch wenn diese offiziell gar nicht vorgesehen sind (z. B. um Negationen).

8.11 **Klammerregeln**

Klammern können weggelassen oder auch gesetzt werden, wenn das Formelbild dadurch übersichtlicher wird und die eindeutige Lesbarkeit gewahrt bleibt. Insbesondere wird verabredet:

(a) Klammern um eine einzeln stehende Formel können entfallen.

(b) Klammern können entsprechend der unterschiedlichen Bindungsstärke entfallen: $\wedge$, $\vee$ binden stärker als $\Longrightarrow$, $\Longleftrightarrow$, doch sind $\wedge$, $\vee$ unter sich gleichstark, ebenso $\Longrightarrow$, $\Longleftrightarrow$ unter sich.

(c) Bei iterierten Konjunktionen und Disjunktionen mit Linksklammerung können die Klammern weggelassen werden.

Hiernach kann man $(((\varphi_1 \wedge \varphi_2) \wedge \varphi_3) \Longrightarrow \psi)$ abkürzen zu $\varphi_1 \wedge \varphi_2 \wedge \varphi_3 \Longrightarrow \psi$.
Ferner kann man $((p \Longrightarrow (q \wedge r)) \Longleftrightarrow \neg r)$ abkürzen zu $(p \Longrightarrow q \wedge r) \Longleftrightarrow \neg r$.

In der Regel (c) hätte man auch anders klammern können, wenn Unterschiede "bis auf logische Äquivalenz" keine Rolle spielen. Wir werden später sehen, daß Umklammerung bei iterierten Konjunktionen und iterierten Disjunktionen eine logisch äquivalente Umformung ist.

Wir weisen zum Schluß darauf hin, daß die griechischen Buchstaben φ, ψ, θ selbst keine Formeln sind, sondern für Formeln stehen, es sind Variablen für Formeln und zwar Variablen der Metasprache. Die Buchstaben $p, q, r, p_1, p_2, \ldots$, die in 8.2 und 8.4 direkt als Boolesche Konstanten genommen worden waren, verwenden wir künftig auch als metasprachliche Variablen für irgendwelche Booleschen Konstanten.

§ 9. Die Semantik der Aussagenlogik

In Kapitel I hatten wir als Charakteristikum der Aussagen herausgestellt, daß sie nach Fixierung einer Interpretation wahr oder falsch sind. Für die formalen Sprachen der Aussagenlogik realisieren wir das in folgender Weise.

Entsprechend dem Zweiwertigkeitsprinzip führen wir zwei Objekte ein, die **Wahrheitswerte** W und F. Eine **Bewertung** ist dann eine Zuordnung, die in einer bestimmten Weise allen Formeln einen dieser Wahrheitswerte zuordnet. Wir sagen, daß eine Formel bei einer Bewertung wahr ist, wenn der zugeordnete Wahrheitswert W ist, anderfalls ist sie falsch.

Der Begriff der Bewertung ist die Präzisierung des Interpretationsbegriffs für die Aussagenlogik. Wir wollen durchaus erlauben, daß man auch weiterhin von Interpretationen redet. Aber damit sind jetzt in der Aussagenlogik eben Bewertungen gemeint.

Von seiten der Logik kann nichts zur Bewertung der Booleschen Konstanten gesagt werden. Das muß von außen vorgegeben werden, und hierin unterscheiden sich auch die verschiedenen Bewertungen. Es ist aber Sache der Aussagenlogik, wie sich dann die Bewertung auf zusammengesetzte Formeln fortsetzt.

Dabei werden wir so vorgehen, daß zu jedem Junktor eine charakteristische Methode der Fortsetzung der Bewertung gehört, wobei der Wahrheitswert einer molekularen Formel nur von den Wahrheitswerten der Teilformeln bei dieser Bewertung abhängt. Diese Eigenschaft der Aussagenlogik, daß es bei der Bewertung einer zusammengesetzten Formel nur auf die Wahrheitswerte der Teilformeln und zwar bei derselben Bewertung ankommt und nicht auf weitere "Inhalte", die mit den Teilformeln verbunden sein können oder auf Werte dieser Teilformeln bei evtl. anderen Bewertungen, bezeichnet man als **Extensionalität**.

9.1 **Bewertungen**

Gegeben sei eine Bewertung $\mathcal{J}$ der Booleschen Konstanten, d. h. eine Funktion, die jeder Konstanten $p \in C$ einen der Wahrheitswerte W oder F zuordnet. Für den Wert, den die Bewertung $\mathcal{J}$ der Konstanten p zuordnet, schreiben wir $[\![p]\!]_{\mathcal{J}}$.

Diese Bewertung der Konstanten setzt sich in der nachfolgend beschriebenen Weise auf alle Formeln fort. Für den Wert von φ bei der Bewertung $\mathcal{J}$ schreiben wir $[\![\varphi]\!]_{\mathcal{J}}$, auch kurz $[\![\varphi]\!]$, wenn die Bewertung ersichtlich ist.

9.1 a **Werte von Verum und Falsum**

$$[\![\top]\!]_{\mathcal{J}} =_{\text{def}} W \qquad\qquad [\![\bot]\!]_{\mathcal{J}} =_{\text{def}} F$$

Durch diese Definition werden die Lesarten "Verum" und "Falsum" gerechtfertigt, weil $\top$ eine Formel ist, die stets wahr ist und $\bot$ eine Formel ist, die stets falsch ist.

Wir haben $=_{\text{def}}$ als Zeichen für die definitorische Gleichheit benutzt. Durch Definition wird die linke Seite (die bislang noch nicht erklärt war) gleichbedeutend mit der rechten Seite (die bereits erklärt ist). Das werden wir auch künftig tun.

9.1 b **Werte von Negationen**

$$[\![\neg\varphi]\!]_{\mathcal{I}} =_{\text{def}} \begin{cases} W, & \text{wenn } [\![\varphi]\!]_{\mathcal{I}} = F \\ F, & \text{wenn } [\![\varphi]\!]_{\mathcal{I}} = W \end{cases}$$

Das Negationszeichen dreht den Wahrheitswert um, aus W wird F, aus F wird W. Das drückt man gewöhnlich durch eine Wahrheitstafel aus:

φ	$\neg\varphi$
W	F
F	W

9.1 c **Werte von Konjunktionen**

$$[\![\varphi\wedge\psi]\!]_{\mathcal{I}} =_{\text{def}} \begin{cases} W, & \text{wenn } [\![\varphi]\!]_{\mathcal{I}} = [\![\psi]\!]_{\mathcal{I}} = W \\ F, & \text{sonst} \end{cases}$$

Eine Konjunktion erhält also den Wert W, wenn beide Konjunktionsglieder den Wert W erhalten, in jedem der anderen drei Fälle erhält die Konjunktion den Wert F. Das läßt sich wieder durch eine Wahrheitstafel ausdrücken:

φ	ψ	$\varphi\wedge\psi$
W	W	W
F	W	F
W	F	F
F	F	F

9.1 d **Werte von Disjunktionen**

$$[\![\varphi\vee\psi]\!]_{\mathcal{I}} =_{\text{def}} \begin{cases} W, & \text{sonst} \\ F, & \text{wenn } [\![\varphi]\!]_{\mathcal{I}} = [\![\psi]\!]_{\mathcal{I}} = F \end{cases}$$

Wahrheitstafel:

φ	ψ	$\varphi\vee\psi$
W	W	W
F	W	W
W	F	W
F	F	F

Man beachte, daß die Disjunktion auch wahr wird, wenn beide Disjunktionsglieder wahr sind. Das drückt man auch so aus, daß man sagt, $\vee$ formalisiere das **einschließende Oder**. Das ausschließende Entweder-Oder (das in der ersten Zeile F hat) besprechen wir später. Wir wollen auch in der Metasprache das Wort "Oder" im einschließendem Sinne verwenden.

9.1 e **Werte von Subjunktionen**

$$[\![\varphi \Longrightarrow \psi]\!]_{\mathcal{J}} =_{\text{def}} \begin{cases} \text{W}, & \text{sonst} \\ \text{F}, & \text{wenn } [\![\varphi]\!]_{\mathcal{J}} = \text{W und } [\![\psi]\!]_{\mathcal{J}} = \text{F} \end{cases}$$

Wahrheitstafel:

φ	ψ	$\varphi \Longrightarrow \psi$
W	W	W
F	W	W
W	F	F
F	F	W

Man beachte, daß der Junktor $\Longrightarrow$ etwas anderes bedeutet als das Folgerungszeichen $\Vdash$, für das man keine Wahrheitstafel angeben kann. Nur in einem Fall kann man nämlich für $\varphi \Vdash \psi$ einen Wahrheitswert eintragen:

φ	ψ	$\varphi \Vdash \psi$
W	W	?
F	W	?
W	F	F
F	F	?

Wenn man die Wahrheitswerte von φ, ψ nur bei **einer** Interpretation kennt, so weiß man (wenn nicht gerade eine Gegenbeispielinterpretation vorliegt) über den Wahrheitswert der Folgerungsbehauptung $\varphi \Vdash \psi$ gar nichts. In die Definition des Folgerungsbegriffs gehen nämlich **alle** Interpretationen der Sprache ein.

Dagegen braucht man, um eine Subjunktion $\varphi \Longrightarrow \psi$ bei einer Bewertung zu bewerten, nur die Werte von φ und ψ bei derselben Bewertung zu kennen. Die Subjunktion ist also eine viel anspruchslosere Aussagenverknüpfung, die leicht auszurechnen ist. Im Englischen redet man auch von material implication (für Subjunktion) im Gegensatz zu implication (für Folgerung). In der formalen Objektsprache kommt nur der Junktor vor, der Aussagen der Objektsprache zu einer neuen Aussage der Objektsprache verbindet. Das Folgerungszeichen gehört der Metasprache an. Es wird zwischen Aussagen der Objektsprache geschrieben und ergibt eine metasprachliche Aussage.

Man kann sehr bezweifeln, ob "wenn..., so..." wirklich eine angemessene

Verbalisierung für den Junktor $\Longrightarrow$ ist. Aber jedenfalls wird für die Zwecke der Logik ein Junktor mit genau der Wahrheitstafel von $\Longrightarrow$ unbedingt gebraucht. Diesen verbalisieren wir eben als "wenn ..., so ..." und wollen auch in der Metasprache diese Wendung im Sinne des Junktors gebrauchen. Oft wird auch die Verbalisierung "impliziert" gebraucht, obwohl das entsprechende Wort im Englischen eher mit dem logischen Folgern assoziiert wird.

Ähnliche Bemerkungen wie für Subjunktion und logische Folgerung sind für Äquijunktion und logische Äquivalenz zu machen. Aber jedenfalls brauchen wir in der Objektsprache wieder einen Junktor, der die Gleichheit der Wahrheitswerte (in der gerade betrachteten Bewertung) ausdrückt, und den wir mit "genau dann, wenn" verbalisieren.

9.1 f **Werte von Äquijunktionen**

$$[\![\varphi \Longleftrightarrow \psi]\!]_{\mathcal{J}} =_{\text{def}} \begin{cases} \text{W} , \text{ wenn } [\![\varphi]\!]_{\mathcal{J}} = [\![\psi]\!]_{\mathcal{J}} \\ \text{F} , \text{ sonst} \end{cases}$$

Die Äquijunktion drückt Gleichheit der Wahrheitswerte aus. Die Wahrheitstafel ist:

φ	ψ	$\varphi \Longleftrightarrow \psi$
W	W	W
F	W	F
W	F	F
F	F	W

Wir fassen alle Wahrheitstafeln noch einmal zusammen:

$\top$	$\bot$
W	F

φ	$\neg\varphi$
W	F
F	W

φ	ψ	$\varphi \wedge \psi$	$\varphi \vee \psi$	$\varphi \Longrightarrow \psi$	$\varphi \Longleftrightarrow \psi$
W	W	W	W	W	W
F	W	F	W	W	F
W	F	F	W	F	F
F	F	F	F	W	W

§ 10. Logische Begriffe für die Aussagenlogik

Die im vorigen Paragraphen eingeführten Bewertungen von Formeln mit Wahrheitswerten realisieren für die Aussagenlogik das Interpretationsschema von 2.5. Natürlich sagt man, eine Formel φ sei wahr oder falsch in einer Bewertung $\mathcal{J}$, je nachdem, ob der zugeordnete Wahrheitswert W oder F ist. Dafür sind weitere Sprechweisen und eine besondere Schreibweise üblich:

10.1 **Wahrheit, Falschheit**

Wenn $[\![\varphi]\!]_{\mathcal{J}} = \mathrm{W}$, so sagen wir, daß φ in $\mathcal{J}$ wahr ist und schreiben:

$$\mathcal{J} \models \varphi$$

Wir sagen auch, daß $\mathcal{J}$ die Formel φ erfüllt, ein Modell von φ ist.

Wenn $[\![\varphi]\!]_{\mathcal{J}} = \mathrm{F}$, so sagen wir, daß φ in $\mathcal{J}$ falsch ist und schreiben:

$$\mathcal{J} \not\models \varphi$$

Hierauf gründen sich, wie in § 3 und § 4, die Definitionen einiger logischer Begriffe.

10.2 **Allgemeingültigkeit, logische Wahrheit, Tautologien**

Wenn alle Bewertungen $\mathcal{J}$ Modell von φ sind, so sagen wir, daß φ allgemeingültig, logisch wahr oder tautologisch ist und schreiben:

$$\models \varphi$$

Das Zeichen $\models$ bezeichnen wir als Erfüllungs- und Gültigkeitszeichen. Wenn davor eine Bewertung angegeben ist, so wird mitgeteilt, daß die Formel dahinter von der Bewertung erfüllt wird. Ohne die Angabe einer Bewertung wird die Allgemeingültigkeit der Formel behauptet.

Negierung gibt man mit dem durchgestrichenen Zeichen $\not\models$ an. Dann ist $\not\models \varphi$ gleichbedeutend damit, daß es eine Bewertung $\mathcal{J}$ mit $\mathcal{J} \not\models \varphi$, d. h. mit $\mathcal{J} \models \neg\varphi$ gibt. Man beachte, daß das nicht heißt, daß φ kontradiktorisch ist, d. h. von keiner Bewertung erfüllt wird. Daß φ kontradiktorisch ist, ist vielmehr gleichbedeutend damit, daß die Negation von φ allgemeingültig ist, d. h. mit $\models \neg\varphi$.

10.3 **Logische Folgerungen**

$$\psi_1, \ldots, \psi_n \Vdash \varphi \iff_{\text{def}} \text{Für alle Bewertungen } \mathcal{J} \text{ gilt: wenn } \mathcal{J} \models \psi_1 \text{ und} \ldots \text{und } \mathcal{J} \models \psi_n \text{, so } \mathcal{J} \models \varphi$$

Lesart: Aus $\psi_1, \ldots, \psi_n$ folgt (aussagenlogisch) φ.

$$\psi_1, \ldots, \psi_n \not\Vdash \varphi \iff_{\text{def}} \text{Es gibt eine Bewertung } \mathcal{J} \text{ mit: } \mathcal{J} \models \psi_1 \text{ und} \ldots \text{und } \mathcal{J} \models \psi_n \text{ und } \mathcal{J} \not\models \varphi$$

Lesart: Aus $\psi_1, \ldots, \psi_n$ folgt φ nicht.

Man beachte, daß $\psi_1, \ldots, \psi_n \Vdash \neg\varphi$ (aus $\psi_1, \ldots, \psi_n$ folgt $\neg\varphi$) etwas anderes bedeutet als $\psi_1, \ldots, \psi_n \not\Vdash \varphi$ (aus $\psi_1, \ldots, \psi_n$ folgt φ nicht). Das letzte ist bereits der Fall, wenn es nur ein Modell von $\psi_1, \ldots, \psi_n$ gibt, in dem φ falsch ist. Für das erste ist es erforderlich, daß φ in jedem Modell von $\psi_1, \ldots, \psi_n$ falsch ist.

Wir haben oben $\Longleftrightarrow_{\text{def}}$ als Zeichen für die **definitorische Äquivalenz** benutzt. Durch Definition wird die linke Seite (die bislang noch nicht erklärt war) als genau dann wahr festgesetzt, wenn die rechte Seite wahr ist (die bereits erklärt ist). Wir werden auch künftig definitorische Äquivalenzen in dieser Weise angeben.

Wir wollen nun beweisen, daß eine Folgerung gleichbedeutend mit der Allgemeingültigkeit einer bestimmten Subjunktion ist.

10.4 **Satz**

$$\psi_1, \ldots, \psi_n \Vdash \varphi \iff \models (\psi_1 \wedge \ldots \wedge \psi_n \Longrightarrow \varphi)$$

Die Kennzeichnung als "Satz" weist darauf hin, daß es sich um einen Lehrsatz, ein Theorem der Metatheorie handelt. Man redet auch von einem Metatheorem. In einem solchen Satz kommen gewöhnlich metasprachliche Variablen vor, wie z.B. "φ", "ψ" u.ä. Es ist dann gemeint, daß die Behauptung für alle Werte dieser Variablen, also für alle Formeln φ, ψ u.ä. der zugrundegelegten Sprache gelten. Wir haben ferner den Junktor $\Longleftrightarrow$ auch in der Metasprache im Sinne der Wahrheitstafel verwendet und werden das auch künftig tun. Aus dem Kontext geht jeweils hervor, ob Objektsprache oder Metasprache gemeint ist. Wenn rechts und links von $\Longleftrightarrow$ metasprachliche Behauptungen stehen, so ist der Junktor metasprachlich zu verstehen. Wenn rechts und links Formeln der Objektsprache stehen, so ist die aus diesen Formeln mit dem Junktor gebildete Formel gemeint. Entsprechend erlauben wir es auch, den Junktor $\Longrightarrow$ in metasprachlicher Weise als Kurzschrift für "wenn ..., so..." im Sinne der Wahrheitstafel zu verwenden.

Es ist erforderlich, daß zur Begründung eines Satzes ein **Beweis** gegeben wird. Die Fähigkeit, einfache Beweise zu verstehen, rechnen wir zur Sprachkompetenz, die wir für die Metasprache voraussetzen. Wir werden aber behutsam vorgehen und zunächst sehr ausführlich sein. Mit wachsender Routine wird man auch knappere Beweise als ausreichend ansehen. Das formale Beweisverfahren, das wir später für die formalen Logiksprachen einführen (ab § 23), soll auch die metasprachliche Beweispraxis widerspiegeln. Durch das Zeichen ▪ signalisieren wir das Ende eines Beweises.

Wir kommen nun zum Beweis von 10.4. Es ist eine Äquijunktion zu beweisen, man redet von einem **Äquivalenzbeweis**. Wir zerlegen ihn in die beiden Richtungen "von links nach rechts" (überschrieben mit "$\Longrightarrow$") und "von rechts nach links" (überschrieben mit "$\Longleftarrow$"). Dabei beweisen wir die Richtung von links nach rechts durch **Fallunterscheidung.**

$\Longrightarrow$: Wir setzen die linke Seite voraus. Sei also $\psi_1, \ldots, \psi_n \Vdash \varphi$. Wir müssen die rechte Seite zeigen, also daß $(\psi_1 \wedge \ldots \wedge \psi_n \Longrightarrow \varphi)$ allgemeingültig ist.

Sei $\mathcal{J}$ eine beliebige Bewertung.

1. Fall: $\mathcal{J} \not\models \psi_1 \wedge \ldots \wedge \psi_n$. Dann $\mathcal{J} \models (\psi_1 \wedge \ldots \wedge \psi_n \Longrightarrow \varphi)$ nach der Wahrheitstafel für die Subjunktion.

2. Fall: $\mathcal{J} \models \psi_1 \wedge \ldots \wedge \psi_n$. Nach der Wahrheitstafel für die Konjunktion erhält man dann $\mathcal{J} \models \psi_1, \ldots, \mathcal{J} \models \psi_n$, also wegen der Voraussetzung $\mathcal{J} \models \varphi$. Nach der Wahrheitstafel für die Subjunktion erhält man ebenfalls $\mathcal{J} \models (\psi_1 \wedge \ldots \wedge \psi_n \Longrightarrow \varphi)$.

Also ist in jedem Fall $\mathcal{J} \models (\psi_1 \wedge \ldots \wedge \psi_n \Longrightarrow \varphi)$.

Weil über $\mathcal{J}$ nichts Einschränkendes vorausgesetzt wurde, gilt das für jede Bewertung $\mathcal{J}$, d.h. $\models (\psi_1 \wedge \ldots \wedge \psi_n \Longrightarrow \varphi)$.

$\Longleftarrow$: Wir setzen jetzt die rechte Seite voraus. Sei also $\models (\psi_1 \wedge \ldots \wedge \psi_n \Longrightarrow \varphi)$. Wir müssen die linke Seite zeigen, also daß aus $\psi_1, \ldots, \psi_n$ die Formel φ folgt.

Sei $\mathcal{J}$ ein beliebiges Modell von $\psi_1, \ldots, \psi_n$.

Aus der Wahrheitstafel für die Konjunktion ersieht man, daß dann $\mathcal{J}$ Modell von $\psi_1 \wedge \ldots \wedge \psi_n$ ist. Wegen der Voraussetzung ist $\mathcal{J} \models (\psi_1 \wedge \ldots \wedge \psi_n \Longrightarrow \varphi)$. Nach der Wahrheitstafel für die Subjunktion ist dann auch $\mathcal{J}$ Modell von φ.

Somit ist jedes Modell von $\psi_1, \ldots, \psi_n$ auch Modell von φ, d.h. $\psi_1, \ldots, \psi_n \Vdash\!\!- \varphi$. ∎

Wir konstatieren den Spezialfall für $n=1$:

10.5 **Satz**

$$\psi \Vdash\!\!- \varphi \iff \models (\psi \Longrightarrow \varphi)$$

In Worten: Aus einer Formel folgt eine andere genau dann, wenn ihre Subjunktion allgemeingültig ist.

Jetzt erklärt sich auch, warum so oft Folgerungsbegriff $\Vdash\!\!-$ und Subjunktion $\Longrightarrow$ verwechselt werden. Das geschieht leicht, wenn man "als wahr behaupten" und "als gültig behaupten" verwechselt. Oft schreibt man Formeln hin und meint damit, daß sie nicht nur wahr (in einer gerade aktuellen Bewertung), sondern gültig (in vielen oder gar allen Bewertungen) sind. Wenn man

$$\psi \Longrightarrow \varphi$$

schreibt und damit

$$\models (\psi \Longrightarrow \varphi)$$

meint, was ja in der Tat mit

$$\psi \Vdash\!\!- \varphi$$

gleichbedeutend ist, so kommt es zu der Verwechslung.

Wir betrachten zum Schluß die logische Äquivalenz, die besagt, daß zwei Formeln wechselseitig auseinander folgern.

10.6 **Logische Äquivalenz**

$$\psi \dashv\Vdash\!\!- \varphi \iff_{\text{def}} \psi \Vdash\!\!- \varphi \text{ und } \varphi \Vdash\!\!- \psi$$

Als Analogon zu 10.5 erhalten wir:

10.7 **Satz**

$$\psi \dashv\Vdash\!\!- \varphi \iff \models (\psi \Longleftrightarrow \varphi)$$

In Worten: Zwei Formeln sind logisch äquivalent genau dann, wenn ihre Äquijunktion allgemeingültig ist.

Beweis:

Mit 10.5 besagt logische Äquivalenz soviel wie $\models(\psi \Longrightarrow \varphi)$ und $\models(\varphi \Longrightarrow \psi)$. Betrachtung der Wahrheitstafeln von $\Longrightarrow$ und $\Longleftrightarrow$ zeigt, daß $(\psi \Longrightarrow \varphi)$ und $(\varphi \Longrightarrow \psi)$ genau dann wahr werden, wenn $(\psi \Longleftrightarrow \varphi)$ wahr wird. Also besagt das genau $\models(\psi \Longleftrightarrow \varphi)$. ∎

Logische Äquivalenz und Äquijunktion werden oft ebenso miteinander verwechselt wie logische Folgerung und Subjunktion. Die Erklärung liegt wieder darin, daß man oft

$$\psi \Longleftrightarrow \varphi$$

schreibt, aber

$$\models(\psi \Longleftrightarrow \varphi)$$

meint, was ja mit

$$\psi \dashv\Vdash \varphi$$

gleichbedeutend ist.

Die Modalität des Wahrseins (ob in einer oder in allen Bewertungen) wird gewöhnlich schriftlich gar nicht zum Ausdruck gebracht. Wir haben hier aber besondere Bezeichnungen eingeführt ($\mathcal{J} \Vdash \varphi$ bzw. $\Vdash \varphi$), mit denen wir den Unterschied für Formeln der Objektsprache klar ausdrücken können.

§ 11. Das Wahrheitstafelverfahren

Es ist bemerkenswert, daß man mit Hilfe eines Algorithmus entscheiden kann, ob eine Formel einer aussagenlogischen Sprache allgemeingültig ist oder nicht. Es gibt mehrere solche algorithmische Verfahren. Wir beschreiben hier das Wahrheitstafelverfahren.

11.1 **Wahrheitstafel einer Formel**

φ sei Formel einer aussagenlogischen Sprache LB(C), die aus den paarweise verschiedenen Booleschen Konstanten $p_1, \ldots, p_n$ aufgebaut sei. Eine Wahrheitstafel von φ bzgl. $p_1, \ldots, p_n$ erhält man folgendermaßen:

Man legt eine Tabelle an mit n + 1 Spalten und 2^n Zeilen. In die Spaltenköpfe trägt man $p_1, \ldots, p_n$ und die Formel φ ein (die letzte Spalte wird i. a. sehr breit sein). In die 2^n Zeilen der ersten n Spalten trägt man alle Möglichkeiten ein, die Booleschen Konstanten $p_1, \ldots, p_n$ mit W oder F zu bewerten.

Um das systematisch zu machen, trage man in der ersten Spalte alternierend W, F ein, in der zweiten in Zweierschritten W, W, F, F, in der dritten in Viererschritten W, W, W, W, F, F, F, F, dann in Achterschritten usw. Die Wahrheitstafel sieht also etwa so aus:

p_1	p_2	p_3		p_n	φ
W	W	W	...	W	
F	W	W		W	
W	F	W		W	
F	F	W		W	
W	W	F		W	
⋮					
F	F	F	...	F	

11.2 **Ausrechnen einer Wahrheitstafel**

Eine solche Wahrheitstafel wird ausgerechnet, indem man in jeder Zeile die für $p_1, \ldots, p_n$ gegebenen Werte in die φ-Spalte überträgt und dort unter die Konstanten $p_1, \ldots, p_n$ von φ schreibt, aus denen φ aussagenlogisch aufgebaut ist. Dann rechnet man sukzessive die Werte weiterer Teilformeln aus, wobei man den Wert einer Teilformel jeweils unter den Hauptjunktor (d. h. den beim syntaktischen Aufbau der Formel zuletzt verwendeten Junktor) der Teilformel schreibt. Dabei wird auch der Wert von φ ausgerechnet und unter den Hauptjunktor von φ geschrieben.

Wir erläutern das an den Beispiel einer Formel aus drei Booleschen Konstanten. In der folgenden Wahrheitstafel ist der erste Berechnungsschritt für die dritte Zeile vorgeführt. In der fünften Zeile ist außerdem ein weiterer Berechnungsschritt vorgeführt. Die siebte Zeile ist vollständig ausgerechnet, die darunter geschriebenen Ziffern geben die Reihenfolge der Berechnungsschritte an.

p	q	r	(p	∧	q	⟹	r)	⟺	(p	⟹	r)	∨	(q	⟹	r)
W	W	W													
F	W	W													
W	F	W	W		F		W		W		W		F		W
F	F	W													
W	W	F	W	W	W		F		W	F	F		W	F	F
F	W	F													
W	F	F	W	F	F	W	F	W	W	F	F	W	F	W	F
F	F	F													
			1	2	1	3	1	4	1	2	1	3	1	2	1

Die vollständig ausgerechnete Wahrheitstafel sieht so aus:

p	q	r	(p	∧	q	⟹	r)	⟺	(p	⟹	r)	∨	(q	⟹	r)
W	W	W	W	W	W	W	W	W	W	W	W	W	W	W	W
F	W	W	F	F	W	W	W	W	F	W	W	W	W	W	W
W	F	W	W	F	F	W	W	W	W	W	W	W	F	W	W
F	F	W	F	F	F	W	W	W	F	W	W	W	F	W	W
W	W	F	W	W	W	F	F	W	W	F	F	F	W	F	F
F	W	F	F	F	W	W	F	W	F	W	F	W	W	F	F
W	F	F	W	F	F	W	F	W	W	F	F	W	F	W	F
F	F	F	F	F	F	W	F	W	F	W	F	W	F	W	F

In diesem Fall hat sich unter dem Hauptjunktor, das ist hier ⟺, eine reine W-Spalte ergeben. Das ist genau bei den allgemeingültigen Formeln der Fall.

11.3 **Satz**

Eine Formel einer aussagenlogischen Sprache ist genau dann allgemeingültig (tautologisch), wenn in einer ausgerechneten Wahrheitstafel unter dem Hauptjunktor nur W vorkommt.

Beweis:

Wir beweisen die eine Richtung des Äquivalenzbeweises (wenn die linke Seite, so die rechte Seite) durch **Kontraposition** (wenn nicht die rechte Seite, so nicht die linke Seite). Das reicht aus, denn wenn man die linke Seite annimmt, so liefert der Kontrapositionsbeweis aus der Negation der rechten Seite einen Widerspruch zu dieser Annahme. Also kann die rechte Seite unter Annahme der linken Seite nicht falsch sein.

Die Argumentation ist ein besonderer **indirekter** Beweis. Bei einem solchen nimmt man an, daß das, was zu zeigen ist (hier die rechte Seite), falsch ist und leitet daraus einen Widerspruch zu einer der Annahmen (hier der linken Seite) ab. Dann kann unter den gemachten Annahmen das, was zu zeigen ist, nicht falsch sein.

$\Longrightarrow$: Sei eine Wahrheitstafel für φ bzgl. $p_1, \ldots, p_n$ gegeben, in der in einer Zeile für φ nicht der Wert W ausgerechnet wird. Die in dieser Zeile gegebene Zuordnung von Wahrheitswerten zu den Booleschen Konstanten bestimmt eine Bewertung $\mathcal{J}$. Die Formel φ erhält bei $\mathcal{J}$ den Wert, der in der Wahrheitstafel ausgerechnet ist, und der sollte ja F sein. Somit ist dann φ nicht allgemeingültig.

$\Longleftarrow$: Sei andererseits eine Wahrheitstafel von φ bzgl. $p_1, \ldots, p_n$ gegeben, in der unter dem Hauptverknüpfungszeichen nur W vorkommt. Sei $\mathcal{J}$ Bewertung. Dabei werden insbesondere $p_1, \ldots, p_n$ in irgendeiner Weise mit Wahrheitswerten bewertet, die sich in einer Zeile der Wahrheitstafel wiederfindet. In dieser Zeile ist dann in der φ-Spalte vorgeführt, wie sich der Wert $[\![\varphi]\!]_{\mathcal{J}}$ berechnet, und dieser ist W. Weil über $\mathcal{J}$ nichts Einschränkendes vorausgesetzt wurde, gilt das für jede Bewertung $\mathcal{J}$. Also ist jede Bewertung Modell von φ, und φ ist allgemeingültig. ■

Von praktischer Wichtigkeit ist der Umstand, daß das Wahrheitstafelverfahren ein Entscheidungsverfahren ist. Es liefert für beliebig gegebene aussagenlogische Formeln die Entscheidung, ob sie allgemeingültig sind oder nicht.

Um das für eine aussagenlogische Formel φ zu entscheiden, sucht man die Booleschen Konstanten $p_1, \ldots, p_n$ auf, die in φ vorkommen, und legt eine Wahrheitstafel für φ bzgl. $p_1, \ldots, p_n$ an. Wenn darin für φ in jeder Zeile W als Wert ausgerechnet wird, so ist φ tautologisch, d. h. allgemeingültig. Wenn das nicht der Fall ist, so ist φ nicht allgemeingültig.

Man drückt das in folgender Weise aus:

11.4 **Satz**
Für aussagenlogische Formeln ist Allgemeingültigkeit entscheidbar.

Unser oben gegebenes Beispiel zeigt:

$$\models (p \wedge q \Longrightarrow r) \Longleftrightarrow ((p \Longrightarrow r) \vee (q \Longrightarrow r))$$

Das nächste Beispiel ist der Satz von der doppelten Negation:

$$\models \neg\neg p \Longleftrightarrow p$$

Beweis durch Wahrheitstafel (n = 1):

p	¬ ¬ p ⟺ p
W	W F W W W
F	F W F W F

Die folgenden beiden Sätze bezeichnet man als die de Morganschen Regeln. Sie geben an, wie man eine Konjunktion oder Disjunktion negiert.

$$\models \neg(p \wedge q) \Longleftrightarrow \neg p \vee \neg q$$
$$\models \neg(p \vee q) \Longleftrightarrow \neg p \wedge \neg q$$

Beweis durch Wahrheitstafel (n=2):

p	q	$\neg (p \wedge q) \Longleftrightarrow \neg p \vee \neg q$
W	W	F W W W W F W F F W
F	W	W F F W W W F W F W
W	F	W W F F W F W W W F
F	F	W F F F W W F W W F

p	q	$\neg (p \wedge q) \Longleftrightarrow \neg p \vee \neg q$
W	W	F W W W W F W F F W
F	W	W F F W W W F W F W
W	F	W W F F W F W W W F
F	F	W F F F W W F W W F

Die folgenden Formeln sind keine Tautologien:

$$(p \wedge q \Longrightarrow r) \Longleftrightarrow ((p \Longrightarrow q) \wedge (q \Longrightarrow r))$$

$$(p \Longrightarrow (q \Longrightarrow r)) \Longleftrightarrow ((p \Longrightarrow q) \Longrightarrow r)$$

Wir geben, um das zu zeigen, Zeilen der Wahrheitstafeln an, in denen für die Formeln der Wahrheitswert F ausgerechnet wird.

p	q	r	$(p \wedge q \Longrightarrow r) \Longleftrightarrow ((p \Longrightarrow q) \wedge (q \Longrightarrow r))$
W	F	F	W F F W F F W F F F F W F

p	q	r	$(p \Longrightarrow (q \Longrightarrow r)) \Longleftrightarrow ((p \Longrightarrow q) \Longrightarrow r)$.
F	F	F	F W F W F F F W F F F

Um zu zeigen, daß eine Formel eine Tautologie ist, reicht es oft aus, einfachere Wahrheitstafeln zu betrachten. Wenn φ aus $\psi_1, \ldots, \psi_n$ in einer bestimmten Weise aussagenlogisch aufgebaut ist (wobei $\psi_1, \ldots, \psi_n$ durchaus selbst zusammengesetzte Formeln sein können und ψ_i dasselbe wie ψ_k für ein $i \neq k$ sein kann), so kann man eine Wahrheitstafel von φ bzgl. dieses Aufbaus aus $\psi_1, \ldots, \psi_n$ in völliger Analogie zu 11.1 definieren, die genauso wie in 11.2 ausgerechnet wird. Wenn dann unter dem Hauptjunktor nur W vorkommt, so handelt es sich bei φ auch um eine Tautologie.

Wir halten dieses fest.

11.5 **Satz**

φ sei eine Formel, die aus den Teilformeln $\psi_1, \ldots, \psi_n$ mit Hilfe von Junktoren in einer bestimmten Weise aufgebaut ist. Errechnet sich unter dem Hauptjunktor einer entsprechend diesem Aufbau angelegten Wahrheitstafel für φ eine reine W-Spalte, so ist φ allgemeingültig.

Es ist zweckmäßig, solche allgemeineren Wahrheitstafeln zu benutzen, da man dann allgemeinere Sätze erhält. Wenn wir z. B. die oben vorgerechneten Wahrheitstafeln mit syntaktischen Variablen für Formeln statt für Boolesche Konstanten hingeschrieben hätten, so wäre gezeigt worden, daß für beliebige Formeln ψ_1, ψ_2, θ gilt:

$$\models (\psi_1 \wedge \psi_2 \Longrightarrow \theta) \Longleftrightarrow ((\psi_1 \Longrightarrow \theta) \vee (\psi_2 \Longrightarrow \theta))$$
$$\models \neg\neg\varphi \Longleftrightarrow \varphi$$
$$\models \neg(\varphi \wedge \psi) \Longleftrightarrow \neg\varphi \vee \neg\psi$$
$$\models \neg(\varphi \vee \psi) \Longleftrightarrow \neg\varphi \wedge \neg\psi$$

Wir bringen zum Abschluß ein weiteres Beispiel. Für beliebige Formeln ψ_1, ψ_2, θ gilt:

$$\models (\psi_1 \vee \psi_2 \Longrightarrow \theta) \Longleftrightarrow (\psi_1 \Longrightarrow \theta) \wedge (\psi_2 \Longrightarrow \theta)$$

Beweis durch Wahrheitstafel (n = 3):

ψ_1	ψ_2	θ	$(\psi_1 \vee \psi_2 \Longrightarrow \theta) \Longleftrightarrow (\psi_1 \Longrightarrow \theta) \wedge (\psi_2 \Longrightarrow \theta)$
W	W	W	W W W W W W W W W W W W W
F	W	W	F W W W W W F W W W W W W
W	F	W	W W F W W W W W W W F W W
F	F	W	F F F W W W F W W W F W W
W	W	F	W W W F F W W F F F W F F
F	W	F	F W W F F W F W F F W F F
W	F	F	W W F F F W W F F F F W F
F	F	F	F F F W F W F W F W F W F

Aber wenn es nicht der Fall ist, daß in einer Wahrheitstafel für φ bzgl. gewisser Formeln $\psi_1, \ldots, \psi_n$ nur W unter dem Hauptjunktor steht, d.h. wenn es eine Zeile gibt, in der ein F unter dem Hauptjunktor steht, so könnte φ trotzdem allgemeingültig sein.

Sei φ z. B. $\psi_1 \wedge \psi_2 \Longrightarrow \theta$. In der Wahrheitstafel bzgl. ψ_1, ψ_2, θ kommt folgende Zeile vor:

ψ_1	ψ_2	θ	$\psi_1 \wedge \psi_2 \Longrightarrow \theta$
W	W	F	W W W F F

Wir wissen also nicht, ob $\psi_1 \wedge \psi_2 \Longrightarrow \theta$ für jede Wahl von ψ_1, ψ_2, θ allgemeingültig ist. In besonderen Fällen kann das aber der Fall sein. Wenn z. B. θ dasselbe ist wie $\psi_2 \wedge \psi_1$, so ist φ dasselbe wie $\psi_1 \wedge \psi_2 \Longrightarrow \psi_2 \wedge \psi_1$ und das ist allgemeingültig. An die oben gezeigte Zeile der Wahrheitstafel kommt man bei dieser Formel gar nicht heran, weil mit ψ_1, ψ_2 auch immer θ (das ist ja dasselbe wie $\psi_2 \wedge \psi_1$) mit W bewertet wird.

Um also Allgemeingültigkeit nachzuweisen, genügt eine Wahrheitstafel bzgl. irgendwelcher Teilformeln, aus denen die Formel mit Junktoren aufgebaut ist. Um Allgemeingültigkeit zu widerlegen, müssen diese Teilformeln unzerlegbar, also Boolesche Konstanten, sein.

§12. Liste von Tautologien

Um zu demonstrieren, wie weit die aussagenlogischen Methoden reichen, geben wir eine Liste von Tautologien an. Jede tautologische Äquijunktion $\models(\psi \Longleftrightarrow \varphi)$ soll dabei auch für die tautologischen Subjunktionen $\models(\psi \Longrightarrow \varphi)$ und $\models(\varphi \Longrightarrow \psi)$ stehen, sowie für die aussagenlogische Äquivalenz $\psi \dashv\Vdash \varphi$. Jede tautologische Subjunktion $\models(\psi_1 \wedge \ldots \wedge \psi_n \Longrightarrow \varphi)$ soll auch für die aussagenlogische Folgerung $\psi_1, \ldots, \psi_n \Vdash \varphi$ stehen. Beweise geben wir nicht an, doch ist es in jedem Fall leicht möglich, eine Wahrheitstafel aufzustellen und die Behauptung zu verifizieren. Die Wahrheitstafeln für die Grundjunktoren dienen dabei als eine Art Einmaleins der Aussagenlogik, das man im Kopf haben muß, um Wahrheitstafeln ausrechnen zu können.

$\top$ ist eine Tautologie und $\bot$ eine Kontradiktion. Das besagen 12.1 und 12.2:

12.1 $\models \top$
12.2 $\models \neg\bot$

Die Tautologie 12.3 ist das sog. Tertium non datur, auch Satz vom ausgeschlossenen Dritten genannt. 12.4 ist der Satz vom ausgeschlossenen Widerspruch:

12.3 $\models \varphi \vee \neg\varphi$
12.4 $\models \neg(\varphi \wedge \neg\varphi)$

Die Gesetze der Idempotenz von $\wedge$, $\vee$ sind:

12.5 $\models \varphi \wedge \varphi \Longleftrightarrow \varphi$
12.6 $\models \varphi \vee \varphi \Longleftrightarrow \varphi$

Die kommutativen Gesetze für $\wedge$, $\vee$ sind:

12.7 $\models \varphi \wedge \psi \Longleftrightarrow \psi \wedge \varphi$
12.8 $\models \varphi \vee \psi \Longleftrightarrow \psi \vee \varphi$

Die assoziativen Gesetze für $\wedge$, $\vee$ sind:

12.9 $\models \varphi \wedge (\psi \wedge \theta) \Longleftrightarrow (\varphi \wedge \psi) \wedge \theta$
12.10 $\models \varphi \vee (\psi \vee \theta) \Longleftrightarrow (\varphi \vee \psi) \vee \theta$

Die Verschmelzungsgesetze für $\wedge$, $\vee$ sind:

12.11 $\models (\varphi \wedge \psi) \vee \varphi \Longleftrightarrow \varphi$
12.12 $\models (\varphi \vee \psi) \wedge \varphi \Longleftrightarrow \varphi$

Die distributiven Gesetze für $\wedge$, $\vee$ sind:

12.13 $\models (\varphi \wedge \psi) \vee \theta \Longleftrightarrow (\varphi \vee \theta) \wedge (\psi \vee \theta)$
12.14 $\models (\varphi \vee \psi) \wedge \theta \Longleftrightarrow (\varphi \wedge \theta) \vee (\psi \wedge \theta)$

Es folgen Gesetze der Verneinungstechnik, die zeigen, wie man ein Negationszeichen, das vor einer Formel steht, "hereinziehen" kann. Dabei ist 12.17 der Satz von der doppelten Verneinung und 12.18, 12.19 sind die de Morganschen Gesetze.

12.15 $\models \neg\top \Longleftrightarrow \bot$
12.16 $\models \neg\bot \Longleftrightarrow \top$
12.17 $\models \neg\neg\varphi \Longleftrightarrow \varphi$
12.18 $\models \neg(\varphi \wedge \psi) \Longleftrightarrow \neg\varphi \vee \neg\psi$
12.19 $\models \neg(\varphi \vee \psi) \Longleftrightarrow \neg\varphi \wedge \neg\psi$

12.20 $\models \neg(\varphi \Longrightarrow \psi) \Longleftrightarrow \varphi \wedge \neg\psi$
12.21 $\models \neg(\varphi \Longleftrightarrow \psi) \Longleftrightarrow (\neg\varphi \wedge \psi) \vee (\varphi \wedge \neg\psi)$

Die nächsten Tautologien zeigen, daß $\top$ und $\bot$ weitgehend entbehrlich sind. Sie geben an, wie diese sich aus anderen Formeln "herauskürzen" lassen.

12.22 $\models \varphi \wedge \top \Longleftrightarrow \varphi$
12.23 $\models \varphi \wedge \bot \Longleftrightarrow \bot$
12.24 $\models \varphi \vee \top \Longleftrightarrow \top$
12.25 $\models \varphi \vee \bot \Longleftrightarrow \varphi$
12.26 $\models (\varphi \Longrightarrow \top) \Longleftrightarrow \top$
12.27 $\models (\varphi \Longrightarrow \bot) \Longleftrightarrow \neg\varphi$
12.28 $\models (\top \Longrightarrow \varphi) \Longleftrightarrow \varphi$
12.29 $\models (\bot \Longrightarrow \varphi) \Longleftrightarrow \top$
12.30 $\models (\varphi \Longleftrightarrow \top) \Longleftrightarrow \varphi$
12.31 $\models (\varphi \Longleftrightarrow \bot) \Longleftrightarrow \neg\varphi$

Es folgt die wichtige Nicht-Oder-Umformung der Subjunktion.

12.32 $\models (\varphi \Longrightarrow \psi) \Longleftrightarrow \neg\varphi \vee \psi$

Die nächsten Tautologien drücken die Äquijunktion auf zwei verschiedene Weisen aus.

12.33 $\models (\varphi \Longleftrightarrow \psi) \Longleftrightarrow (\varphi \wedge \psi) \vee (\neg\varphi \wedge \neg\psi)$
12.34 $\models (\varphi \Longleftrightarrow \psi) \Longleftrightarrow (\varphi \Longrightarrow \psi) \wedge (\psi \Longrightarrow \varphi)$

Es folgen Reflexivität, Symmetrie und Transitivität der Äquijunktion.

12.35 $\models \varphi \Longleftrightarrow \varphi$
12.36 $\models (\varphi \Longleftrightarrow \psi) \Longleftrightarrow (\psi \Longleftrightarrow \varphi)$
12.37 $\models (\varphi \Longleftrightarrow \psi) \wedge (\psi \Longleftrightarrow \theta) \Longrightarrow (\varphi \Longleftrightarrow \theta)$

Die nächsten Tautologien liegen den Schlüssen zugrunde, die die Konklusion disjunktiv abschwächen bzw. die Prämisse konjunktiv verstärken.

12.38 $\models \varphi \Longrightarrow \varphi \vee \psi$
12.39 $\models \psi \Longrightarrow \varphi \vee \psi$
12.40 $\models \varphi \wedge \psi \Longrightarrow \varphi$
12.41 $\models \varphi \wedge \psi \Longrightarrow \psi$

Grundlage für die Schlüsse Modus Ponens und Modus Tollens und den Kettenschluß sind die folgenden Tautologien.

12.42 $\models (\varphi \Longrightarrow \psi) \wedge \varphi \Longrightarrow \psi$
12.43 $\models (\varphi \Longrightarrow \psi) \wedge \neg\psi \Longrightarrow \neg\varphi$
12.44 $\models (\varphi \Longrightarrow \psi) \wedge (\psi \Longrightarrow \theta) \Longrightarrow (\varphi \Longrightarrow \theta)$

Die Vorderformeln iterierter Subjunktionen (mit Rechtsklammerung) lassen sich konjunktiv zusammenziehen, wie die folgende Tautologie besagt.

12.45 $\models (\varphi \Longrightarrow (\psi \Longrightarrow \theta)) \Longleftrightarrow (\varphi \wedge \psi \Longrightarrow \theta)$

Es folgen Tautologien, die die Umformung konjunktiv oder disjunktiv verbundener Subjunktionen mit gemeinsamer Hinterformel bzw. Vorderformel betreffen.

12.46 $\models ((\varphi \Longrightarrow \theta) \wedge (\psi \Longrightarrow \theta)) \Longleftrightarrow (\varphi \vee \psi \Longrightarrow \theta)$
12.47 $\models ((\varphi \Longrightarrow \theta) \vee (\psi \Longrightarrow \theta)) \Longleftrightarrow (\varphi \wedge \psi \Longrightarrow \theta)$
12.48 $\models ((\theta \Longrightarrow \varphi) \wedge (\theta \Longrightarrow \psi)) \Longleftrightarrow (\theta \Longrightarrow \varphi \wedge \psi)$
12.49 $\models ((\theta \Longrightarrow \varphi) \vee (\theta \Longrightarrow \psi)) \Longleftrightarrow (\theta \Longrightarrow \varphi \vee \psi)$

§ 13. Andere Junktoren

Die Auswahl unserer Junktoren $\top$, $\bot$, $\neg$, $\wedge$, $\vee$, $\Longrightarrow$, $\Longleftrightarrow$ ist etwas willkürlich. Wir wollen deshalb sehen, welche möglichen Junktoren es überhaupt gibt. Dabei geht es natürlich nicht um das Zeichen, das man zur Darstellung eines Junktors nimmt, sondern um die Wahrheitstafel, durch die man ihn semantisch festlegt. Wir betrachten alle Junktoren der Stellenzahlen 0, 1 und 2.

Es gibt zwei nullstellige Junktoren, nämlich $\top$ und $\bot$:

$\top$	$\bot$
W	F

Es gibt vier einstellige Junktoren I_0, I_1, I_2, I_3 mit folgenden Wahrheitstafeln:

φ	$I_0\varphi$	$I_1\varphi$	$I_2\varphi$	$I_3\varphi$
W	W	F	W	F
F	W	W	F	F

I_1 ist gleichbedeutend mit dem Negationsjunktor $\neg$, die anderen Junktoren sind uninteressant: I_0 ist ein einstelliges Verum, I_3 ein einstelliges Falsum und I_2 ist der "Affirmator", der vor einer Formel auch weggelassen werden kann und überflüssig ist.

Es gibt sechzehn zweistellige Junktoren $J_0, J_1, \ldots, J_{15}$, die in der folgenden Tabelle dargestellt sind.

φ	ψ	$\varphi J_0 \psi$	$\varphi J_1 \psi$	$\varphi J_2 \psi$	$\varphi J_3 \psi$	$\varphi J_4 \psi$	$\varphi J_5 \psi$	$\varphi J_6 \psi$	$\varphi J_7 \psi$
W	W	W	F	W	F	W	F	W	F
F	W	W	W	F	F	W	W	F	F
W	F	W	W	W	W	F	F	F	F
F	F	W	W	W	W	W	W	W	W

φ	ψ	$\varphi J_8 \psi$	$\varphi J_9 \psi$	$\varphi J_{10} \psi$	$\varphi J_{11} \psi$	$\varphi J_{12} \psi$	$\varphi J_{13} \psi$	$\varphi J_{14} \psi$	$\varphi J_{15} \psi$
W	W	W	F	W	F	W	F	W	F
F	W	W	W	F	F	W	W	F	F
W	F	W	W	W	W	F	F	F	F
F	F	F	F	F	F	F	F	F	F

Die Junktoren J_0, J_3, J_5, J_{10}, J_{12}, J_{15} sind uninteressant. Es sind gewissermaßen auf zwei Stellen aufgeblasene nullstellige und einstellige Junktoren.

Unsere vier zweistelligen Grundjunktoren kommen natürlich unter den verbleibenden zehn Junktoren vor. Das zeigt die folgende Tabelle, in der auch Zeichen für die anderen sechs Junktoren vorgeschlagen werden:

Junktor	J_{14}	J_8	J_4	J_6	J_2	J_1	J_7	J_{11}	J_{13}	J_9
unser Zeichen	$\wedge$	$\vee$	$\Longrightarrow$	$\Longleftrightarrow$						
neues Zeichen					$\Longleftarrow$	$\uparrow$	$\downarrow$	$\not\Longrightarrow$	$\not\Longleftarrow$	$\not\Longleftrightarrow$

Für die neuen Zeichen kann man folgende Lesart verwenden:

$\Longleftarrow$ Replikation, falls

$\uparrow$ NAND

$\downarrow$ weder noch, NOR

$\not\Longleftrightarrow$ Antivalenz, entweder oder, XOR

Das Kunstwort NAND ist Zusammenziehung aus Not und AND, ferner ist XOR entstanden aus eXclusive OR.

Es gibt 256 dreistellige Junktoren.

Diese können hier natürlich nicht alle besprochen werden, zumal sie sich, wie im nächsten Paragraphen gezeigt wird, ohnehin mit den bereits bekannten Junktoren auf logisch äquivalente Weise ausdrücken lassen. Es gibt z.B. ein dreistelliges Und, ein dreistelliges (einschließendes) Oder und ein dreistelliges (ausschließendes) Entweder-Oder. Die Wahrheitstafeln dafür sind, wenn wir einmal AND, OR, XOR als solche Junktoren ansehen:

φ_1	φ_2	φ_3	AND($\varphi_1,\varphi_2,\varphi_3$)	OR($\varphi_1,\varphi_2,\varphi_3$)	XOR($\varphi_1,\varphi_2,\varphi_3$)
W	W	W	W	W	F
F	W	W	F	W	F
W	F	W	F	W	F
F	F	W	F	W	W
W	W	F	F	W	F
F	W	F	F	W	W
W	F	F	F	W	W
F	F	F	F	F	F

Das dreistellige Und und das dreistellige Oder lassen sich einfach als iteriertes zweistelliges Und bzw. Oder darstellen. Entsprechend wäre es bei mehr Stellen. Das ist ein Grund dafür, warum man keine mehrstelligen Konjunktionen und Disjunktionen als Grundjunktoren einführt. Man beachte aber, daß das mehrstellige Entweder-Oder kein iteriertes zweistelliges Entweder-Oder ist. Das iterierte zweistellige Entweder-Oder hat nämlich in der ersten Zeile W, während beim dreistelligen dort F hingehört.

Allgemein ist die Anzahl der n-stelligen Junktoren 2^{2^n}.

§ 14. Normalformen

Da es so viele Junktoren gibt, erhebt sich die Frage, warum wir nur so wenige Junktoren in die logische Sprache aufgenommen haben. Die Antwort liegt darin, daß sich alle anderen Junktoren durch unsere Junktoren ausdrücken lassen.

14.1 **Satz über disjunktive Normalformen**

φ sei aus $\psi_1, \ldots, \psi_n$ mit Hilfe irgendwelcher Junktoren aussagenlogisch aufgebaut. Dann gibt es eine Aussage θ, die auch aus $\psi_1, \ldots, \psi_n$ aussagenlogisch aufgebaut ist, so daß gilt:

(a) θ ist eine (evtl. iterierte) Disjunktion, die Glieder dieser Disjunktion sind (evtl. iterierte) Konjunktionen, die Glieder dieser Konjunktionen sind von der Form ψ_i oder $\neg\psi_i$ $(i = 1, \ldots, n)$.

(b) $\varphi \dashv\vdash \theta$

θ ist eine **disjunktive Normalform** (DNF) von φ bzgl. $\psi_1, \ldots, \psi_n$.

Wir beweisen den Satz dadurch, daß wir die Konstruktion von θ angeben.

Man stelle die Wahrheitstafel von φ bzgl. $\psi_1, \ldots, \psi_n$ auf.
Zu jeder Zeile gehört die **Elementarkonjunktion** $(\neg)\psi_1 \wedge (\neg)\psi_2 \wedge \ldots \wedge (\neg)\psi_n$, wobei die Negationszeichen gesetzt oder weggelassen sind, je nachdem, ob unter ψ_i in der Zeile F oder W steht. Die Elementarkonjunktion wird übrigens, genau in ihrer Zeile mit W und sonst mit F bewertet.
Man markiere die Zeilen der Wahrheitstafel, in denen die Formel φ den Wert W erhält. θ sei die Disjunktion der Elementarkonjunktionen, die zu den markierten Zeilen gehören.

Offenbar ist θ von der verlangten Form und ebenfalls genau in den markierten Zeilen mit W zu bewerten. Also ist $\varphi \Longleftrightarrow \theta$ tautologisch und $\varphi \dashv\vdash \theta$.

Es ist nur der Fall besonders zu betrachten, daß gar keine Zeile markiert ist. Dann ist φ kontradiktorisch, und man nehme $\perp$ als θ. Das ist die leere Disjunktion. ∎

Beispiel: φ sei mit irgendwelchen Junktoren aus ψ_1, ψ_2, ψ_3 aufgebaut und habe die folgende Wahrheitstafel.

ψ_1	ψ_2	ψ_3	φ		Die Elementarkonjunktionen sind:
W	W	W	W	*	$\psi_1 \wedge \psi_2 \wedge \psi_3$
F	W	W	W	*	$\neg\psi_1 \wedge \psi_2 \wedge \psi_3$
W	F	W	F		$\psi_1 \wedge \neg\psi_2 \wedge \psi_3$
F	F	W	W	*	$\neg\psi_1 \wedge \neg\psi_2 \wedge \psi_3$
W	W	F	W	*	$\psi_1 \wedge \psi_2 \wedge \neg\psi_3$
F	W	F	F		$\neg\psi_1 \wedge \psi_2 \wedge \neg\psi_3$
W	F	F	F		$\psi_1 \wedge \neg\psi_2 \wedge \neg\psi_3$
F	F	F	F		$\neg\psi_1 \wedge \neg\psi_2 \wedge \neg\psi_3$

Die Zeilen der Wahrheitstafel, in denen die Formel φ wahr wird, sind durch * markiert worden. Die Disjunktion θ der dahinter aufgeführten Elementarkonjunktionen ist DNF von φ:

$$(\psi_1 \wedge \psi_2 \wedge \psi_3) \vee (\neg \psi_1 \wedge \psi_2 \wedge \psi_3) \vee (\neg \psi_1 \wedge \neg \psi_2 \wedge \psi_3) \vee (\psi_1 \wedge \psi_2 \wedge \neg \psi_3)$$

Ebenso wie disjunktive Normalformen kann man **konjunktive Normalformen** (KNF) bilden, die iterierte Konjuktionen von iterierten Disjunktionen aus gegebenen Formeln und deren Negationen sind. Man erhält eine KNF für φ, indem man eine DNF für $\neg\varphi$ bildet, dann ein Negationszeichen zufügt und dieses mit den de Morganschen Gesetzen nach innen bringt und doppelte Negationszeichen wegläßt.

Die erhaltenen Normalformen lassen sich oft noch vereinfachen. In unserem Beispiel ist z.B.:

$$\varphi \dashv\vdash \theta \dashv\vdash (\neg \psi_1 \wedge \psi_3) \vee (\psi_1 \wedge \psi_2).$$

Das Problem, disjunktive Normalformen zu vereinfachen, hat durchaus praktische Bedeutung. Gewisse elektronische Schaltnetze, die binäre Eingangssignale in ein binäres Ausgangssignal umsetzen, lassen sich durch aussagenlogische Formeln beschreiben. Aussagenlogisch äquivalente Formeln beschreiben Schaltnetze, die dasselbe leisten. Je einfacher die Formel ist, umso weniger Schaltelemente werden benötigt.

Wir wollen eine Vereinfachungsmethode vorstellen, die 1953 von Maurice Karnaugh angegeben wurde. Sie ist für Formeln anwendbar, die aus drei oder vier Teilformeln aussagenlogisch aufgebaut sind. Ein **Karnaugh-Diagramm** ist eine Wahrheitstafel mit einer sinnreichen Anordnung der Felder.

Für Formeln, die aus drei Teilformeln ψ_1, ψ_2, ψ_3 aussagenlogisch aufgebaut sind, sieht das Karnaugh-Diagramm folgendermaßen aus:

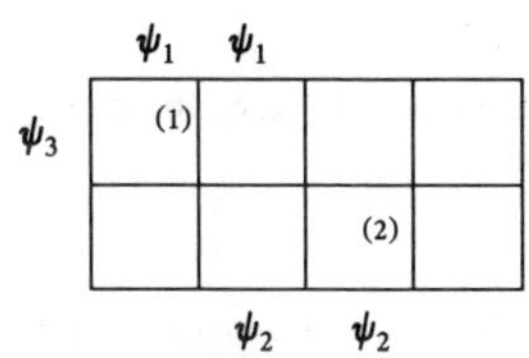

Das muß jetzt erläutert werden.

Jede der drei Formeln ψ_1, ψ_2, ψ_3 "regiert" vier Felder des Diagramms in der oben ersichtlichen Weise. Ein Feld gehört zu der Zeile der Wahrheitstafel, in der die Formeln, die es regieren, mit W und die anderen mit F bewertet werden. Die oben mit (1), (2) markierten Felder entsprechen den folgenden Zeilen der Wahrheitstafel:

ψ_1	ψ_2	ψ_3	ψ
W	F	W	Feld (1)
F	W	F	Feld (2)

Man benötigt sodann die "normale" Wahrheitstafel der zu untersuchenden Formel, um zu wissen, welche Wahrheitswerte sie bei gegebenen Wahrheitswerten von ψ_1, ψ_2, ψ_3 hat. Dann trage man diese Wahrheitswerte in die Felder des Karnaugh-Diagramms ein. Der Übersichtlichkeit wegen, trägt man nur die W-Felder ein.

In unserem Beispiel oben sieht das Karnaugh-Diagramm so aus:

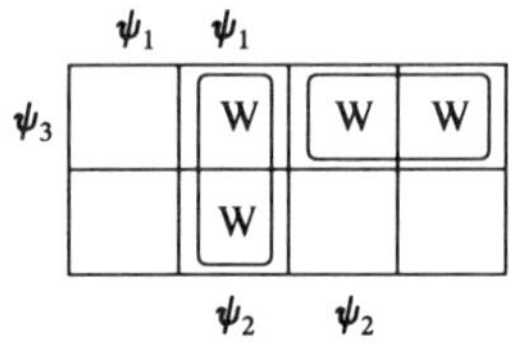

In jedem Feld ist genau eine der Elementarkonjunktionen wahr. Die Disjunktion der Elementarkonjunktionen der W-Felder ist natürlich eine DNF der Formel.

Wenn man aber einen dominoartigen Block von zwei Feldern hat, wie z. B. oben bei den waagerecht zusätzlich eingerahmten Feldern, so kann man vereinfachen, indem man mit dem distributiven Gesetz die gleichen Bestandteile ausklammert und den übrigbleibenden tautologischen Bestandteil in der entstehenden Konjunktion weglässt:

$$
\begin{aligned}
& (\neg\psi_1 \wedge \psi_2 \wedge \psi_3) \vee (\neg\psi_1 \wedge \neg\psi_2 \wedge \psi_3) \\
\dashv\vdash\; & (\neg\psi_1 \wedge \psi_3) \wedge (\psi_2 \vee \neg\psi_2) \\
\dashv\vdash\; & (\neg\psi_1 \wedge \psi_3) \wedge \top \\
\dashv\vdash\; & (\neg\psi_1 \wedge \psi_3)
\end{aligned}
$$

Es kürzt sich also die Formel, die innerhalb des Dominoblocks den Wert ändert, heraus.

Entsprechend ist für den senkrechten Dominoblock:

$$(\psi_1 \wedge \psi_2 \wedge \psi_3) \vee (\psi_1 \wedge \psi_2 \wedge \neg\psi_3) \dashv\vdash \psi_1 \wedge \psi_2$$

Da man die W-Stellen der Formel durch diese beiden Blöcke überdeckt, ist die Disjunktion der beiden Formeln bereits eine DNF:

$$(\neg\psi_1 \wedge \psi_3) \vee (\psi_1 \wedge \psi_2)$$

Der Witz ist, daß man sofort "sieht", welche Vereinfachungen vorgenommen werden können:

Man überdecke genau die W-Stellen durch Zweierblöcke in der erläuterten Art. Man kann, wenn genügend viele W's vorhanden sind, auch Viererblöcke bilden, wobei sich dann zwei Formeln herauskürzen. Ferner muß man sich das Diagramm geschlossen denken. Der rechte und linke Rand sowie der obere und untere Rand sind zu identifizieren, so daß ein Block auch über den Rand gehen und auf der anderen Seite wieder hereinkommen kann. Ferner dürfen sich die Blöcke auch überlappen. Zu jedem Block gehört eine Konjunktion derjenigen Formeln, die auf dem Block ihren Wert nicht ändern. Die Disjunktion dieser Konjunktionen ist eine gesuchte einfache DNF.

Wir bringen noch ein Beispiel und betrachten folgende Formel, in der wir auch zusätzliche Junktoren zulassen:

$$((p \not\Leftrightarrow \neg q) \Longleftarrow p) \Longrightarrow (((q \Longrightarrow p) \Longrightarrow \bot) \downarrow r)$$

Wir wollen eine kurze DNF finden.

Zunächst legen wir die Wahrheitstafel an, um zu wissen, wann die Formel überhaupt wahr bzw. falsch wird. Das ist eine Routineaufgabe, die der Übung wegen hier zum letzten Mal durchgeführt sei.

p	q	r	$((p \not\Leftrightarrow \neg q) \Longleftarrow p) \Longrightarrow (((q \Longrightarrow p) \Longrightarrow \bot) \downarrow r)$
W	W	W	W F FW F W W W W W F F FW
F	W	W	F F FW W F F W F F W F FW
W	F	W	W F WF F W W F W W F F FW
F	F	W	F W WF W F F F W F F F FW
W	W	F	W F FW F W W W W W F F WF
F	W	F	F F FW W F F W F F W F F F
W	F	F	W F WF F W W F W W F F WF
F	F	F	F W WF W F W F W F F F WF

Dann tragen wir die Wahrheitswerte in ein Karnaugh-Diagramm ein:

	p	p		
r	W	W		
	W	W		W
		q	q	

Man erhält damit sofort die folgende DNF:

$$p \vee (\neg q \wedge \neg r)$$

Eine nach der alten Methode erhaltene DNF wäre sehr lang, nämlich eine Disjunktion aus fünf Konjunktionen der Länge drei.

Für vier Formeln sieht ein Karnaugh-Diagramm so aus:

	ψ_1	ψ_1			
ψ_3		W	W		
ψ_3	W				ψ_4
	W		W		ψ_4
		W			
		ψ_2	ψ_2		

Wir haben gleich die Wahrheitswerte eingetragen, die zu einer gewissen Formel gehören mögen. Eine DNF dieser Formel nach der alten Methode hätte sechs Konjunktionen der Länge vier. So erhalten wir einfacher:

$$(\psi_1 \wedge \neg\psi_2 \wedge \psi_4) \vee (\psi_2 \wedge \psi_3 \wedge \neg\psi_4) \vee (\psi_1 \wedge \psi_2 \wedge \neg\psi_4) \vee (\neg\psi_1 \wedge \psi_2 \wedge \neg\psi_3 \wedge \psi_4)$$

Es sei erwähnt, daß die hier betrachtete Methode nicht für Formeln taugt, die aus vielen Formeln aussagenlogisch aufgebaut sind.

Auch das Wahrheitstafelverfahren, so elegant es aussieht, wird für mehr Formeln rasch praktisch unbrauchbar. Nehmen wir etwa an, wir hätten eine Formel aus 100 Booleschen Konstanten zu testen. Formeln dieser Komplexität tauchen in der Informatik durchaus auf. So eine Formel paßt auch leicht in jeden Heimcomputer hinein, und es ist auch kein besonderes Problem, ein Programm zu schreiben, das systematisch alle Zeilen der Wahrheitstafel erzeugt und den Wahrheitswert der Formel ausrechnet. Aber die Wahrheitstafel hat 2^{100} Zeilen. Das ist eine außerordentlich große Zahl. Um klarzumachen, **wie** groß das ist, nehmen wir an, daß wir einen sehr schnellen Computer haben, der in jeder Mikrosekunde eine Zeile der Wahrheitstafel testen kann, der also 1 000 000 Zeilen pro Sekunde testen kann. Die Anzahl der Jahre, die dieser Computer zu tun hätte, beträgt etwa $4 \cdot 10^{16}$. Das übertrifft selbst das geschätzte Alter des Weltalls um das Millionenfache. Mit anderen Worten: Das kann **nie** wirklich durchgeführt werden. Auch ein noch so schneller Computer reicht nicht aus.

In der **Komplexitätstheorie**, einem Gebiet der Theoretischen Informatik, befaßt man sich mit der Komplexität von Algorithmen. Man mißt die Komplexität eines Algorithmus z. B. in der für die Lösung benötigten Rechenzeit (d.h. in der Anzahl der Rechenschritte) in Abhängigkkeit von der Länge der Eingabe. Das Wahrheitstafelverfahren braucht exponentielle Rechenzeit, d.h. die Rechenzeit steigt mit der Länge der zu testenden Formel exponentiell an. Es ist wohl klar, daß man für viele praktische Zwecke Algorithmen benötigt, die effizienter sind. Allerdings gehört das Problem der Allgemeingültigkeit aussagenlogischer Formeln zu den sog. NP-vollständigen Problemen, für die es keine wirklich effizienten Algorithmen gibt.

§ 15. Vollständige Junktormengen

Eine Menge von Junktoren heißt **vollständig**, wenn jede Formel, die aus anderen Formeln $\psi_1, \psi_2, \ldots, \psi_n$ mit Hilfe beliebiger Junktoren aussagenlogisch aufgebaut ist, zu einer Formel aussagenlogisch äquivalent ist, die aus den Formeln $\psi_1, \psi_2, \ldots, \psi_n$ allein mit Hilfe von Junktoren dieser Junktormenge aufgebaut ist.

Wir haben im vorigen Paragraphen gesehen, daß die Menge, die aus den Junktoren $\bot$, $\neg$, $\wedge$, $\vee$ besteht, vollständig ist. Dabei braucht man $\bot$ nur für die Darstellung der Kontradiktionen, wofür man auch $\psi_1 \wedge \neg\psi_1$ nehmen könnte.
Wir geben einige vollständige Junktormengen in der Form einer Tabelle an:

vollständige Junktormenge	Begründung
$\neg$, $\wedge$, $\vee$	Satz über die DNF
$\neg$, $\wedge$	$\varphi \vee \psi \dashv\vdash \neg(\neg\varphi \wedge \neg\psi)$
$\neg$, $\vee$	$\varphi \wedge \psi \dashv\vdash \neg(\neg\varphi \vee \neg\psi)$
$\neg$, $\Longrightarrow$	$\varphi \vee \psi \dashv\vdash \neg\varphi \Longrightarrow \psi$
$\bot$, $\Longrightarrow$	$\neg\varphi \dashv\vdash \varphi \Longrightarrow \bot$
$\uparrow$	$\neg\varphi \dashv\vdash \varphi \uparrow \varphi$ $\varphi \wedge \psi \dashv\vdash \neg(\varphi \uparrow \psi)$
$\downarrow$	$\neg\varphi \dashv\vdash \varphi \downarrow \varphi$ $\varphi \vee \psi \dashv\vdash \neg(\varphi \downarrow \psi)$

Man beachte, daß $\top$, $\wedge$, $\vee$, $\Longrightarrow$, $\Longleftrightarrow$, $\Longleftarrow$ keine vollständige Junktormenge bilden. Wenn man daraus eine Formel aufbaut, so kommt in der obersten Zeile der Wahrheitstafel immer W vor. Es läßt sich also z. B. nicht die Negation darstellen.

Daß es vollständige Junktormengen gibt, die nur aus einen Junktor bestehen, ist vielleicht überraschend. Allerdings war das bereits Charles S. Peirce bekannt, doch wurden seine Aufzeichnungen erst 1933 publiziert. Henry M. Sheffer zeigte 1913, daß NAND eine vollständige Junktorenmenge bildet. Man nennt das Symbol $\downarrow$ den "Peirce-Pfeil", für NAND benutzte Sheffer den "Shefferstrich" $|$.

III. Prädikatenlogik

§ 16. Übergang zur Prädikatenlogik

Die Aussagenlogik erlaubt keine sehr feine Analyse der Sprache. Aussagen, die nicht mit Hilfe von Junktoren aus anderen Aussagen aufgebaut sind, müssen unanalysiert bleiben und durch Boolesche Konstanten dargestellt werden. Viele Zusammenhänge lassen sich so nicht darstellen. In der Prädikatenlogik, daher kommt der Name, läßt sich auch der Aufbau von Aussagen mit Hilfe von Prädikaten darstellen. Prototypisch für einfache solche Sätze ist das grammatische Schema:

Subjekt, Prädikat, Objekt   ergibt   Aussagesatz

Beispiele:

16.1 Der Hund jagt den Hasen
Karl liebt Anna
$5 < 7$

Das grammatische Subjekt und das grammatische Objekt sind **Namen**, man nennt sie auch **Terme**. Das **Prädikat** verbindet zwei Terme und macht eine **Aussage** daraus.

Oben ist der Fall zweistelliger Prädikate behandelt, doch gibt es auch einstellige. Beispiele entsprechender Aussagen:

16.2 Karl raucht
5 ist Primzahl
Sokrates ist ein Mensch

Beispiele für Aussagen mit dreistelligen Prädikaten:

16.3 HH liegt zwischen KI und HB
Schiedsrichter S pfeift im Spiel zwischen FC und SV

Allgemein wählen wir die Form:

16.4 Prädikat trifft zu auf $\text{Term}_1\ \text{Term}_2 \dots \text{Term}_n$

Dabei benutzen wir die folgende formale Schreibweise:

16.4 a $Q \ni t_1 \dots t_n$

Das Zeichen $\ni$, das wir zwischen das Prädikat Q und die Argumentterme setzen, bezeichnen wir als **Prädikationszeichen**. Oft benutzt man in der Prädikatenlogik kein solches Zeichen. Doch wollen wir die logische Beziehung des Zutreffens auch durch eine eigene logische Konstante darstellen.

In Spezialfällen, etwa bei $n=2$ oder $n=1$, können besondere Abkürzungen vereinbart werden. Aber das wird nicht die "offizielle Schreibweise" betreffen.

Die Prädikate bleiben in der Prädikatenlogik unanalysiert. Sie werden durch nichtlogische Konstanten dargestellt. Statt Prädikatenkonstante werden wir die Benennung **Relationskonstante** verwenden, die auf die semantische Bedeutung abhebt. Das Denotat einer Relationskonstanten ist eine Relation. Insbesondere sind einstellige Relationen dasselbe wie Klassen, und die einstelligen Relationskonstanten bezeichen wir deshalb auch als **Klassenkonstanten**.

Die Terme bleiben in der hier betrachteten Version der Prädikatenlogik, nämlich der Prädikatenlogik "ohne Funktionszeichen", ebenfalls unanalysiert. Sie werden durch entsprechende Konstanten, die **Individuenkonstanten** dargestellt. Diese sind Namen von irgendwelchen Dingen, die als **Individuen** bezeichnet werden und zu einem **Individuenbereich** gehören.

Neben den Konstanten für Individuen und den Konstanten für Relationen (und Klassen) behalten wir die Booleschen Konstanten bei. Wir können sie zur Darstellung von Sätzen verwenden, die wir prädikatenlogisch nicht weiter analysieren.

Somit haben wir folgende Arten von Konstanten:

16.5 (a) **Boolesche Konstanten**,
(b) **Individuenkonstanten**,
(c) **Relationskonstanten (mit Stellenzahl)**.

Alle Konstanten fassen wir zu einer Menge zusammen, die wir wieder mit C bezeichnen. Diese Menge C der (nichtlogischen) Konstanten ist ein Bestimmungsstück für eine prädikatenlogische Sprache. Die Menge C kann nach Belieben gewählt werden, doch wird man aus Gründen der besseren Lesbarkeit oft solche Symbole hineinnehmen, deren intendierte Bedeutung man sich leicht merken kann.

Weil die Konstanten unterschiedliche syntaktische Rollen spielen, reicht die Angabe der Symbole aus C zur Festlegung einer prädikatenlogischen Sprache nicht aus. Es gehört noch eine Angabe dazu, die für jede Konstante sagt, ob sie unter den Fall (a), (b), (c) von 16.5 fällt, wobei für (c) auch noch die Stellenzahl anzugeben ist. Eine solche Angabe wollen wir als **Signatur** bezeichnen und die Funktion, die jeder Konstanten $K \in C$ ihre Signatur zuordnet, als **Signaturfunktion** σ. Diese ist ein weiteres Bestimmungsstück für eine prädikatenlogische Sprache. Wir werden auf die Signaturen unten zurückkommen, wenn wir sie noch etwas verfeinern.

Ein wesentlicher Punkt der Prädikatenlogik ist die Verwendung von **Variablen**.

In semantischer Hinsicht unterscheiden sich Variablen von Konstanten dadurch, daß ein Kontext, der den Konstanten feste Denotate zuweist, die Werte von Variablen noch offenläßt und nur sagt, **wofür** sie Variablen sind. Variablen haben einen **Bereich** (von möglichen Werten), der in einem Kontext gewöhnlich festbleibt, auch wenn die Werte der Variablen verschieden gewählt werden.

In syntaktischer Hinsicht können Variablen überall vorkommen, wo auch Konstanten stehen, und sie sind für mathematische Formeln geradezu charakteristisch. Der wesentliche Unterschied besteht darin, daß Variablen gebunden werden können.

Eine Variable kann an einer Stelle **frei** vorkommen. Dann spielt sie dort die gleiche Rolle wie eine Individuenkonstante, nur sind ihre Werte durch den Kontext weniger festgelegt, als das bei den Individuenkonstanten der Fall ist.

Das wesentliche an Variablen ist, daß man sie **binden** kann. In der Prädikatenlogik geschieht das durch Quantoren. Gebundene Variablen dienen dazu, sich in einer bestimmten Weise auf die Gesamtheit aller Individuen zu beziehen.

Der Allquantor "für alle", symbolisiert durch $\forall$, benutzt eine Variable, um auszusagen, daß **alle** Individuen des Bereichs eine gewisse Eigenschaft haben.

Der Existenzquantor "es gibt ein", symbolisiert durch $\exists$, besagt, daß es **wenigstens ein** Individuum im Bereich der Variablen mit einer gewissen Eigenschaft gibt.

Man könnte auch Relationsvariablen einführen, deren Bereich aus Relationen besteht und deren Werte Relationen sind. Doch beschränkt man sich in der Prädikatenlogik auf **Individuenvariablen**, deren Bereich aus Individuen besteht. Das ist charakteristisch für die Logik der ersten Stufe. Die Einschränkung wird dadurch abgemildert, daß man von seiten der Logik überhaupt nicht vorschreibt, was Individuen sind. Insbesondere brauchen sie nicht "einfach" oder "unanalysiert" zu sein, sie können durchaus aus anderen Objekten irgendwie "aufgebaut" sein. Und sie können insbesondere auch Relationen sein.

In der Mathematik benutzt man als Variablen Buchstaben wie z.B.:

16.6 $x, y, z, m, n, i, j, k, \alpha, \beta, \ldots$

Dabei muß aus dem Kontext hervorgehen, was der Bereich ist, also "wofür" es Variablen sind. Oft benutzt man für Variablen verschiedener Sorten, d.h. mit verschiedenen Bereichen, auch verschiedene Buchstabensorten.

Man verwendet etwa:

16.6 a	$m, n, \ldots$	für natürliche Zahlen
	$x, y, \ldots$	für reelle Zahlen
	$P, Q, \ldots$	für Punkte
	$g, h, \ldots$	für Geraden

Die Vereinbarung von Variablen liegt in der Mathematik nicht starr fest. Doch wird oft so ähnlich wie oben verfahren.

Der Gebrauch von Variablen ist natürlich nicht auf mathematische Kontexte beschränkt. Wir könnten z.B. Variablen für Menschen, Orte, Zeitpunkte, Städte o.ä. einführen. Zwar kommen in der natürlichen Sprache keine Variablen vor, aber die prädikatenlogische Darstellung verwendet sie.

Welche Variablensorten man verwendet, bleibt der jeweiligen Anwendungssituation vorbehalten. Das ist ähnlich wie bei den nichtlogischen Konstanten, die ja auch nicht ein für allemal fixiert werden können, sondern als Bestimmungsstück in eine prädikatenlogische Sprache eingehen. So wollen wir hier als weiteres Bestimmungsstück eine Menge S von Sortenindizes, kurz Sorten, einführen. Dadurch werden die Variablen der Sprache festlegt. Für die **Individuenvariablen der Sorte s** schreiben wir systematisch:

16.6 b $v_0^s, v_1^s, v_2^s, \ldots$ (für $s \in S$)

Dabei ist der untere Index ein **Unterscheidungsindex**, der dazu dient, verschiedene Variablen zu unterscheiden, und durch den bei Bedarf beliebig viele verschiedene Variablen verfügbar werden, weil es eben unendlich viele untere Indizes gibt. Der obere Index ist der **Sortenindex**.

Nach Bedarf kann man in speziellen Fällen andere Schreibweisen wie etwa in 16.6a vereinbaren. Das liegt dann aber auf der pragmatischen Ebene und ist ähnlich wie andere Abkürzungsvereinbarungen, Klammerersparungsregeln u. ä. zu sehen.

Die Einführung von Variablen unterschiedlicher Sorten ist nicht unbedingt erforderlich. Man kann durchaus mit einer einzigen Variablensorte auskommen, und gewöhnlich wird die Prädikatenlogik einsortig dargestellt. Doch ist das Konzept der Mehrsortigkeit wichtig, und es ist kaum schwieriger als der einsortige Fall, der als Spezialfall eingeschlossen ist. Die Menge S der Sortenindizes enthält im einsortigen Fall nur ein Element und wir reden dann von einer **einsortigen Sprache**. Der Sortenindex ist dann entbehrlich.

Wir müssen aber nun noch einmal zu den Signaturen der Konstanten zurückkehren. In einer mehrsortigen prädikatenlogischen Sprache müssen diese noch verfeinert werden.

So ist z.B. bei einer Individuenkonstanten die Angabe erforderlich, von welcher Sorte sie ist. Wir schreiben:

16.7 a $\langle 1, s \rangle$

für die Signatur einer Individuenkonstanten der Sorte s. Die Angabe der 1 soll die Information "ich bin eine Individuenkonstante" signalisieren, während s genauer die Sorte angibt.

Bei einer n-stelligen Relationskonstanten muß man sagen, auf welche Sorten sich die einzelnen Stellen beziehen. Wenn sich die erste Stelle auf Individuen der Sorte s_1, die zweite auf Individuen der Sorte $s_2, \ldots,$ die letzte auf Individuen der Sorte s_n bezieht, so schreiben wir:

16.7 b $\langle 2, s_1, \ldots, s_n \rangle$

für die Signatur. Die Angabe der 2 signalisiert "ich bin eine Relationskonstante", die $s_1, \ldots, s_n$ geben die oben erläuterte Sorteninformation. Die Anzahl n ist die Stellenzahl.

Lediglich die Booleschen Konstanten bedürfen keiner sortenmäßigen Feinstruktur. Als Signatur für Boolesche Konstanten nehmen wir einfach die Zahl Null, die wir auch in spitze Klammern einschließen, um die Signaturangabe den anderen Fällen anzugleichen:

16.7 c $\langle 0 \rangle$

Die Angabe $\langle 0 \rangle$ signalisiert also "ich bin eine Boolesche Konstante". Angaben über Sorten entfallen.

Insgesamt ist also jeder Konstanten $K \in C$ eine Signatur der Art 16.7a, b, c zuzuordnen. Diese Zuordnung ist die Signaturfunktion σ.

Während S (Sortenmenge), C (Konstantenmenge), σ (Signaturfunktion) von Sprache zu Sprache wechseln können, sind die logischen Konstanten für alle prädikatenlogischen Sprachen dieselben. Es handelt sich um die folgenden Zeichen:

16.8 $\quad =, \ni, \top, \bot, \neg, \wedge, \vee, \Longrightarrow, \Longleftrightarrow, \forall, \exists$

Zuerst kommen Gleichheitszeichen und Prädikationszeichen. Es folgen die uns bereits bekannten Junktoren. Den Abschluß bilden die Quantoren, die wirklich prägende Bestandteile der Prädikatenlogik sind.

Man teilt oft die logischen Konstanten in Funktoren und Operatoren ein.

Funktoren verbinden beim syntaktischen Aufbau Teilausdrücke zu zusammengesetzten Ausdrücken mit einer sehr einfachen Semantik. Man greift, um den semantischen Wert eines mit einem Funktor zusammengesetzten Ausdrucks bei einer Bewertung zu bestimmen, nur auf die Werte der Teilausdrücke bei derselben Bewertung zurück. Das ermöglicht es z. B., die Semantik der Junktoren durch eine Wahrheitstafel zu beschreiben. Funktoren in diesem Sinne sind in der Prädikatenlogik die Junktoren, das Gleichheitszeichen und das Prädikationszeichen. In der Klassenlogik werden die Paarklammern als weiterer Funktor hinzukommen.

Operatoren verwenden beim syntaktischen Aufbau zusammengesetzter Ausdrücke auch Variablen, die dabei gebunden werden. An bestimmten Stellen sind **Operatorvariablen** einzusetzen, andere Teilausdrücke bilden den zugehörigen **Skopus**, in dem diese Variablen gebunden werden. In der Semantik muß man auch auf die Werte der Teilausdrücke bei anderen Werten dieser Variablen zurückgreifen. In der Prädikatenlogik hat man die Quantoren als Operatoren. In der Klassenlogik werden Klassenbildungsoperator und Kennzeichnungsoperator hinzukommen.

Wir haben nunmehr alle Bestandteile prädikatenlogischer Sprachen angesprochen. Im nächsten Paragraphen erfolgt die genaue Definition.

Wir haben den Kennbuchstaben B (nach Boole) für die Aussagenlogik verwendet und wollen P für die Prädikatenlogik verwenden und schreiben:

16.9 $\quad LP(S,C,\sigma)$

für die prädikatenlogische Sprache mit der Sortenmenge S, Konstantenmenge C und Signaturfunktion σ.

§ 17. Die formalen Sprachen der Prädikatenlogik

17.1 **Sortenindizes, Variablen einer Sorte**

S sei eine Menge, deren Elemente Sortenindizes (kurz **Sorten**) heißen. Die Variablen der Sorte s (für $s \in S$) sind dann:

$v_0^s, v_1^s, v_2^s, \ldots$

Der untere Index ist der Unterscheidungsindex, der obere Index der Sortenindex.

17.2 **Signaturen**

Eine Sortenmenge S sei gegeben. Gewisse Klammersymbole werden dann als Signaturen zu S bezeichnet, und zwar sei:

$\langle 0 \rangle$	Signatur für Boolesche Konstanten
$\langle 1, s \rangle$	Signatur für Individuenkonstanten der Sorte s
$\langle 2, s_1, \ldots, s_n \rangle$	Signatur für n-stellige Relationskonstanten zwischen Individuen der Sorten $s_1, \ldots, s_n$

17.3 **Nichtlogische Konstanten, Signaturfunktion**

Gegeben sei eine Sortenmenge S und eine Menge C, deren Elemente nichtlogische Konstanten heißen.

Eine Signaturfunktion σ zu S,C ist eine Funktion, die jeder Konstanten $K \in C$ eine Signatur $\sigma(K)$ zu S zuordnet.

Die Konstante heißt dann, entsprechend ihrer Signatur, Boolesche Konstante, Individuenkonstante (der entsprechenden Sorte), Relationskonstante (der entsprechenden Sorten).

Durch eine Sortenmenge S, Konstantenmenge C und Signaturfunktion σ zu S,C ist eindeutig eine prädikatenlogische Sprache $LP(S, C, \sigma)$ in folgender Weise bestimmt:

17.4 **Alphabet**

Das Alphabet von $LP(S, C, \sigma)$ enthält die folgenden Zeichen:

(a) die Variablen zu S,

(b) die Konstanten aus C,

(c) die logischen Konstanten

$=, \ni, \top, \bot, \neg, \wedge, \vee, \Longrightarrow, \Longleftrightarrow, \forall, \exists,$

(d) die Klammern (und) als Hilfszeichen.

Es sollen wieder, wie auch in jedem anderen logischen System, die Verschiedenheitsbedingungen sowie die Bedingungen, die eindeutige Lesbarkeit sichern, erfüllt sein. Dann kann man aus den Zeichen des Alphabets Zeichenreihen (d.h. endliche Folgen von Zeichen) bilden, von denen einige **wohlgeformte Ausdrücke** sind, die in die syntaktischen Kategorien der **Formeln** und der **Individuenterme** der Sorte s ($s \in S$) eingeteilt sind.

17.5 **Individuenterme**

(a) Ist v Variable der Sorte s, so ist v Individuenterm der Sorte s.

(b) Ist c Individuenkonstante der Signatur $\langle 1,s \rangle$, so ist c Individuenterm der Sorte s.

Hier ist "Individuenterm" einfach eine Sammelbezeichnung für Variablen und Individuenkonstanten. In der Prädikatenlogik mit Funktionskonstanten gibt es auch zusammengesetzte Individuenterme.

17.6 **Formeln**

(a) Ist p eine Boolesche Konstante, so ist p Formel.

(b) Sind a, b Individuenterme derselben Sorte, so ist
$$a = b$$
Formel.

(c) Ist Q Relationskonstante der Signatur $\langle 2, s_1, \ldots, s_n \rangle$ und sind $a_1, \ldots, a_n$ Individuenterme der Sorten $s_1, \ldots, s_n$, so ist
$$Q \ni a_1 \ldots a_n$$
Formel.

(d) Sind φ, ψ Formeln, so auch
$$\top,\ \bot,\ \neg\varphi,\ (\varphi \wedge \psi),\ (\varphi \vee \psi),\ (\varphi \Longrightarrow \psi),\ (\varphi \Longleftrightarrow \psi).$$

(e) Ist φ Formel und v Variable, so sind
$$\forall v\, \varphi,\ \exists v\, \varphi$$
Formeln.

Die Abschlußklausel, daß es keine weiteren Formeln gibt, haben wir weggelassen.

Die Formeln gemäß (a), (b), (c) sind **atomar** und insbesondere die unter (b) **Gleichungen** und unter (c) **prädikative Formeln**. Die Formeln unter (d) sind **molekular** und die unter (e) **quantifiziert**, und zwar ist $\forall v\, \varphi$ **generalisiert** und $\exists v\, \varphi$ **partikularisiert**. Variablen, Konstanten und Formeln bezeichnen wir zusammen als die **Ausdrücke** von L und wir setzen L mit der Menge seiner Ausdrücke gleich.

Wir führen ferner einige Lesarten ein, die schon einen Hinweis auf die Interpretation geben.

17.7 **Lesarten**

$a = b$	Lesart:	a gleich b.
$Q \ni a_1 \ldots a_n$	Lesarten:	Q trifft zu auf $a_1, \ldots, a_n$.
		$a_1, \ldots, a_n$ stehen in der Relation Q.

Die Lesarten für $\top$, $\bot$, $\neg\varphi$, $(\varphi \wedge \psi)$, $(\varphi \vee \psi)$, $(\varphi \Longrightarrow \psi)$, $(\varphi \Longleftrightarrow \psi)$ sind wie in der Aussagenlogik (vgl. 8.7)

$\forall v\, \varphi$	Lesart:	Für alle v gilt φ.
$\exists v\, \varphi$	Lesart:	Es gibt ein v mit φ.

Wir definieren nun freies und gebundenes Variablenvorkommen.

17.8 **Freie und gebundene Variablen**

In den Formeln $\forall v\,\varphi$, $\exists v\,\varphi$ ist die Teilformel φ der **Skopus** des Quantors. Das Vorkommen von v unmittelbar hinter dem Quantor ist das Vorkommen von v als **Operatorvariable** in der quantifizierten Formel.
Jedes Vorkommen von v in der quantifizierten Formel ist ein **gebundenes Vorkommen** von v. Ein Variablenvorkommen, das in keiner Teilformel gebunden ist, ist ein **freies Vorkommen** der betreffenden Variablen.
Die **freien Variablen** einer Formel sind diejenigen Variablen, die in der Formel ein freies Vorkommen haben.

Insbesondere gibt es Formeln, in denen keine freien Variablen vorkommen. Um solche Formeln zu interpretieren, benötigt man keine Werte für Variablen. Solche Formeln heißen Aussagen.

17.9 **Aussagen**

Eine Aussage ist eine Formel ohne freie Variablen.

Es sind nun dringend einige Beispiele nötig.

Zunächst stellt man fest, daß jede aussagenlogische Sprache auch eine prädikatenlogische Sprache ist. Es ist dann die Menge der Sortenindizes leer und es gibt keine Individuenkonstanten und keine Relationskonstanten. Es gibt nur Boolesche Konstanten, d.h. die Signaturfunktion ist die Funktion $K\in C \longmapsto \langle 0 \rangle$, die alle Konstanten K aus C auf $\langle 0 \rangle$ abbildet. Dann ist also LB(C) dasselbe wie $LP(\emptyset, C, K\in C \longmapsto \langle 0 \rangle)$. Damit können wir alle Beispiele aus dem vorigen Kapitel in die Prädikatenlogik übernehmen. Wir erinnern an die Beispielsprachen L_1, L_2, L_3 von §8. Es folgen weitere wirklich prädikatenlogische Beispiele.

17.10 Es sei $L_4 = LP(S,C,\sigma)$, wobei S, C, σ wie folgt festgelegt sind: $S=\{G\}$, $C=\{c, d, A, B, Q\}$, σ habe die Werte: $\sigma(c)=\sigma(d)=\langle 1, G\rangle$, $\sigma(A)=\sigma(B)=\langle 2, G\rangle$, $\sigma(Q)=\langle 2, G, G\rangle$

L_4 ist eine einsortige Sprache. Das heißt, daß S nur einen einzigen Sortenindex enthält, den wir G genannt haben. Der Buchstabe G soll an "Grundmenge" erinnern. So nennt man auch bisweilen den Individuenbereich. L_4 enthält zwei Individuenkonstanten c, d, zwei Klassenkonstanten A, B und eine zweistellige Relationskonstante Q. Hierdurch ist L_4 bestimmt. Wir geben künftig Sprachen einfacher in der Weise an, daß wir verbal die Sorten und Konstanten beschreiben.

Wir geben einige Zeichenreihen an und sagen jeweils, welchen Status sie in syntaktischer Hinsicht in L_4 haben.

c	Individuenterm, Individuenkonstante
v_0^G	Individuenterm, Variable
$v_0^G = c$	atomare Formel, Gleichung, v_0^G frei
$(v_0^G = c)$	keine Formel, Klammern zuviel
$Q \ni v_0^G c$	atomare Formel, prädikativ, v_0^G frei
$A \ni v_0^G c$	keine Formel, A ist einstellig

$(v_0^G = c \Longrightarrow A \ni v_0^G)$	molekulare Formel, v_0^G frei
$\forall v_0^G(v_0^G = c \Longrightarrow A \ni v_0^G)$	quantifizierte Formel, Aussage
$\forall v_0(v_0 = c \Longrightarrow A \ni v_0)$	keine Formel, Sortenindex fehlt
$\exists v_0^G v_0^G = Q$	keine Formel, Q kein Individuenterm
$\exists c\, v_0^G = c$	keine Formel, nach Quantor kommt Variable

17.11 L_5 sei die einsortige Sprache mit der Individuenkonstanten c und den Klassenkonstanten A, B.

L_5 ist eine Subsprache von L_4, d.h. jede Sorte von L_5 ist auch Sorte von L_4 und jede Konstante von L_5 ist Konstante von L_4 mit derselben Signatur. Dann sind natürlich auch alle Formeln von L_5 zugleich Formeln von L_4. Allgemein definieren wir:

17.12 **Subsprache, Obersprache**

Es sei $L = LP(S, C, \sigma)$ und $L' = LP(S', C', \sigma')$ und es gelte:

(a) $S \subseteq S'$, d.h. jede Sorte von L ist auch Sorte von L'.

(b) $C \subseteq C'$, d.h. jede Konstante von L ist auch Konstante von L'.

(c) Für jede Konstante $K \in C$ ist $\sigma(K) = \sigma'(K)$, d.h. die Signaturfunktion von L ist die Einschränkung der Signaturfunktion von L' auf C.

Dann ist L Subsprache von L' und L' ist Obersprache von L.

17.13 L_6 sei die Subsprache von L_4 mit den Konstanten c, Q.

Bei den Sprachen L_4, L_5, L_6 sind die Konstanten Buchstaben, bei denen keine besondere Interpretation nahegelegt wird. Das ist anders in den nächsten Beispielen.

17.14 L_{AR}, die arithmetische Sprache, sei einsortig mit den Individuenkonstanten $0, 1, 2, 3, \ldots$, den zweistelligen Relationskonstanten $<, \leq$ und den dreistelligen Relationskonstanten ADD, MULT.

In dieser Sprache haben wir unendlich viele Individuenkonstanten, wie durch die Pünktchen angedeutet ist. Wir nehmen als Individuenkonstanten die normalen Zahlendarstellungen von natürlichen Zahlen, also z. B. auch:

17, 1001, usw.

Diese sind selbst aus den zehn Ziffern $0, 1, 2, \ldots, 9$ zusammengesetzt. Aber wir betrachten jede Zahlendarstellung als **ein** Zeichen von L_{AR}.

Bei dieser Sprache hat man eine Interpretation im Bereich der Zahlen im Auge. Individuenbereich soll eine der bekannten Zahlenmengen sein, etwa $\mathbb{N}$ oder $\mathbb{R}$, und die Interpretation ist so, wie die metasprachliche Bedeutung der Konstanten ist. Insbesondere soll ADD die Additionsrelation bezeichnen, die auf drei Zahlen zutrifft, wenn die dritte die Summe der beiden ersten ist. Entsprechend ist MULT die Multiplikationsrelation. Es handelt sich dabei um die Standardinterpretationen über $\mathbb{N}$, bzw. über $\mathbb{R}$. Diese semantischen Begriffe werden erst im nächsten Paragraphen systematisch eingeführt. Es ist aber für das intuitive Verständnis durchaus nützlich, wenn man sich diese intendierten Interpretationen schon vorab klarmacht.

Aussagen der Sprache L_{AR} sind z. B.:

$\forall v_0^G \forall v_1^G (\leq \ni v_0^G v_1^G \iff (< \ni v_0^G v_1^G \vee v_0^G = v_1^G))$

$\forall v_0^G \forall v_1^G \exists v_2^G \text{ADD} \ni v_0^G v_1^G v_2^G$

$\text{ADD} \ni 5\ 7\ 12$

$\text{MULT} \ni 5\ 7\ 12$

Die beiden letzten Aussagen würde man in der Mathematik wohl eher mit dem Funktionszeichen + für Addition und · für Multiplikation in der Form $5+7=12$ und $5\cdot 7=12$ schreiben. Aber das geht nur in der Prädikatenlogik mit Funktionskonstanten und später in der Klassenlogik.

Bevor wir zu weiteren Beispielen kommen, wollen wir Abkürzungen und Klammerregeln angeben, die uns die Angabe von Formeln erleichtern oder die Schreibweise der üblichen mathematischen Schreibweise annähern. So schreiben wir im einstelligen Fall prädikative Formeln als **Elementformeln** mit dem **Elementzeichen** $\in$ statt des Prädikationszeichens. Ferner sollen durchstrichene Zeichen Negierung ausdrücken.

17.15 **Abkürzungen**

Elementschreibweise bei Klassenkonstanten:

$a \in A$	für	$A \ni a$	Lesart: a ist Element von A.

Schreibweisen für Negationen:

$a \neq b$	für	$\neg a = b$	Lesart: a ungleich b.
$Q \not\ni a_1 \dots a_n$	für	$\neg Q \ni a_1 \dots a_n$	Lesart: Q trifft nicht zu auf $a_1, \dots, a_n$.
$a \notin A$	für	$\neg a \in A$	Lesart: a ist nicht Element von A.

Relationale Schreibweise, Infixschreibweise:

$a\,Q\,b$	für	$Q \ni a\,b$	Lesart: a steht in der Relation Q zu b.

Fortlaufende relationale Schreibweise:

$a\,Q\,b\,R\,c$	für	$(a\,Q\,b \wedge b\,R\,c)$

Mehrstellige Quantoren:

$\forall w_1 \dots w_n\ \varphi$	für	$\forall w_1 \forall w_2 \dots \forall w_n\ \varphi$
$\exists w_1 \dots w_n\ \varphi$	für	$\exists w_1 \exists w_2 \dots \exists w_n\ \varphi$

Bei einsortigen Sprachen ist der Sortenindex überflüssig und wird weggelassen:

$v_0, v_1, v_2, \dots$	für	$v_0^s, v_1^s, v_2^s, \dots$	(wobei s die einzige Sorte sei).

17.16 **Klammerregeln**

Klammern können weggelassen oder auch gesetzt werden, wenn das Formelbild dadurch übersichtlicher wird und die eindeutige Lesbarkeit gewahrt bleibt. Insbesondere wird verabredet:

(a) Um Gleichungen, prädikative Formeln und deren Negationen und um aufeinanderfolgende Quantoren können Klammern gesetzt werden.

(b) Klammern um eine einzeln stehende Formel können entfallen.

(c) Klammern können entsprechend der unterschiedlichen Bindungsstärke entfallen: $\wedge$, $\vee$ binden stärker als $\Longrightarrow$, $\Longleftrightarrow$, doch sind $\wedge$, $\vee$ unter sich gleichstark, ebenso $\Longrightarrow$, $\Longleftrightarrow$ unter sich.

(d) Bei iterierten Konjunktionen und Disjunktionen mit Linksklammerung können die Klammern weggelassen werden.

Bei Bedarf kann man noch weitere Abkürzungen und besondere Schreibweisen vereinbaren. Doch soll dadurch die "offizielle Notation", die in 17.6 festgeschrieben ist, nicht verändert werden.

Wir kehren zu unseren Beispielen zurück.

In L_4 können wir die angegebene quantifizierte Aussage so abkürzen:

$$\forall v_0\,(v_0 = c \Longrightarrow v_0 \in A)$$

In L_{AR} können die beiden quantifizierten Aussagen so abgekürzt werden:

$$\forall v_0\, v_1\,(v_0 \leq v_1 \Longleftrightarrow v_0 < v_1 \vee v_0 = v_1)$$

$$\forall v_0\, v_1\, \exists v_2\ \mathsf{ADD} \ni v_0 v_1 v_2$$

Weitere Aussagen von L_{AR} (in abgekürzter Form):

$$\forall v_0\, v_1\,(v_0 < v_1 \Longleftrightarrow v_0 \leq v_1 \wedge v_0 \neq v_1)$$

$$\forall v_0\, v_1\, v_2\, v_3\,(\mathsf{ADD} \ni v_0 v_1 v_2 \wedge \mathsf{ADD} \ni v_0 v_1 v_3 \Longrightarrow v_2 = v_3)$$

$$\forall v_0\, v_1\, v_2\,(v_0 \leq v_1 \leq v_2 \Longrightarrow v_0 \leq v_2)$$

$$\forall v_0\, v_1\,(v_0 \leq v_1 \leq v_0 \Longrightarrow v_0 = v_1)$$

Man versuche schon einmal, die Aussagen auf der Grundlage der angedeuteten Interpretation "zu verstehen" und umgangssprachlich auszudrücken.

17.17 Die Verwandschaftssprache L_{VW} habe zwei Sorten M (für Menschen), Z (für Zeitpunkte), Namen von Menschen als Individuenkonstanten der Sorte M, Namen von Zeitpunkten als Individuenkonstanten der Sorte Z und die folgenden weiteren Konstanten:

♀	Signatur ⟨2, M⟩	(... ist weiblich)
♂	Signatur ⟨2, M⟩	(... ist männlich)
KINDVON	Signatur ⟨2, M, M⟩	(... ist Kind von ...)
⚭	Signatur ⟨2, M, M, Z⟩	(... ist mit ... zur Zeit ... verheiratet)
LEBT	Signatur ⟨2, M, Z⟩	(... lebt zur Zeit ...)
$\leq$	Signatur ⟨2, Z, Z⟩	(... ist früher oder gleich ...)
JETZT	Signatur ⟨1, Z⟩	(jetzt)

Wir haben in Klammern jeweils schon die intendierte Interpretation angedeutet. Bezüglich der Individuenkonstanten haben wir die Sprache nicht restlos fixiert. Aber es ist klar, wie man Ausdrücke wie "Karl", "Anna", "5. September 1991" u. ä. aufzufassen hat. Die Konstante JETZT ist ein sog. deiktischer Ausdruck, wie in der natürlichen Sprache auch "ich", "du", "hier". Die Bedeutung wird durch die aktuellen Umstände bei einem Äußerungsakt festgelegt.

Wir bringen einige Beispiele für Formeln in der Sprache L_{VW}. Dabei verwenden wir zur Abkürzung $x_0, x_1, \ldots$ als Variablen der Sorte M und $t_0, t_1, \ldots$ als Variablen der Sorte Z. Man versuche auch bei diesen Formeln schon, sie auf Grund der naheliegenden Standardinterpretation zu verstehen.

$$\forall x_0\,((x_0 \in \text{♀} \vee x_0 \in \text{♂}) \wedge \neg(x_0 \in \text{♀} \wedge x_0 \in \text{♂}))$$

$$\forall x_0\, x_1\,(\exists t_0\ \text{⚭} \ni x_0\, x_1\, t_0 \Longrightarrow (x_0 \in \text{♀} \wedge x_1 \in \text{♂}) \vee (x_0 \in \text{♂} \wedge x_1 \in \text{♀}))$$

$$\forall x_0\ \exists t_0\, t_1\ \forall t_2\, (x_0\, \mathsf{LEBT}\, t_2 \iff t_0 \leq t_2 \leq t_1)$$
$$\forall x_2\, (x_0\, \mathsf{KI}\, x_2 \iff x_1\, \mathsf{KINDVON}\ x_2) \wedge x_0 \in ♂ \wedge x_0 \neq x_1$$
$$\exists x_2\, (\text{⚭} \ni x_0\, x_2\, \mathsf{JETZT} \wedge x_2\, \mathsf{KINDVON}\ x_1 \wedge x_1 \in ♀)$$

17.18 L_{SY}, die syllogistische Sprache, sei einsortig und habe die Klassenkonstanten S, P, M und keine weiteren Konstanten.

In der Syllogistik spielen die folgenden Aussagen eine besondere Rolle:

$$\forall v_0\, (v_0 \in S \Longrightarrow v_0 \in P)$$
$$\forall v_0\, (v_0 \in S \Longrightarrow v_0 \notin P)$$
$$\exists v_0\, (v_0 \in S \wedge v_0 \in P)$$
$$\exists v_0\, (v_0 \in S \wedge v_0 \notin P)$$

Wir wollen in diesem Zusammenhang eine neue Abkürzungskonvention einführen.

17.19 **Relativierte Quantoren**

$\forall v \in A\ \varphi$	sei	$\forall v\, (v \in A \Longrightarrow \varphi)$	Lesart: Für alle v aus A gilt φ.
$\exists v \in A\ \varphi$	sei	$\exists v\, (v \in A \wedge \varphi)$	Lesart: Es gibt ein v aus A mit φ.

Man sagt, daß der Quantor auf die Klasse A relativiert ist.

Die eben angegebenen Aussagen von L_{SY} lassen sich mit relativierten Quantoren so schreiben:

$$\forall v_0 \in S\ v_0 \in P$$
$$\forall v_0 \in S\ v_0 \notin P$$
$$\exists v_0 \in S\ v_0 \in P$$
$$\exists v_0 \in S\ v_0 \notin P$$

17.20 L_7 sei die einsortige Sprache mit den Konstanten: ESREGNET, KARL, MAURER, ARBEITEN.

Es muß noch gesagt werden, von welcher Signatur diese Konstanten sind. Es soll sich natürlich um eine Boolesche Konstante, eine Individuenkonstante und zwei Klassenkonstanten handeln.

Wenn wir, wie in diesem Beispiel, Wörter der natürlichen Sprache als objektsprachliche Konstanten nehmen, so liegt die Signatur der Konstanten nahe, und man kann sich die Angabe dann ersparen.

Aussagen von L_7 sind:

$$\mathsf{KARL} \in \mathsf{MAURER}$$
$$\mathsf{ESREGNET} \Longrightarrow \mathsf{KARL} \notin \mathsf{ARBEITEN}$$
$$\mathsf{KARL} \in \mathsf{ARBEITEN} \Longrightarrow \neg\, \mathsf{ESREGNET}$$
$$\exists v_0 \in \mathsf{MAURER}\ (\mathsf{ESREGNET} \wedge v_0 \in \mathsf{ARBEITEN})$$
$$\exists v_0 \in \mathsf{MAURER}\ v_0 \neq \mathsf{KARL}$$

Man beachte, daß die aussagenlogische Sprache L_2 mit den Booleschen Konstanten KARLISTMAURER, ESREGNET, KARLARBEITET keineswegs eine Subsprache dieser prädikatenlogischen Sprache L_7 ist.

In der Sprache L_7 werden Konstanten verwendet, die natürlichsprachliche Ausdrücke oder solchen ähnlich sind. Das ist oft aus pragmatischen Gründen vorteilhaft. Bisweilen wählt man Abkürzungen, die nur noch mnemotechnisch an natürlichsprachliche Ausdrücke erinnern. Das soll unser letztes Beispiel demonstrieren.

17.22 L_8 sei die einsortige Sprache mit den Konstanten REG, K, MAU, ARB, die im übrigen wie die Konstanten von L_7 klassifiziert seien.

Aussagen dieser Sprache L_8 sind:

$$\mathsf{K} \in \mathsf{MAU}$$

$$\mathsf{REG} \Longrightarrow \mathsf{K} \notin \mathsf{ARB}$$

$$\mathsf{K} \in \mathsf{ARB} \Longrightarrow \neg \mathsf{REG}$$

$$\exists v_0 \in \mathsf{MAU}\,(\mathsf{REG} \wedge v_0 \in \mathsf{ARB})$$

$$\exists v_0 \in \mathsf{MAU}\ v_0 \neq \mathsf{K}$$

Wir haben in L_7 und L_8, um den Status als Objektsprache nicht zu verwischen, die Konstanten in einer abweichenden Schrifttype geschrieben. Oft verwendet man direkt metasprachliche Ausdrücke als objektsprachliche.

Nachdem man die Syntax der Prädikatenlogik und diese Beispiele begriffen hat, wird das erlaubt sein. Wenn man also z. B. von Zeichenreihen wie

∀xy∈Ort ∃z∈Straße z verbindet x mit y

∃x∈Mann (x liebt Anna ∧ x ≠ Karl) ⟹ Karl ist eifersüchtig

u. ä.

als von "prädikatenlogischen Aussagen" spricht, so kann man das als Abkürzungen von prädikatenlogischen Formeln einer geeigneten Sprache LP(S, C, σ) auffassen, die man, wenn es erforderlich ist, auch wirklich genau konstituieren könnte. Doch ist das in vielen Fällen nicht nötig.

Um in der Metasprache in allgemeiner Weise über Objektsprachen zu reden, benötigen wir Variablen. Wir listen zum Schluß einige metasprachliche Variablen auf, die wir vorzugsweise verwenden. Wir nehmen auch gleich einige semantische Begriffe in diese Liste auf, obwohl diese erst im nächsten Paragraphen eingeführt werden. Alle Variablen können bei Bedarf mit Indizes versehen werden, und ähnliche Buchstaben sind auch möglich.

Die umfangreiche Liste, die sich durchaus noch verlängern ließe, macht sehr deutlich, daß die Metasprache selbst mehrsortig ist. Deshalb ist es angemessen ist, auch die Objektsprachen, die ja die Metasprache (jedenfalls teilweise) widerspiegeln sollen, potentiell mehrsortig anzulegen.

17.23 Metasprachliche Variablen

S	für Sortenmengen
C	für Konstantenmengen
σ	für Signaturfunktionen
L	für Sprachen $LP(S, C, \sigma)$
$s, r, \ldots$	für Sorten
$v, w, \ldots$	für Variablen (allgemein)
$v^s, w^s, \ldots$	für Variablen der Sorte s
$K, \ldots$	für Konstanten (allgemein)
$c, d, \ldots$	für Individuenkonstanten
$p, q, \ldots$	für Boolesche Konstanten
$A, B, \ldots$	für Klassenkonstanten
$Q, R, \ldots$	für Relationskonstanten
$\varphi, \psi, \theta, \ldots$	für Formeln
Σ, Π	für endliche Formelmengen
Γ, Δ	für beliebige Formelmengen
$\mathcal{J}$	für Bewertungen
$\mathcal{A}, \mathcal{B}$	für Strukturen
$\mathcal{k}$	für Belegungen
$x, y, \ldots$	für Elemente von Individuenbereichen

§ 18. Die Semantik der Prädikatenlogik

Wir wollen nun die prädikatenlogischen Sprachen interpretieren. Eine Interpretation in dem nachfolgend präzisierten Sinne werden wir wieder als **Bewertung** bezeichnen. Das ist eine Funktion, die jedem Ausdruck einer prädikatenlogischen Sprache einen semantischen Wert als **Denotat** zuordnet. Die Formeln werden natürlich wieder durch Wahrheitswerte bewertet. Aber wir haben noch andere Ausdrücke, nämlich Individuenterme, und auch die Relationskonstanten sind zu interpretieren. Eine Bewertung ist deshalb nicht so einfach zu definieren wie in der Aussagenlogik. Die Angaben, die eine Bewertung festlegen, teilen wir auf in **Struktur** und **Belegung**. Eine Struktur soll Bereiche für die Sorten und Denotate für die Konstanten bereitstellen. Eine Belegung soll Werte für die Variablen angeben. Das Wort "Interpretation" legen wir nicht fest. Es kann im intuitiven Sinne wie in Kapitel I verwendet werden. In bezug auf die Prädikatenlogik bedeutet es dann eine Bewertung, u. U. auch eine Struktur.

Es sei künftig, wenn nichts anderes gesagt ist, $L = LP(S, C, \sigma)$ eine LP-Sprache.

18.1 **L-Strukturen**

Eine L-Struktur $\mathcal{A}$ ist durch zwei Funktionen gegeben.

(a) Die erste der Funktionen, die **Bereichsfunktion** von $\mathcal{A}$, ordnet jeder Sorte $s \in S$ eine nichtleere Menge $D^s_{\mathcal{A}}$ als **Bereich der Sorte** zu. Die Elemente davon sind die **Individuen der Sorte** s.

(b) Die zweite der Funktionen, die **Konstanteninterpretation** von $\mathcal{A}$, ordnet jeder Konstanten $K \in C$ ein passendes **Denotat** $K_{\mathcal{A}}$ zu, d. h.:

(b_1) Wenn q eine Boolesche Konstante ist, so ist $q_{\mathcal{A}}$ einer der Wahrheitswerte W oder F.

(b_2) Wenn c eine Individuenkonstante der Sorte s ist, so ist $c_{\mathcal{A}}$ ein Individuum der Sorte s.

(b_3) Wenn Q eine Relationskonstante der Signatur $\langle 2, s_1, \ldots, s_n \rangle$ ist, so ist $Q_{\mathcal{A}}$ eine Relation auf $D^{s_1}_{\mathcal{A}}, \ldots, D^{s_n}_{\mathcal{A}}$.

Im Fall einer einsortigen Sprache haben wir nur einen Bereich. Wir lassen den oberen Sortenindex dann weg und schreiben kurz $D_{\mathcal{A}}$ für den Bereich von $\mathcal{A}$.

Die Angabe einer Struktur $\mathcal{A}$ erfordert also für jede Sorte s eine Angabe:

18.2 $D^s_{\mathcal{A}} =_{\text{def}} \ldots$

und für jede Konstante K eine Angabe:

18.3 $K_{\mathcal{A}} =_{\text{def}} \ldots$

Die Pünktchen auf der rechten Seite sind durch eine geeignete Angabe (in der Metasprache) auszufüllen, die klarmacht, welcher Bereich gemeint ist, welcher Wahrheitswert (bei Booleschen Konstanten), welches Individuum (bei Individuenkonstanten) bzw. welche Relation (bei Relationskonstanten) das Denotat der Konstanten bei der betreffenden Interpretation sein soll. Auf die genaue Formulierung dieser metasprachlichen Angabe kommt es nicht an, sofern das Denotat klar wird.

Die Konstanteninterpretation geben wir auch mit dem Entsprechenszeichen an:

18.3 a K $\triangleq_{\mathcal{A}}$ ... Lesart: K entspricht bei $\mathcal{A}$ ....

Wenn die Struktur ersichtlich ist oder keine Rolle spielt, schreiben wir auch kurz:

18.3 b K $\triangleq$ ... Lesart: K entspricht ....

Bei einer zweistelligen Relationskonstanten Q könnten wir etwa schreiben:

Q $\triangleq$ ...ist Vater von...
Q $\triangleq$ Vater-von-Relation
Q $\triangleq$ Relation zwischen x, y mit x ist Vater von y

Alle Angaben sind gleichwertig, sie legen dasselbe Denotat für Q fest.

Für eine Klassenkonstante A könnten gleichwertige Festlegungen lauten:

A $\triangleq$ ...ist männlich
A $\triangleq$ Menge der männlichen Lebewesen

Für eine Individuenkonstante c könnten in der Festlegung einer Interpretation Angaben vorkommen wie:

c $\triangleq$ Heinrich I.
c $\triangleq$ der Vater von Otto I.

Auch diese Festlegungen sind gleichwertig, sie legen beide dieselbe Person als Denotat der Individuenkonstanten c fest.

Bei einer Booleschen Konstanten kommt es nur darauf an, welcher Wahrheitswert festgelegt wird. Angaben, die denselben Wahrheitswert fixieren, sind gleichwertig für die Angabe von Interpretationen. Als Angabe eines Wahrheitswertes kann natürlich eine Aussage mit dem betreffenden Wahrheitswert dienen. Die folgenden Angaben legen z. B. für eine Boolesche Konstante p dasselbe Denotat fest:

p $\triangleq$ Heinrich I. ist der Vater von Otto I.
p $\triangleq$ Kiel liegt an der Ostsee
p $\triangleq$ Köln liegt am Rhein
p $\triangleq$ W

Man beachte, daß die Angabe einer (prädikatenlogischen) Interpretation in der Metasprache erfolgt, deren Interpretation (im Sinne von Kapitel I) ja nicht immer festliegt. Ggfs. muß man also Angaben über den Kontext der Metasprache zufügen, wenn man eine prädikatenlogische Interpretation genau festlegen will. Im Grunde sind auch oben stillschweigend solche Kontexte vorausgesetzt worden (nämlich "deutsche Geschichte" bzw. "deutsche Geographie"). Für manche Zwecke ist aber eine genaue Festlegung gar nicht erforderlich. Dann lassen wir auch Interpretationsangaben zu wie:

c $\triangleq$ Karl
p $\triangleq$ Karl ist Maurer

Diese legen erst nach einer genaueren Interpretation der Metasprache (durch die gesagt wird, welcher Karl gemeint ist) ein Denotat wirklich fest.

Die Benennung "Struktur" ist der Algebra entlehnt. Eine algebraische Struktur ist ein Rechenbereich, in dem gewisse Rechenoperationen durchführbar sind. So bilden etwa die natürlichen Zahlen $\mathbb{N}$ zusammen mit den Operationen der Addition und Multiplikation eine Struktur, für die man auch $\langle \mathbb{N}, +_{\mathbb{N}}, \cdot_{\mathbb{N}} \rangle$ schreibt. Der Index am Pluszeichen und Malzeichen soll klarmachen, daß Addition und Multiplikation eingeschränkt auf die Menge $\mathbb{N}$ gemeint sind. Allgemeiner erlaubt man auch Relationen und ausgezeichnete Individuen in der Struktur und hat z. B. Strukturen wie $\langle \mathbb{N}, <_{\mathbb{N}}, 0 \rangle$, $\langle \mathbb{R}, <_{\mathbb{R}}, 0 \rangle$. Eine solche algebraische Struktur enthält einen Individuenbereich (der keineswegs aus Zahlen bestehen muß) und eine Folge von Objekten (Relationen, Verknüpfungen, Individuen), die in einer entsprechenden Sprache als Konstantendenotate geeignet sind. In dieser Weise entspricht das unserem Strukturbegriff, wenn man nur eine Sorte und also nur einen Individuenbereich hat. Wenn L z. B. eine einsortige prädikatenlogische Sprache mit den Konstanten $Q, P, \ldots, c, d, \ldots$ ist, so entspricht einer L-Struktur (in unserem Sinne) eine algebraische Struktur $\langle D_{\mathcal{A}}, Q_{\mathcal{A}}, P_{\mathcal{A}}, \ldots, c_{\mathcal{A}}, d_{\mathcal{A}}, \ldots \rangle$, wobei die $Q_{\mathcal{A}}, P_{\mathcal{A}}, \ldots$ Relationen passender Stellenzahl auf dem Individuenbereich $D_{\mathcal{A}}$ und die $c_{\mathcal{A}}, d_{\mathcal{A}}, \ldots$ Elemente von $D_{\mathcal{A}}$ sind.

Es wird im folgenden definiert werden, was es heißt, daß eine Struktur **Modell** einer Aussage ist. Man bezeichnet deshalb generell Strukturen oft auch als Modelle. Das hat zu dem Namen **Modelltheorie** für die Theorie geführt, die Strukturen unter Heranziehung der Modellbeziehung zwischen Strukturen und Aussagen studiert. Es handelt sich um eine eher innermathematische Disziplin, die sich nicht mit dem befaßt, was im Wissenschaftsprozeß allgemein unter Modellbildung verstanden wird.

Wir betrachten jetzt die Beispielsprachen des vorigen Paragraphen und geben einige Strukturen an, die wir einfach durchnumerieren, um uns später darauf beziehen zu können. Natürlich gibt es noch unzählige weitere Strukturen.

Zu L_5 (Konstanten A, B, c):

Struktur $\mathcal{A}_1$: $D_{\mathcal{A}_1}$ = Menge aller Lebewesen
A $\hat{=}$ … ist ein Mensch
B $\hat{=}$ … ist sterblich
c $\hat{=}$ Sokrates

Struktur $\mathcal{A}_2$: $D_{\mathcal{A}_2} = D_{\mathcal{A}_1}$
A $\hat{=}$ … ist ein Hund
B $\hat{=}$ … beißt
c $\hat{=}$ Fifi

Zu L_6 (Konstanten Q, c):

Struktur $\mathcal{A}_3$: Individuenbereich = Menge $\mathbb{N}$ der natürlichen Zahlen
Q $\hat{=}$ $<_{\mathbb{N}}$ (Kleiner-Relation auf $\mathbb{N}$)
c $\hat{=}$ 0

Struktur $\mathcal{A}_4$: Individuenbereich = Menge $\mathbb{R}$ der reellen Zahlen
Q $\hat{=}$ $<_{\mathbb{R}}$ (Kleiner-Relation auf $\mathbb{R}$)
c $\hat{=}$ 0

Struktur $\mathcal{A}_5$: Individuenbereich = Menge der positiven natürlichen Zahlen

Q $\triangleq$ ... ist Teiler von ...
c $\triangleq$ 1

Struktur $\mathcal{A}_6$: Individuenbereich = Menge der Personen im Klassenraum
Q $\triangleq$ ... ist älter als ...
c $\triangleq$ der Lehrer

Zu L_{AR} (arithmetische Sprache):

Struktur $\mathcal{A}_{\mathbb{N}}$: Individuenbereich sei die Menge $\mathbb{N}$ der natürlichen Zahlen.
Die Individuenkonstanten, die ja auch sinnvolle Ausdrücke der Metasprache sind, mögen dasselbe bedeuten wie in der Metasprache.
$<\ \triangleq\ <_{\mathbb{N}}$ (Kleiner-Relation auf $\mathbb{N}$)
$\leq\ \triangleq\ \leq_{\mathbb{N}}$ (Kleiner-oder-gleich-Relation auf $\mathbb{N}$)
ADD $\triangleq$ Additionsrelation auf $\mathbb{N}$
MULT $\triangleq$ Multiplikationsrelation auf $\mathbb{N}$

Struktur $\mathcal{A}_{\mathbb{R}}$: Individuenbereich sei die Menge $\mathbb{R}$ der reellen Zahlen.
Die Konstanteninterpretation sei entsprechend auf $\mathbb{R}$ gewählt.

Zu L_{VW} (Verwandtschaftssprache):

Standardstruktur $\mathcal{A}_{ST}$: Bereiche und Konstanteninterpretation wie in § 17.

Zu L_1 (aussagenlogische Sprache mit Konstanten p, q, r):

In einer aussagenlogischen Sprache haben wir keine Variablen und keinen Individuenbereich. Eine Struktur ist dasselbe wie eine Bewertung im Sinne von § 9.

Wir geben die Interpretation der Konstanten in drei Strukturen $\mathcal{A}_7$, $\mathcal{A}_8$, $\mathcal{A}_9$ an:

$\mathcal{A}_7$: p $\triangleq$ W, q $\triangleq$ W, r $\triangleq$ F
$\mathcal{A}_8$: p $\triangleq$ F, q $\triangleq$ F, r $\triangleq$ W
$\mathcal{A}_9$: p $\triangleq$ Heute ist Freitag
q $\triangleq$ Morgen ist Samstag
r $\triangleq$ Morgen ist Donnerstag

Die letzte Interpretationsangabe ist von der Art, daß noch ein Kontext hinzukommen muß (wann diese Interpretationsangabe benutzt wird). Mit dem Zusatzkontext 15. Nov. 1991 wird $\mathcal{A}_9$ dieselbe Struktur wie $\mathcal{A}_7$, mit dem Kontext 13. Nov. 1991 ist es dieselbe Struktur wie $\mathcal{A}_8$.

Wenn wir Sprachen benutzen, in denen die Konstanten (beinahe) Ausdrücke der Metasprache oder als Abkürzungen solcher Ausdrücke ersichtlich sind, so liegen Interpretationsangaben nahe, die einfach die Konstanten durch ihr metasprachliches Pendant interpretieren. Wir reden dann von **Standardinterpretationen** bzw. **Standardstrukturen**. Dann reicht uns der Hinweis, $\mathcal{A}$ sei Standardstruktur, um $\mathcal{A}$ einzuführen. Dabei kann es natürlich sein, daß zusätzliche Angaben erforderlich sind, um $\mathcal{A}$ wirklich eindeutig festzulegen. Doch oft besteht dazu kein Bedarf.

Wir weisen darauf hin, daß Strukturen, die man als Standardstrukturen bezeichnen würde, vom systematischen Standpunkt aus in keiner Weise vor anderen ausgezeichnet sind. Und wenn die Schreibweise der Konstanten keine besondere Art der Interpretation suggeriert, so kann man überhaupt nicht von Standardstrukturen reden.

Oft geht man aber von einer metasprachlichen Anwendungssituation aus, zu der man sich eine passende Sprache macht, womit dann eine Standardinterpretation naheliegt. Dieser Fall liegt z. B. vor, wenn man mathematische Symbole wie $<, \leq, +, \cdot, 0, 1, 2$ u.ä. direkt als nichtlogische Konstanten in eine prädikatenlogische Sprache aufnimmt und dann "in Standardweise", d.h. jeweils das Symbol durch seine Bedeutung in der Metasprache interpretiert. Zur genauen Festlegung braucht man dann gewöhnlich nur den Bereich zu fixieren, wie es bei L_{AR} ja auch gemacht wurde.

Wenn eine Struktur fixiert ist, so liegen die Werte von Aussagen fest. So ist z. B. die erste der folgenden Aussagen in $\mathcal{A}_{\mathbb{N}}$ wahr und die zweite falsch:

$$\text{ADD} \ni 7\ 5\ 12$$
$$\text{ADD} \ni 7\ 5\ 11$$

Aber bei Formeln mit freien Variablen reicht die Angabe der Struktur nicht aus. Bei der folgenden Formel wird man doch fragen, was v_0 und v_1 sein sollen:

$$\text{ADD} \ni 7\ v_0\ v_1$$

Man muß also auch den freien Variablen Werte zuweisen.

In der Formel oben sind v_0, v_1 frei, und man braucht Werte für v_0 und v_1. In einer anderen Formel ist vielleicht v_7 frei, und man braucht einen Wert für v_7. Je nach Formel braucht man also für gewisse Variablen Werte, für die anderen nicht. Für die systematische Definition ist es bequem, wenn man in allen Fällen Werte vorsieht, selbst wenn man für jede Formel nur einige braucht. Eine solche Zuordnung, die Variablen Werte zuweist, nennen wir eine Belegung.

18.4 **Belegungen**

Eine Belegung $\mathcal{B}$ zu einer Struktur $\mathcal{A}$ ist eine Funktion, die jeder Variablen v^s ein Element $\mathcal{B}(v^s) \in D^s_{\mathcal{A}}$ zuordnet.

Für die nachfolgende Bewertungsdefinition muß man auch in gewisser Weise abgeänderte Belegungen betrachten, für die wir eine besondere Bezeichnung einführen.

18.5 **Abgeänderte Belegungen**

Es sei $\mathcal{B}$ eine Belegung zu $\mathcal{A}$, $w_1, \ldots, w_n$ seien verschiedene Variablen der Sorten $s_1, \ldots, s_n$ und $x_1, \ldots, x_n$ seien Individuen der Sorten $s_1, \ldots, s_n$.

Dann sei $\mathcal{B}^{w_1 \ldots w_n}_{x_1 \ldots x_n}$ diejenige Belegung, die den Variablen $w_1, \ldots, w_n$ die Individuen $x_1, \ldots, x_n$ als Werte zuordnet und sonst wie $\mathcal{B}$ ist.

Eine Struktur und eine Belegung bestimmen eine Bewertung. Die Struktur liefert die Werte der Konstanten, die Belegung die der Variablen. Die Fortsetzung auf beliebige Ausdrücke ist rekursiv und folgt dem rekursiven syntaktischen Aufbau der Ausdrücke. Die Bewertungsdefinition ist die grundlegende semantische Definition, an die sich viele weitere logische Begriffe anschließen.

Für die Junktoren übernehmen wir die extensionale Fortschreibung der Wahrheitswerte durch die Wahrheitstafeln aus der Aussagenlogik. Es kommen die Werte von Gleichungen und prädikativen Formeln sowie die von quantifizierten Formeln hinzu.

Dabei muß man die logischen Konstanten im metasprachlichen Sinne bereits verstehen. Man muß wissen was es heißt, daß Individuen gleich sind, daß eine Relation auf Individuen zutrifft, daß eine Bedingung für alle oder für wenigstens ein Individuum erfüllt ist. Durch die Bewertungsdefinition werden die logischen Konstanten der Objektsprache im Sinne der Metasprache festgeschrieben.

18.6 **Bewertungen**

Eine L-Struktur $\mathcal{A}$ und Belegung $\mathcal{h}$ zu $\mathcal{A}$ bestimmen eine Bewertung aller Ausdrücke von L. Wir fassen auch die beiden Bestimmungsstücke $\mathcal{A}$, $\mathcal{h}$ einer Bewertung zusammen und schreiben $\mathcal{J}(\mathcal{A},\mathcal{h})$, kurz $\mathcal{J}$, für die durch $\mathcal{A}$ und $\mathcal{h}$ gegebene Bewertung und $\mathcal{J}^{w_1}_{x_1}\dots^{w_n}_{x_n}$ für $\mathcal{J}(\mathcal{A},\mathcal{h}^{w_1}_{x_1}\dots^{w_n}_{x_n})$.

Für den Wert, den der Ausdruck α bei dieser Bewertung erhält, schreiben wir:

$\llbracket\alpha\rrbracket_{\mathcal{A},\mathcal{h}}$ oder $\llbracket\alpha\rrbracket_{\mathcal{J}}$ oder kurz $\llbracket\alpha\rrbracket$, wenn die Bewertung ersichtlich ist.

Die Definition dieser Bewertungsfunktion ist rekursiv gemäß dem syntaktischen Aufbau der Ausdrücke. In (a), (b) sind die Werte der Konstanten und Variablen definiert, in (c), …, (m) die der zusammengesetzten Ausdrücke.

(a) $\llbracket K\rrbracket_{\mathcal{J}} =_{\text{def}} K_{\mathcal{A}}$ (für $K \in C$)

(b) $\llbracket v\rrbracket_{\mathcal{J}} =_{\text{def}} \mathcal{h}(v)$ (für Variablen v)

(c) $\llbracket a=b\rrbracket_{\mathcal{J}} =_{\text{def}} \begin{cases} W, & \text{wenn } \llbracket a\rrbracket_{\mathcal{J}} = \llbracket b\rrbracket_{\mathcal{J}} \\ F, & \text{sonst} \end{cases}$

(d) $\llbracket Q \ni a_1 \dots a_n\rrbracket_{\mathcal{J}} =_{\text{def}} \begin{cases} W, & \text{wenn } \llbracket Q\rrbracket_{\mathcal{J}} \text{ zutrifft auf } \llbracket a_1\rrbracket_{\mathcal{J}}, \dots, \llbracket a_n\rrbracket_{\mathcal{J}} \\ F, & \text{sonst} \end{cases}$

(e) $\llbracket \top\rrbracket_{\mathcal{J}} =_{\text{def}} W$

(f) $\llbracket \bot\rrbracket_{\mathcal{J}} =_{\text{def}} F$

(g) $\llbracket \neg\varphi\rrbracket_{\mathcal{J}} =_{\text{def}} \begin{cases} W, & \text{wenn } \llbracket\varphi\rrbracket_{\mathcal{J}} = F \\ F, & \text{wenn } \llbracket\varphi\rrbracket_{\mathcal{J}} = W \end{cases}$

(h) $\llbracket \varphi\wedge\psi\rrbracket_{\mathcal{J}} =_{\text{def}} \begin{cases} W, & \text{wenn } \llbracket\varphi\rrbracket_{\mathcal{J}} = \llbracket\psi\rrbracket_{\mathcal{J}} = W \\ F, & \text{sonst} \end{cases}$

(i) $\llbracket \varphi\vee\psi\rrbracket_{\mathcal{J}} =_{\text{def}} \begin{cases} W, & \text{sonst} \\ F, & \text{wenn } \llbracket\varphi\rrbracket_{\mathcal{J}} = \llbracket\psi\rrbracket_{\mathcal{J}} = F \end{cases}$

(j) $\llbracket \varphi\Longrightarrow\psi\rrbracket_{\mathcal{J}} =_{\text{def}} \begin{cases} W, & \text{sonst} \\ F, & \text{wenn } \llbracket\varphi\rrbracket_{\mathcal{J}} = W \text{ und } \llbracket\psi\rrbracket_{\mathcal{J}} = F \end{cases}$

(k) $\llbracket \varphi\Longleftrightarrow\psi\rrbracket_{\mathcal{J}} =_{\text{def}} \begin{cases} W, & \text{wenn } \llbracket\varphi\rrbracket_{\mathcal{J}} = \llbracket\psi\rrbracket_{\mathcal{J}} \\ F, & \text{sonst} \end{cases}$

(l) $\llbracket \forall v^s\varphi\rrbracket_{\mathcal{J}} =_{\text{def}} \begin{cases} W, & \text{wenn für alle } x \in D^s_{\mathcal{A}} \text{ gilt } \llbracket\varphi\rrbracket_{\mathcal{J}^{v^s}_x} = W \\ F, & \text{sonst} \end{cases}$

(m) $\llbracket \exists v^s\varphi\rrbracket_{\mathcal{J}} =_{\text{def}} \begin{cases} W, & \text{wenn es wenigstens ein } x \in D^s_{\mathcal{A}} \text{ gibt mit } \llbracket\varphi\rrbracket_{\mathcal{J}^{v^s}_x} = W \\ F, & \text{sonst} \end{cases}$

Durch diese Definition werden Individuenterme einer Sorte stets durch Individuen dieser Sorte und Formeln stets durch Wahrheitswerte bewertet. Für eine Formel gibt es also nur zwei mögliche Werte, nämlich W und F. Einen dritten Wert gibt es nicht. Das ist das **Tertium non datur.**

18.7 **Satz**

(a) Für jeden Individuenterm a einer Sorte s gilt $[\![a]\!] \in D^s_{\mathcal{A}}$.

(b) Für jede Formel φ gilt $[\![\varphi]\!] \in \{W, F\}$.

Das Zweiwertigkeitsprinzip ist für die Prädikatenlogik aber nicht so unproblematisch wie für die Aussagenlogik. Dort kann man für gegebene Werte von atomaren Formeln die Werte zusammengesetzter Formeln mit den Wahrheitstafeln ausrechnen. So etwas ist in der Prädikatenlogik nicht möglich.

Um die Werte von Formeln der Art $\forall v \varphi$, $\exists v \varphi$ bei einer Bewertung $\mathcal{J}$ zu bestimmen, muß man auf so viele Werte von φ zurückgreifen, wie der zugehörige Individuenbereich Elemente enthält. Um $[\![\forall v \varphi]\!] = W$ festzustellen, muß man ermitteln, ob φ bei allen Bewertungen $\mathcal{J}^v_x$ mit $x \in D$ den Wert W erhält, wobei D der Bereich der Sorte von v ist. Entsprechend muß man, um $[\![\exists v \varphi]\!] = W$ festzustellen, ermitteln, ob φ bei wenigstens einer solchen Bewertung den Wert W erhält. Das kann man nicht routinemäßig ausrechnen, wenn D unendlich ist.

Nichtdestoweniger nimmt man an, daß es entweder der Fall ist, daß φ für alle $x \in D$ bei $\mathcal{J}^{v^s}_x$ den Wert W erhält, oder daß das nicht der Fall ist, und zwar unabhängig von unserer Kenntnis des Sachverhaltes oder unserem Vermögen, das festzustellen. Entsprechend nimmt man an, daß es entweder wenigstens ein $x \in D$ gibt, so daß φ bei $\mathcal{J}^{v^s}_x$ den Wert W erhält, oder daß das nicht der Fall ist, und zwar unabhängig davon, ob wir ein solches x finden oder angeben können.

Das sind Voraussetzungen des klassischen Grundlagenstandpunktes. In der konstruktiven Logik vermeidet man diese An-sich-Auffassung. Natürlich sieht die Semantik, auch die der Aussagenlogik, ganz anders aus, wenn man auf die Bewertung mit Wahrheitswerten und das Tertium non datur verzichtet. Die Bedeutung einer Formel muß dann auf andere Weise festgelegt werden. In der dialogischen Variante der konstruktiven Logik bedeutet die Behauptung einer Aussage φ, daß man sich bereit erklärt, φ gegen Opponenten nach gewissen Regeln zu verteidigen. Die logisch wahren Aussagen sind dann diejenigen, die sich dabei stets verteidigen lassen. Wir legen hier den klassischen Grundlagenstandpunkt zugrunde.

In einem einfachen Fall soll die Bewertung einer Formel ausführlich vorgerechnet werden. Wir betrachten die Sprache L_{AR} mit der Standardstruktur $\mathcal{A}_{\mathbb{N}}$, eine beliebige Belegung $\mathcal{B}$ und die Bewertung $\mathcal{J}_{\mathbb{N}} = \mathcal{J}(\mathcal{A}_{\mathbb{N}}, \mathcal{B})$. Die Formel sei:

$$\exists v_0 \, \forall v_1 \; v_0 \leq v_1$$

Bekanntlich ist die Null die kleinste natürliche Zahl, d.h.:

Für alle $n \in \mathbb{N}$ gilt $0 \leq n$

Wenn $\leq_{\mathbb{N}}$ die Kleiner-oder-gleich-Relation auf der Menge $\mathbb{N}$ bezeichnet, so können wir das etwas umständlicher so ausdrücken:

Für alle $n \in \mathbb{N}$ gilt $\leq_{\mathbb{N}}$ trifft zu auf $0, n$

Wir benutzen

$$\leq_{\mathbb{N}} = [\![\leq]\!]_{\mathcal{J}_{\mathbb{N}}} = [\![\leq]\!]_{\mathcal{J}_{\mathbb{N}}{}^{v_0 v_1}_{0\ n}} \quad \text{und } 0 = [\![v_0]\!]_{\mathcal{J}_{\mathbb{N}}{}^{v_0 v_1}_{0\ n}} \quad \text{und } n = [\![v_1]\!]_{\mathcal{J}_{\mathbb{N}}{}^{v_0 v_1}_{0\ n}}$$

und formulieren das noch umständlicher:

Für alle $n \in \mathbb{N}$ gilt $[\![\leq]\!]_{\mathcal{J}_{\mathbb{N}}{}^{v_0 v_1}_{0\ n}}$ trifft zu auf $[\![v_0]\!]_{\mathcal{J}_{\mathbb{N}}{}^{v_0 v_1}_{0\ n}}, [\![v_1]\!]_{\mathcal{J}_{\mathbb{N}}{}^{v_0 v_1}_{0\ n}}$

Die Bewertungsdefinition für prädikative Formeln liefert:

Für alle $n \in \mathbb{N}$ gilt $[\![v_0 \leq v_1]\!]_{\mathcal{J}_{\mathbb{N}}{}^{v_0 v_1}_{0\ n}} = W$

Nach der Bewertungsdefintion für generalisierte Formeln heißt das:

$$[\![\forall v_1\ v_0 \leq v_1]\!]_{\mathcal{J}_{\mathbb{N}}{}^{v_0}_{0}} = W$$

Mit der Bewertungsdefinition für partikularisierte Formeln ergibt sich daraus:

$$[\![\exists v_0 \forall v_1\ v_0 \leq v_1]\!]_{\mathcal{J}_{\mathbb{N}}} = W$$

Hätten wir dagegen die Struktur $\mathcal{A}_{\mathbb{R}}$ mit dem Individuenbereich $\mathbb{R}$ und dazu eine Belegung $\mathcal{B}$ gewählt, so würden es für die entsprechende Bewertung $\mathcal{J}_{\mathbb{R}}$ keinen Wert x für v_0 geben, so daß $\forall v_1 (v_0 \leq v_1)$ durch die abgeänderte Bewertung (v_0 mit x belegt) den Wert W erhält. Denn mit x ist ja auch $x-1$ eine reelle Zahl. Und wenn wir v_0 mit x und v_1 mit $x-1$ belegen, so erhält $(v_0 \leq v_1)$ den Wert F. Somit ist:

$$[\![\exists v_0 \forall v_1\ v_0 \leq v_1]\!]_{\mathcal{J}_{\mathbb{R}}} = F$$

Wir haben oben die Wertzuweisung gemäß der Bewertungsdefinition ausführlich vorgerechnet. Das war exemplarisch gemeint und sollte eigentlich nur demonstrieren, daß diese Definition wirklich das erfaßt, was damit gemeint ist. Wenn man sich das klar gemacht hat, so "sieht man", daß die Aussage $\exists v_0 \forall v_1\ v_0 \leq v_1$ in der Standardinterpretation über $\mathbb{N}$ mit W und in der Standardinterpretation über $\mathbb{R}$ mit F bewertet wird. Ähnlich ist es in anderen Fällen:

Formel	Bereich $\mathbb{N}$	Bereich $\mathbb{R}$
$\exists v_0 \forall v_1\ v_0 \leq v_1$	W	F
$\forall v_0 v_1 (v_0 < v_1 \Longrightarrow \exists v_2 (v_0 < v_2 < v_1))$	F	W
$\forall v_0 v_1 (v_0 < v_1 \vee v_0 = v_1 \vee v_1 < v_0)$	W	W
$\forall v_0 v_1 (v_0 \leq v_1 \Longleftrightarrow v_0 < v_1 \vee v_0 = v_1)$	W	W

Aber so einfach ist das nicht immer zu sehen. Bekanntlich gibt es in der Mathematik zahlreiche ungelöste Probleme, die letztlich "nur" die Bestimmung eines Wahrheitswertes einer Formel in einer Struktur erfordern. Wir wollen hier als berühmtes Beispiel die 1742 von Christian Goldbach aufgestellte Vermutung aufführen, die besagt, daß jede gerade Zahl ab 4 die Summe von zwei Primzahlen ist.

Das läßt sich in der Sprache L_{AR} leicht ausdrücken. Man setze etwa:

GERADE(v_0)	sei	$\exists v_1\ \mathrm{MULT}{\ni} v_1\, 2\, v_0$
UNGERADE(v_0)	sei	$\exists v_1 v_2 (\mathrm{MULT}{\ni} v_1\, 2\, v_2 \wedge \mathrm{ADD}{\ni} v_2\, 1\, v_0)$,
PRIMZ(v_0)	sei	$v_0 \neq 1 \wedge \forall v_3 (\exists v_4 (\mathrm{MULT}{\ni} v_3 v_4 v_0) \Longrightarrow v_3 = 1 \vee v_3 = v_0)$

Die Goldbachsche Vermutung ist dann gleichbedeutend damit, daß die folgende Aussage in der Standardstruktur über $\mathbb{N}$ mit W bewertet wird:

$$\forall v_0(4 \leq v_0 \wedge \text{GERADE}(v_0) \Longrightarrow \exists v_1 v_2(\text{PRIMZ}(v_1) \wedge \text{PRIMZ}(v_2) \wedge \text{ADD}\ni v_1 v_2 v_0))$$

Man kennt die Aussage und die Bewertung, aber nicht den Wahrheitswert. Dieser läßt sich nicht algorithmisch ausrechnen, wie das in der Aussagenlogik mit den Wahrheitstafeln (jedenfalls prinzipiell) möglich ist. Wenn der Individuenbereich unendlich ist, wie es ja hier der Fall ist, so kann man nicht alle Fälle durchprobieren. Nichtsdestoweniger nimmt man (nach dem klassischen Grundlagenstandpunkt) an, daß die Goldbachsche Vermutung entweder wahr oder falsch ist.

In den Beispielen kommt es gar nicht auf die Belegung der Variablen an. Das liegt daran, daß es sich um Aussagen handelte, um Formeln ohne freie Variablen. Daß der Wert von Aussagen nicht von den Belegungen der Variablen abhängt, leuchtet durchaus ein. Aber es sollte doch auch unter Benutzung der Bewertungsdefinition 18.6 wirklich bewiesen werden. Das soll jetzt in exemplarischer Weise geschehen. Wir beweisen den sog. Koinzidenzsatz und führen dabei zugleich die oft benutzte Beweismethode durch "Induktion über den syntaktischen Aufbau" vor.

Die rekursive Definition der Formeln ermöglicht es einerseits, **Funktionen** auf Formeln **rekursiv zu definieren**, wie es gerade bei der Bewertung der Formeln gemacht wurde. Sie ermöglicht es auch, **Behauptungen** über Formeln rekursiv, man sagt auch durch **Induktion über den syntaktischen Aufbau**, zu **beweisen.**

Dazu muß man die Behauptung für atomare Formeln nachweisen (**Induktionsanfänge**) und zeigen, daß sie unter den Aufbauprozessen für Formeln "erblich" ist (**Induktionsschritte**), d. h. daß aus der Voraussetzung, die Behauptung gelte für Teilformeln (**Induktionsvoraussetzung**) die Gültigkeit der Behauptung für die Formel selbst (**Induktionsbehauptung**) folgt. Dann muß die Behauptung auf alle Formeln zutreffen.

Man stelle sich die Behauptung etwa als Infektionskrankheit der Formeln vor:

(a) Alle atomaren Formeln sind krank.
(b) Beim Aufbau der Formeln aus Teilformeln werden sie von den Teilformeln infiziert.

Dann kann keine Formel der Krankheit entgehen.

Bei natürlichen Zahlen kennt man in der Mathematik das entsprechende Beweisverfahren der **vollständigen Induktion**:

(a) 0 hat eine fragliche Eigenschaft.
(b) Die fragliche Eigenschaft vererbt sich von jeder Zahl auf ihren Nachfolger.

Dann haben alle natürlichen Zahlen die fragliche Eigenschaft.

Im Fall der Formeln haben wir statt der einen Anfangszahl 0 viele Anfangsformeln (alle atomaren Formeln) und statt des einen Fortschreitprozesses (Nachfolgerbildung) deren viele, für jede logische Konstante einen syntaktischen Aufbauprozeß.

Der Koinzidenzsatz sagt, auf welche Bestandteile einer Bewertung es bei der Bewertung eines Ausdrucks ankommt. Für gebundene Variablen müssen die Bereiche, für Konstanten die Denotate und für freie Variablen die Belegungswerte festliegen. Wenn zwei Bewertungen in diesen Punkten übereinstimmen, so bewerten sie den Ausdruck gleich.

Auf die Bereiche von Sorten, von denen keine gebundenen Variablen in dem Ausdruck vorkommen, auf die Denotate von Konstanten, die in dem Ausdruck gar nicht vorkommen, und auf die Belegungswerte von Variablen, die in dem Ausdruck nicht frei vorkommen, kommt es überhaupt nicht an.

18.8 **Koinzidenzsatz**

L sei Subsprache von L′ und α sei Ausdruck von L und damit auch von L′. Seien $\mathcal{J} = \mathcal{J}_{\mathcal{A},\mathfrak{a}}$ und $\mathcal{J}' = \mathcal{J}_{\mathcal{A}',\mathfrak{a}'}$ Bewertungen von L bzw. L′ und es gelte:

(a) Für jede Sorte s, von der eine Variable gebunden in α vorkommt, ist $D^s_{\mathcal{A}} = D^s_{\mathcal{A}'}$.

(b) Für jede Konstante K in α ist $K_{\mathcal{A}} = K_{\mathcal{A}'}$.

(c) Für jede freie Variable v von α ist $\mathfrak{a}(v) = \mathfrak{a}'(v)$.

Dann gilt:

$$[\![\alpha]\!]_{\mathcal{J}} = [\![\alpha]\!]_{\mathcal{J}'}$$

Beweis durch Induktion über den syntaktischen Aufbau von α:

1) Induktionsanfang: α ist Konstante K. Dann gilt die Behauptung nach (b).

2) Induktionsanfang: α ist Variable v. Dann gilt die Behauptung nach (c).

3) α ist eine Gleichung a=b.

Die Induktionsvoraussetzung besagt: $[\![a]\!]_{\mathcal{J}} = [\![a]\!]_{\mathcal{J}'}$ und $[\![b]\!]_{\mathcal{J}} = [\![b]\!]_{\mathcal{J}'}$. Man erhält:

$$\begin{aligned} [\![a=b]\!]_{\mathcal{J}} = W \quad &\Longleftrightarrow \quad [\![a]\!]_{\mathcal{J}} = [\![b]\!]_{\mathcal{J}} \\ &\Longleftrightarrow \quad [\![a]\!]_{\mathcal{J}'} = [\![b]\!]_{\mathcal{J}'} \quad \text{(mit der Induktionsvoraussetzung)} \\ &\Longleftrightarrow \quad [\![a=b]\!]_{\mathcal{J}'} = W \end{aligned}$$

In der zweiten Zeile ist die Induktionsvoraussetzung angewendet worden, nämlich daß für die Teilausdrücke des betrachteten Ausdrucks, d. h. hier die Terme a, b, die Behauptung bereits gilt. Man halte die Sprachebenen auseinander. In den Bewertungsklammern ist das objektsprachliche Gleichheitszeichen gemeint, außerhalb die metasprachliche Gleichheit, deren inhaltliches Verständnis vorausgesetzt wird.

4) α ist eine prädikative Formel $Q \ni a_1 \ldots a_n$.

Nach Induktionsvoraussetzung ist:

$$[\![Q]\!]_{\mathcal{J}} = [\![Q]\!]_{\mathcal{J}'} \text{ und } [\![a_i]\!]_{\mathcal{J}} = [\![a_i]\!]_{\mathcal{J}'} \quad (\text{für } i = 1, \ldots, n)$$

Also ist auch die Bedingung:

$$[\![Q]\!]_{\mathcal{J}} \text{ trifft zu auf } [\![a_1]\!]_{\mathcal{J}}, \ldots, [\![a_n]\!]_{\mathcal{J}}$$

gleichbedeutend mit der Bedingung:

$$[\![Q]\!]_{\mathcal{J}'} \text{ trifft zu auf } [\![a_1]\!]_{\mathcal{J}'}, \ldots, [\![a_n]\!]_{\mathcal{J}'}$$

Nach der Bewertungsdefinition bedeutet das:

$$[\![Q \ni a_1 \ldots a_n]\!]_{\mathcal{J}} = [\![Q \ni a_1 \ldots a_n]\!]_{\mathcal{J}'}$$

5) α ist von der Form $\neg\varphi$, $(\varphi \wedge \psi)$, $(\varphi \vee \psi)$, $(\varphi \Longrightarrow \psi)$ oder $(\varphi \Longleftrightarrow \psi)$.

Die Voraussetzungen treffen auch auf φ, ψ und $\mathcal{I}, \mathcal{I}'$ zu, und mit der Induktionsvoraussetzung erhält man, daß φ sowie ψ von $\mathcal{I}, \mathcal{I}'$ gleich bewertet werden. Dann rechnet sich auch für die mit dem Junktor daraus aufgebaute Formel derselbe Wahrheitswert bei $\mathcal{I}$ und $\mathcal{I}'$ aus.

6) α ist eine quantifizierte Formel $\forall v^s \varphi$, $\exists v^s \varphi$.

Dann ist zunächst $D^s_{\mathcal{A}} = D^s_{\mathcal{A}'}$, weil v^s in α gebunden vorkommt.
Sei x aus diesem gemeinsamen Bereich. Dann stimmen $\mathcal{B}\frac{v^s}{x}$ und $\mathcal{B}'\frac{v^s}{x}$ auf den freien Variablen von φ (die die freien Variablen von α zuzüglich evtl. v^s sind) überein. Also ist auf φ mit $\mathcal{I}\frac{v^s}{x}$ und $\mathcal{I}'\frac{v^s}{x}$ die Induktionsvoraussetzung anwendbar, d. h. für jedes solche x gilt:

$$[\![\varphi]\!]_{\mathcal{I}\frac{v^s}{x}} = [\![\varphi]\!]_{\mathcal{I}'\frac{v^s}{x}}$$

Damit ist die linke Seite dieser Gleichung genau dann für alle $x \in D^s_{\mathcal{A}}$ gleich W, wenn die rechte Seite für alle $x \in D^s_{\mathcal{A}'}$ gleich W ist, d. h.:

$$[\![\forall v^s \varphi]\!]_{\mathcal{I}} = W \iff [\![\forall v^s \varphi]\!]_{\mathcal{I}'} = W$$

Ebenso ist die linke Seite der Gleichung genau dann für wenigstens ein $x \in D^s_{\mathcal{A}}$ gleich W, wenn die rechte Seite für wenigstens ein $x \in D^s_{\mathcal{A}'}$ gleich W ist, d. h.:

$$[\![\exists v^s \varphi]\!]_{\mathcal{I}} = W \iff [\![\exists v^s \varphi]\!]_{\mathcal{I}'} = W$$ ■

Ein spezieller Fall liegt vor, wenn L = L' und $\mathcal{A} = \mathcal{A}'$ ist. Dann sind die Bedingungen (a), (b) automatisch erfüllt, und es bleibt nur (c) nach.

18.9 **Spezieller Koinzidenzsatz**

Es seien $\mathcal{B}$, $\mathcal{B}'$ Belegungen zu $\mathcal{A}$, und es sei $\mathcal{B}(v) = \mathcal{B}'(v)$ für jede Variable v, die frei in einer Formel φ ist. Dann gilt:

$$[\![\varphi]\!]_{\mathcal{A},\mathcal{B}} = [\![\varphi]\!]_{\mathcal{A},\mathcal{B}'}$$

In Worten: Wenn sich zwei Bewertungen (zur gleichen Struktur) nur hinsichtlich solcher Variablenwerte unterscheiden, die in einer Formel nicht frei vorkommen, so bewerten sie die Formel gleich. Das veranlaßt uns, partielle Belegungen einzuführen.

18.10 **Partielle Belegungen**

Eine partielle Belegung ist eine Funktion, die gewissen Variablen Individuen der entsprechenden Sorte zuordnet.

18.11 **Werte von Formeln bei partiellen Belegungen**

φ sei Formel und $\mathcal{B}$ partielle Belegung, die mindestens den freien Variablen von φ Werte zuordnet. $\mathcal{B}'$ sei eine beliebige Ausdehnung von $\mathcal{B}$ auf alle Variablen. Dann sei:

$$[\![\varphi]\!]_{\mathcal{A},\mathcal{B}} =_{\text{def}} [\![\varphi]\!]_{\mathcal{A},\mathcal{B}'}$$

Dieses ist eine sinnvolle Definition, weil die linke Seite der Gleichung eindeutig durch $\mathcal{B}$ bestimmt ist. Denn wenn $\mathcal{B}''$ eine andere Ausdehnung von $\mathcal{B}$ auf alle Variablen ist, so ist nach dem Koinzidenzsatz $[\![\varphi]\!]_{\mathcal{A},\mathcal{B}'} = [\![\varphi]\!]_{\mathcal{A},\mathcal{B}''}$. Also kann man diesen gemeinsamen Wert mit $[\![\varphi]\!]_{\mathcal{A},\mathfrak{h}}$ bezeichnen.

Wenn φ eine Aussage ist, d. h. gar keine freien Variablen enthält, so kann man eine beliebige Belegung $\mathfrak{h}$ nehmen, und $[\![\varphi]\!]_{\mathcal{A},\mathfrak{h}}$ hat unabhängig von $\mathfrak{h}$ stets denselben Wert, den wir mit $[\![\varphi]\!]_{\mathcal{A}}$ bezeichnen.

18.12 **Werte von Aussagen**

Es sei φ eine Aussage, d.h. Formel ohne freie Variablen. Dann sei

$[\![\varphi]\!]_{\mathcal{A}} =_{\text{def}} [\![\varphi]\!]_{\mathcal{A},\mathfrak{h}}$, wobei $\mathfrak{h}$ beliebig ist.

Damit ist auch für die Prädikatenlogik das Interpretationsschema 2.5 realisiert. Jede Aussage einer Sprache L erhält nach Fixierung einer Struktur zu L genau einen Wahrheitswert, und zwar in Übereinstimmung mit der intuitiven Bedeutung der logischen Konstanten. Für Formeln mit freien Variablen benötigen wir zur Bewertung darüber hinaus noch eine Belegung.

Bevor wir zu den logischen Begriffen kommen, die sich in natürlicher Weise an die Bewertung anschließen, wollen wir in einem weiteren Paragraphen auf das Verhältnis von formaler und natürlicher Sprache eingehen.

§ 19. Formalisieren und Verbalisieren

Wenn zu einer prädikatenlogischen Sprache L eine Struktur in einer bestimmten Weise gegeben ist, so entsprechen sich Aussagen der Objektsprache und der Metasprache in einer naheliegenden Weise.

Wir nehmen etwa die einsortige Beispielsprache L_6 aus § 17 mit den Konstanten c, Q und die L_6-Strukturen aus § 18:

$\mathcal{A}_3$: Bereich $\mathbb{N}$, $c \mathrel{\hat{=}} 0$, $Q \mathrel{\hat{=}} <_{\mathbb{N}}$
$\mathcal{A}_4$: Bereich $\mathbb{R}$, $c \mathrel{\hat{=}} 0$, $Q \mathrel{\hat{=}} <_{\mathbb{R}}$
$\mathcal{A}_5$: Bereich $\mathbb{N}^*$, $c \mathrel{\hat{=}} 1$, $Q \mathrel{\hat{=}}$ ... ist Teiler von ...
$\mathcal{A}_6$: Bereich Personen in der Klasse, $c \mathrel{\hat{=}}$ der Lehrer, $Q \mathrel{\hat{=}}$ ... ist älter als ...

Der formalen Aussage

19.1 $\forall v_0(v_0 \neq c \Longrightarrow c\,Q\,v_0)$

von L_6 entspricht dann als Aussage in der natürlichen Sprache:

19.1 a 0 ist kleiner als jede andere natürliche Zahl (mit $\mathcal{A}_3$)
19.1 b 0 ist kleiner als jede andere reelle Zahl (mit $\mathcal{A}_4$)
19.1 c 1 teilt jede andere positive natürliche Zahl (mit $\mathcal{A}_5$)
19.1 d Der Lehrer ist älter als jede andere Person im Klassenraum (mit $\mathcal{A}_6$)

Wir sagen, daß die metasprachliche Aussage eine **Verbalisierung** der objektsprachlichen Aussage (bei gegebener Struktur) ist. Umgekehrt nennen wir die formale Aussage eine **Formalisierung** der metasprachlichen Aussage (bei gegebener Struktur).

19.2 **Formalisierungs- und Verbalisierungsschema**
Gegeben: L, $\mathcal{A}$.

Aussage von L	Verbalisierung → / ← Formalisierung	metasprachliche Aussage

Die Verbalisierung ist gewissermaßen eine Übersetzung aus der formalen Sprache in die Metasprache, die Formalisierung eine Übersetzung aus der Metasprache in die formale Sprache.

Diese "Übersetzung" ist aber in keiner Richtung eindeutig. So könnte man oben (für L_6 und $\mathcal{A}_3$) zur Formalisierung von 19.1 auch die folgende Verbalisierung finden:

19.1 e 0 ist die kleinste natürliche Zahl

Wenn das gegeben ist, so könnte man u. U. auch zu folgenden Formalisierungen kommen:

19.1 f $\forall v_0(c = v_0 \vee c\,Q\,v_0)$

19.1 g $\neg \exists v_0 (v_0 Q c)$

Das könnte man wieder verbalisieren als:

19.1 h Es gibt keine kleinere natürliche Zahl als 0

Als weiteres Beispiel betrachten wir die Beispielsprache L_5 (Konstanten c, A, B) aus § 17 mit der Struktur $\mathcal{A}_2$ (Individuenbereich Lebewesen, c ≙ Fifi, A ≙ ... ist Hund, B ≙ ... ist bissig) aus § 18. Dann haben wir:

	Formalisierung	Verbalisierung
19.3	$c \in A$	Fifi ist ein Hund
19.4	$c \in A \wedge c \notin B$	Fifi ist ein Hund, aber nicht bissig
19.5	$\neg(c \in A \wedge c \in B)$	Fifi ist kein bissiger Hund
19.6	$\neg \exists v_0(v_0 \in A \wedge v_0 \in B)$	Kein Hund ist bissig
19.7	$\forall v_0(v_0 \in A \Longrightarrow v_0 \notin B)$	Alle Hunde sind nicht bissig
	usw.	

Andere Verbalisierungen für 19.6 wären:

19.6 a Es gibt keine bissigen Hunde

19.6 b Es gibt keine Lebewesen, die sowohl Hunde als auch bissig sind

In 19.7 könnte man sagen:

19.7 a Alle Lebewesen sind, sofern sie Hunde sind, nicht bissig

Das ist zwar umständlicher, aber es gibt genauer wieder, was in der Formalisierung steht. Entsprechend wäre eine genauere Verbalisierung von 19.5:

19.5 a Es ist nicht der Fall, daß Fifi Hund und bissig ist

Durch solche genaueren Sprechweisen vermeidet man Unklarheiten und Ambiguitäten, wie sie in der natürlichen Sprache häufig vorkommen. Man beachte z. B., daß die Ausdrucksweise in 19.5 nicht eindeutig ist. Neben der Lesart 19.5 a hat man auch zu betrachten:

19.5 b	Fifi ist kein **bissiger** Hund	(sondern ein lieber Hund)
19.5 c	Fifi ist kein bissiger **Hund**	(sondern ein bissiger Kater)
19.5 d	Fifi ist weder Hund noch bissig	(sondern ein lieber Kater)

Keine dieser Lesarten paßt zur formalen Aussage in 19.5. So hat 19.5 b als Formalisierung die Aussage in 19.4. Die Aussage 19.5 c sollte man verbal genauer so fassen:

19.5 e Fifi ist kein Hund, aber bissig

Die passenden Formalisierung ist:

19.5 f $c \notin A \wedge c \in B$

Schließlich hat die Lesart 19.5 d die Formalisierung:

19.5 g $c \notin A \wedge c \notin B$

Durch die Wahl einer Formalisierung gibt man zu erkennen, wie man eine metasprachliche Aussage verstehen möchte. Dabei wird oft erst deutlich, welche anderen Lesarten oder Möglichkeiten von Mißverständnissen vorhanden sind, denen man u. U. durch genauere verbale Ausdrucksweise entgehen kann. Insofern führt die Beherrschung der formalen Sprache auch zu einer klareren Ausdrucksweise im nichtformalen Bereich.

Bei der Verbalisierung gegebener formaler Aussagen kommt es nicht nur darauf an, **daß**, sondern auch **wie** die Struktur, die der Verbalisierung zugrunde liegt, gegeben ist. Die Angaben:

19.8 a p ≙ Kiel liegt an der Ostsee
19.8 b p ≙ Köln liegt am Rhein
19.8 c p ≙ W

legen ja denselben Wahrheitswert als Denotat für p fest, aber mit 19.8 a würde man zu völlig anderen Verbalisierungen kommen als mit 19.8 b. Und mit 19.8 c kann man beim Verbalisieren so recht nichts anfangen.

Entsprechend wäre es mit Festlegungen wie:

19.9 a c ≙ der Bürgermeister
19.9 b c ≙ der Bankräuber
19.9 c c ≙ Karl

Auch hier käme man zu völlig sinnverschiedenen Verbalisierungen, doch könnte es ja in einem bestimmten Kontext durchaus der Fall sein, daß (peinlicherweise) dadurch dieselbe Interpretation der Individuenkonstanten c festgelegt wird.

Bei der Interpretation der formalen Sprache kommt es nur auf die **Denotate** der Konstanten an, das sind Wahrheitswerte, Individuen, Relationen. Bei der natürlichen Sprache geht ein, in welcher Weise die Ausdrücke ihre Denotate bezeichnen, es kommt auf den **Sinn** der Ausdrücke an. Man sagt auch, daß die formale Sprache **extensional** und die natürliche Sprache **intensional** ist.

Prädikatenlogische Sprachen und natürliche Sprache passen nicht gut zueinander. Das mindert aber nicht die Bedeutung der Prädikatenlogik als einer Art von "erster Approximation" bei dem Versuch, sich einer theoretischen Erfassung der natürlichen Sprache zu nähern.

Wir können hier keine Theorie der Formalisierung und Verbalisierung entwickeln, sondern nur einige Hinweise geben.

Prädikative Formeln

Solche Formeln kommen als Formalisierung gewöhnlich vor, wenn man einen einfachen, nicht zusammengesetzten Satz formalisiert. Man löst einige Individuenausdrücke aus dem Satz heraus und stellt den verbleibenden Rest formal durch eine Relationskonstante dar. Wir betrachten einige Beispiele:

	Verbal	Formal
19.10	Karl geht spazieren	SPAZ ∋ KARL
19.11	Fifi ist ein Hund	FIFI ∈ HUND
19.12	Fifi ist bissig	FIFI ∈ BISSIG
19.13	Fifi bellt	FIFI ∈ BELLEN
19.14	Fifi beißt den Briefträger	BEISSEN ∋ FIFI BTR

Wir haben die Interpretation und Sprache gar nicht genau angegeben, sondern nur mnemotechnisch günstige Zeichen als nichtlogische Konstanten gewählt, die eine bestimmte (Standard-) Interpretation suggerieren.

Man beachte, daß der Unterschied zwischen Nomina und Verben von der Prädikatenlogik nicht erfaßt wird. "Hund" und "bellt" werden in gleicher Weise durch

Klassenkonstanten dargestellt. Ebenso ist es bei prädikativ gebrauchten Adjektiven, z. B. "bissig".

Die Kopula "ist" oder "ist ein" geht in $\in$ oder in $\ni$ über, je nachdem ob das Prädikat nachgestellt oder vorangestellt wird.

Transitive Verben, z. B. "beißen", lassen sich durch zweistellige Relationskonstanten darstellen.

Doch ist die Frage der Stellenzahl keineswegs immer klar. Betrachten wir z. B. genauere Beschreibungen des Ereignisses aus 19.10:

19.10 a Karl geht mit Fifi spazieren
19.10 b Karl geht im Wald spazieren
19.10 c Karl geht mit Fifi im Wald spazieren

Bei 19.10 a kämen wir zu einem zweistelligen Prädikat, etwa SPAZ_1 ("Spazierengehen mit"), bei 19.10 b zu einem anderen zweistelligen Prädikat SPAZ_2 ("Spazierengehen wo"), und bei 19.10 c müßten wir zu einer dreistelligen Relationskonstanten SPAZ_3 ("Spazierengehen mit wem und wo") greifen. So käme man zu folgenden Formalisierungen:

19.10 d $\mathsf{SPAZ}_1 \ni \mathsf{KARL\ FIFI}$
19.10 e $\mathsf{SPAZ}_2 \ni \mathsf{KARL\ WALD}$
19.10 f $\mathsf{SPAZ}_3 \ni \mathsf{KARL\ FIFI\ WALD}$

Weitere Beifügungen könnten hinzukommen: "am Sonntagmorgen", "bei gutem Wetter" usw. So würde man zu Relationskonstanten noch größerer Stellenzahl kommen. Alle diese Relationskonstanten haben aus prädikatenlogischer Sicht nichts miteinander zu tun.

Es ist sicherlich unbefriedigend, daß man so eine Fülle von Konstanten erhält, deren Bedeutungen doch offensichtlich zusammenhängen, obwohl das in der Formalisierung durch prädikative Formeln nicht zum Ausdruck kommt. Es ist dies ein Hinweis darauf, daß die logische Analyse solcher Sätze durch prädikative Formeln keineswegs immer optimal ist.

Wir wollen die Frage der Wahl der Stellenzahl noch an einem weiteren Beispiel verdeutlichen. Wir betrachten den Satz:

19.15 Johannes Paul II. ist Papst

Mit einer Klassenkonstanten kann man ihn so formalisieren:

19.15 a $\mathsf{PAPST} \ni \mathsf{JOHPAULII}$

Wollte man zugleich über andere Päpste reden, so wäre es zweckmäßig, Zeitpunkte in den Individuenbereich der Interpretation aufzunehmen und PAPST als zweistellige Relationskonstante aufzufassen. Dann wäre 19.15 als Abkürzung anzusehen für:

19.15 b Johannes Paul II. ist gegenwärtig Papst

Davon wäre eine Formalisierung mit einer (anderen) zweistelligen Relationskonstanten und einer Individuenkonstanten zur Darstellung des Äußerungszeitpunktes:

19.15 c $\mathsf{PAPST}_1 \ni \mathsf{JOHPAULII\ \ JETZT}$

Weitere Aussagen derselben Sprache wären z. B.:

PAPST$_1$ ∋ JOHXXIII 1960
PAPST$_1$ ∋ PAULVI 1970
usw.

In § 17 hatten wir neben der offiziellen Schreibweise $Q \ni a_1 \ldots a_n$ für prädikative Formeln einige Varianten eingeführt, nämlich die ∈-Schreibweise (im einstelligen Fall) und die Infix-Schreibweise (im zweistelligen Fall), um uns mehr der in der Metasprache üblichen Schreibweise anzunähern. Das kann man weitertreiben und direkt einen metasprachlichen Ausdruck mit den Leerstellen, die durch Herauslösen der Individuenausdrücke entstanden sind, als Schreibweise einer Relationskonstanten entsprechender Stellenzahl ansehen. Setzt man Individuenausdrücke in die Leerstellen ein, so kann man das Ergebnis als Abkürzung einer entsprechenden prädikativen Formel einer prädikatenlogischen Sprache ansehen. Insofern kann man also z. B. direkt die Ausdrücke:

19.16 v_0 geht mit v_1 spazieren
v_1 beißt v_2
v_0 ist Papst

als (gefälligere Bezeichnungen von) Formeln einer prädikatenlogischen Sprache ansehen.

Boolesche Konstanten

Durch Boolesche Konstanten formalisiert man Sätze, die sich nicht weiter zergliedern lassen oder für die anstehenden Zwecke nicht weiter zergliedert zu werden brauchen. Um den Schluß:

19.17 Karl spielt Fußball und Handball ⊩ Karl spielt Fußball

zu analysieren, genügt es, zwei Boolesche Konstanten p, q einzuführen mit:

p ≙ Karl spielt Fußball
q ≙ Karl spielt Handball

Die Formalisierung des Schlusses ist dann:

19.17 a $p \land q \Vdash p$

Hier reicht die Formalisierung durch Boolesche Konstanten aus, obwohl man auch eine Formalisierung durch prädikative Formeln wählen könnte.

In anderen Fällen täuscht die natürliche Sprache eine prädikative Struktur vor, obwohl das logisch gesehen gar nicht der Fall ist. Beispiel:

19.18 Es regnet

Dieser Satz ist zwar in der Subjekt-Prädikat-Form, aber wohl nur, weil die Grammatik ein Subjekt erfordert. So wird halt "Es" genommen. Das bezieht sich aber nicht auf einen Agenten, der regnet. Es wäre also:

19.18 a REG ∋ ES

keine adäquate Formalisierung von 19.18.

Doch sind durchaus Formalisierungen durch prädikative Formeln möglich. Der Kontext, der festlegt, ob "Es regnet" wahr ist oder nicht, besteht im wesentlichen aus Ort und Zeit. Falls man eine prädikatenlogische Sprache so umfassend ansetzt, daß zu den Individuen auch Orte und Zeitpunkte gehören, so kann man diese Umstände in der Sprache selbst ausdrücken, und man erhält prädikative Formeln wie:

19.18 b $\mathsf{REG}_1 \ni \mathsf{KIEL}\ 1991\text{-}12\text{-}20$

Falls man nur die Zeitkomponente darstellen will und den Ort in den Kontext abschiebt, so erhält man z. B.:

19.18 c $\mathsf{REG}_2 \ni 1991\text{-}12\text{-}20$

Ebenso kann man, wenn klar ist, welche Zeit gemeint ist, aber der Ort genannt werden soll, sagen:

19.18 d $\mathsf{REG}_3 \ni \mathsf{KIEL}$

Für viele Zwecke genügt die schlichte Formalisierung durch eine Boolesche Konstante:

19.18 e REG

Gleichungen

Das Wort "ist" wird, wenn es Kopula zwischen Subjekt und Prädikat ist, durch $\in$ dargestellt (vgl. 19.11, 12). Wir betrachten hier das Beispiel:

19.19 Die Venus ist ein Planet ♀ $\in$ PLANET

Falls "ist" aber als transitives Vollverb im Sinne von "ist dasselbe wie" auftritt, so ist die Darstellung durch das Gleichheitszeichen angemessen wie in dem Beispiel:

19.20 Die Venus ist der Abendstern ♀ = ABENDSTERN

Der Ausdruck "der Abendstern" ist ein Individuenausdruck ebenso wie "die Venus". Das "ist" fungiert hier als zweistelliges Prädikat. Wegen der besonderen Rolle als logische Konstante schreibt man das aber nicht wie bei prädikativen Formeln mit dem Prädikationszeichen, etwa in der Form:

DASSELBESEIN $\ni$ ♀ ABENDSTERN

Vielmehr benutzt man die übliche Schreibweise mit dem Gleichheitszeichen zwischen den zu verknüpfenden Termen.

Wir weisen darauf hin, daß Gleichheit hier im Sinne von Identität und nicht von Ähnlichkeit (d. h. Gleichheit gewisser Aspekte) gemeint ist. In der natürlichen Sprache wird das oft anders verstanden. So sagt man, daß Fritz und Karl den gleichen Wagen haben, wenn sie dasselbe Modell, aber insgesamt zwei Wagen haben. Wenn sie aber denselben Wagen haben, so ist nur von einem Auto die Rede, dessen Besitz sie sich teilen.

Negationen

Zu jeder Aussage, die das Bestehen eines Sachverhaltes ausdrückt, gibt es eine andere, die ausdrückt, daß der betreffende Sachverhalt nicht besteht, die Negation der Aussage. Diese wird sprachlich auf verschiedene Weise realisiert, etwa dadurch, daß "ein" zu "kein" wird, daß ein "nicht" eingeschoben wird, oder daß vor die Aussage "es ist nicht der Fall, daß" geschrieben wird. Beispiele:

19.21 Aussage: Karl ist ein Maurer
19.21a Negation: Karl ist kein Maurer

19.22	Aussage:	Kiel liegt an der Ostsee
19.22 a	Negation:	Kiel liegt nicht an der Ostsee
19.23	Aussage:	Karl und Fritz sind Studenten
19.23 a	Negation:	Es ist nicht der Fall, daß Karl und Fritz Studenten sind
19.24	Aussage:	Jede Möwe fliegt
19.24 a	Negation:	Nicht jede Möwe fliegt

Wir formalisieren die Negation durch das vorgestellte Negationszeichen $\neg$. Den Drang der natürlichen Sprache, die Negationspartikel in die Aussage hereinzuschieben, berücksichtigen wir in der formalen Sprache durch die Abkürzungen wie $\neq$, $\notin$, $\not\ni$. Das soll aber nicht davon ablenken, daß immer eine ganze Formel negiert wird und

"es ist nicht der Fall, daß"

eigentlich die beste Lesart von $\neg$ ist.

Bei der Negation werden oft Fehler gemacht. Die Negation von 19.23 ist z. B. nicht:

19.23 b Karl und Fritz sind keine Studenten

Dadurch würde (bei der naheliegenden Lesart) mitgeteilt, daß keiner von beiden Student ist, während 19.23 bereits falsch ist, wenn einer von beiden kein Student ist (vgl. auch die Diskussion zu 19.5). Ebenso ist die Negation von 19.24 nicht:

19.24 b Jede Möwe fliegt nicht

Unsere Negation wird auch **kontradiktorische** Negation genannt. In der älteren Logik tritt auch eine **konträre** Negation auf. Damit ist dann irgendeine mit der gegebenen Aussage unverträgliche Aussage gemeint.

In der Umgangssprache werden auch Prädikate negiert: "Nichteisenmetall", "Nichtschwimmer", "Nichtraucher", "Untiefe" usw. Unsere Negation betrifft nur Formeln. Die negierten Prädikaten würden besser bei den Klassen mit Hilfe des Begriffes des Komplementes erklärt.

Weitere Junktoren

Junktoren sind Aussagenverknüpfungen. Sie fügen Aussagen zu neuen Aussagen zusammen. In der Grammatik heißen diese Bindewörter auch Konjunktionen (während in der Logik nur einer der Junktoren so bezeichnet wird).

Das Wesentliche eines Junktors ist seine **Extensionalität**. Damit meinen wir, daß seine Bedeutung durch eine Wahrheitstafel gegeben werden kann, d. h. daß der Wahrheitswert einer mit dem Junktor zusammengesetzten Aussage nur von den Wahrheitswerten (und nicht vom Inhalt oder Sinn) der Teilaussagen abhängt.

Das Wort "und" wird gewöhnlich durch $\wedge$ formalisiert, ebenso ist es bei "aber" der Fall (vgl. z. B. 19.4). "... aber ..." heißt ja soviel wie "... und ..., man achte auf den Unterschied (Gegensatz)". Der pragmatische Zusatz wird beim Übergang zur prädikatenlogischen Formalisierung vernachlässigt.

Es kommt aber auch vor, daß "und" in der natürlichen Sprache gar nicht als Junktor gebraucht wird. Als Junktor bedeutet es genauer gesagt soviel wie:

"es ist wahr, daß ... und es ist wahr, daß ..."

Oft heißt es eher "und dann" und dient auch dazu, eine Bezugszeit fortzuschreiben.

Man betrachte etwa die Aussagen:

19.25 a Klaus hat einen Unfall und kommt ins Krankenhaus

19.25 b Klaus kommt ins Krankenhaus und hat einen Unfall

Beide Sätze sind unter ganz verschiedenen Bedingungen wahr, das Wort "und" kann darin nicht einfach durch $\wedge$ dargestellt werden. Eine Formalisierung wäre etwa in einer Sprache, in der die zeitlichen Begriffe von L_{VW} zur Verfügung stehen:

19.25 c $\exists t_0 t_1 ((\text{UNFALLHABEN} \ni \text{KLAUS } t_0) \wedge t_0 < t_1 \wedge (\text{INSKRANKENHAUSKOMMEN} \ni \text{KLAUS } t_1))$

und entsprechend für die zweite Aussage.

Das Wort "oder" wird durch $\vee$ formalisiert, doch ist natürlich zu beachten, ob nicht das ausschließende "Entweder oder" gemeint ist. Doch wird das ausschließende Oder gar nicht so oft gebraucht. Betrachten wir z. B. eine Formalisierung von:

19.26 Jeder Mensch ist weiblich oder männlich

19.26 a $\forall x_0(x_0 \in ♀ \vee x_0 \in ♂)$

Hier ist in 19.26 sicherlich das ausschließende Oder gemeint. Nichtsdestoweniger ist die Formalisierung in 19.26 a mit dem einschließenden Oder auch korrekt. Der Fall, daß beides zutrifft, also $x_0 \in ♀ \wedge x_0 \in ♂$ erfüllt ist, tritt nämlich in der betrachteten Standardinterpretation (aus biologischen Gründen) gar nicht auf, so daß das Oder ganz von selbst hier mit dem ausschließenden Oder gleichbedeutend ist.

Das ausschließende Oder, dessen logische Gesetzmäßigkeiten kompliziert sind, sollte nur verwendet werden, wenn es wirklich erforderlich ist. Auch dann ist zu überlegen, ob man nicht in der Formalisierung eine Umschreibung mit $\vee$, $\wedge$, und $\neg$ wählt, wie etwa in:

19.26 b $\forall x_0(x_0 \in ♀ \vee x_0 \in ♂) \wedge \neg \exists x_0(x_0 \in ♀ \wedge x_0 \in ♂)$

Natürlich kann es auch sein, daß eine Verwendung des Oder auftritt, die überhaupt nicht extensional ist. Dann muß man u. U. zu umständlicheren Formalisierungen greifen, wie z. B. oben im Falle des Und. Entsprechendes gilt für die anderen Konjunktionen der Umgangssprache und Junktoren der formalen Sprache.

Besondere Schwierigkeiten bereitet oft der Junktor "wenn ..., so ...". Zwar haben wir verabredet, daß wir ihn im Sinne der Wahrheitstafel verwenden wollen, so daß er angemessen durch $\Longrightarrow$ formalisiert wird. Doch ändert das nichts daran, daß er in der natürlichen Sprache gewöhnlich nicht so aufgefaßt wird. Deshalb muß man sorgfältig darauf achten, was wohl gemeint ist, und versuchen, das in der formalen Sprache auszudrücken. Mit "wenn ..., so ..." wird oft der Konjunktiv verbunden:

19.27 "Wenn ... wäre, so wäre ..." (irrealer Konditionalsatz)

Darin liegt sicherlich ein impliziter Bezug auf alternative Situationen, und die Formalisierung mit $\Longrightarrow$ greift daneben.

Daß ein Unterschied vorliegt, kann man so einsehen. Es ist Freitag und man sagt:

19.27 a Wenn heute Montag **ist**, so **ist** morgen Sonntag.

19.27 b Wenn heute Montag **wäre**, so **wäre** morgen Sonntag.

Dann ist 19.27 a wahr, weil "Heute ist Montag" falsch ist und wir uns entschlossen haben, "wenn..., so..." im Sinne der Wahrheitstafel zu verwenden. Doch würde man wohl 19.27 b als falsch ansehen. In der Konditionallogik, einer Verallgemeinerung der Modallogik, versucht man, solche Konditionalsätze zu behandeln.

Es ist durchaus angemessen, den Konjunktivsatz 19.27 b zu äußern, auch wenn Freitag ist. Aber dann würde man nicht den Indikativsatz 19.27 a sagen.

Es ist schwer, in der natürlichen Sprache Verwendungen des "wenn..., so..." im Sinne der Wahrheitstafeln zu finden. Weiß man, daß der Vordersatz falsch ist, so gilt es als nicht angebracht, eine (indikativische) Wenn-so-Aussage zu machen. Weiß man, daß der Vordersatz wahr ist, so gilt das als unnötig. Und ist der Wahrheitswert des Vordersatzes unbekannt, so versteht man einen Indikativsatz wohl eher im Sinne des Konjunktivsatzes.

Somit kommt der Junktor $\Longrightarrow$ im Sinne der Wahrheitstafeln in der natürlichen Sprache eigentlich überhaupt nicht vor. Trotzdem ist er für die Logik unentbehrlich.

Quantoren

In der natürlichen Sprache gibt es Wendungen, die syntaktisch genau wie Individuenausdrücke behandelt werden und auch in der Grammatik zur Kategorie der Nominalphrasen gerechnet werden. Doch ist nicht zu sehen, welches Individuum sie bezeichnen. Wir betrachten einige Beispiele:

19.28 Der Kommissar raucht
19.29 Kein Anwesender raucht
19.30 Karl beging den Einbruch
19.31 Ein Linkshänder beging den Einbruch
19.32 Fifi beißt
19.33 Jeder Hund beißt
19.34 Die Venus hat eine Atmosphäre
19.35 Manche Planeten haben eine Atmosphäre

Dabei sind "der Kommissar", "Karl", "Fifi", "die Venus" Ausdrücke, die bestimmte Individuen bezeichnen, und es ist unproblematisch, die Sätze 19.29, 30, 32, 34 durch prädikative Formeln mit Individuentermen zu formalisieren:

19.28 a $\mathsf{KOM} \in \mathsf{RAUCHEN}$
19.30 a $\mathsf{KARL} \in \mathsf{EINBR}$
19.32 a $\mathsf{FIFI} \in \mathsf{BEISSEN}$
19.34 a $♀ \in \mathsf{ATM}$

Die Ausdrücke: "kein Anwesender", "ein Linkshänder", "jeder Hund", "manche Planeten" sind aber keine Individuenausdrücke, denn offenbar werden keine Individuen dadurch bezeichnet. Deswegen macht in diesen Fällen die Formalisierung mit Hilfe von Individuenausdrücken Schwierigkeiten.

Die prädikatenlogische Lösung besteht darin, die grammatisch gleichartigen Terme eben nicht logisch gleichartig zu analysieren, sondern Quantoren und gebundene Variablen zu verwenden. Wir haben dann als Formalisierungen:

19.29 a $\neg \exists v_0(v_0 \in \mathsf{ANWESEND} \wedge v_0 \in \mathsf{RAUCHEN})$
19.31 a $\forall v_0(v_0 \in \mathsf{EINBR} \Longrightarrow v_0 \in \mathsf{LINKSH})$ oder

19.31 b $\exists v_0(v_0 \in \mathrm{EINBR} \wedge v_0 \in \mathrm{LINKSH})$
19.33 a $\forall v_0(v_0 \in \mathrm{HUND} \Longrightarrow v_0 \in \mathrm{BEISSEN})$
19.35 a $\exists v_0(v_0 \in \mathrm{PLANET} \wedge v_0 \in \mathrm{ATM})$

In der Umgangssprache treten "alle", "einige" usw. immer zusammen mit einem Nomen auf, "alle Hunde", "einige Planeten" usw. Das können wir in der formalen Sprache durch die relativierten Quantoren nachmachen.

Dann können wir auch schreiben:

19.29 b $\neg \exists v_0 \in \mathrm{ANWESEND}\ (v_0 \in \mathrm{RAUCHEN})$
19.31 c $\forall v_0 \in \mathrm{EINBR}\,(v_0 \in \mathrm{LINKSH})$ oder
19.31 d $\exists v_0 \in \mathrm{EINBR}\,(v_0 \in \mathrm{LINKSH})$
19.35 b $\exists v_0 \in \mathrm{PLANET}\ (v_0 \in \mathrm{ATM})$

Man könnte sagen, daß in der natürlichen Sprache nur relativierte Quantoren auftreten. Allerdings sind es keine prädikatenlogischen Quantoren, da die natürliche Sprache keine Variablen benutzt. Vielmehr bildet "alle", "ein" usw. mit dem Relativierungsnomen eine Nominalphrase, die direkt in das erste Vorkommen der zu quantifizierenden Variablen einzusetzen ist.

19.36	Formal	Verbal
	$\forall v_0 \in A(\ldots\ v_0\ \ldots)$	(... alle A ...)
	$\exists v_0 \in A(\ldots\ v_0\ \ldots)$	(... ein A ...)

Wenn die zu quantifizierende Variable mehrmals vorkommt, so wird in der Verbalisierung an den weiteren Stellen ein Pronomen verwendet, das sich auf diese Nominalphrase bezieht.

19.37	Formal	Verbal
	$\forall v_0 \in A(\ldots\ v_0\ \ldots\ v_0\ \ldots)$	(... alle A ... diese ...)
	$\exists v_0 \in A(\ldots\ v_0\ \ldots\ v_0\ \ldots)$	(... ein A ... diese ...)

Beispiel:
Formal: $\exists v_0 \in \mathrm{BMW}\,(\mathrm{KARL}$ besitzt $v_0 \wedge v_0$ hat Beulen)
Verbal: Karl besitzt einen BMW, und dieser hat Beulen

Danach läßt sich übrigens auch die Kopula "ist ein", die wir oben durch $\in$ dargestellt haben (siehe 19.11, 19), so formalisieren, daß dabei "ist" wirklich durch die Gleichheit (im Sinne des Gleichheitszeichens) und "ein" durch den Existenzquantor dargestellt wird. Allerdings kommt dann eine quantifizierte Formel heraus. Neben 19.19 haben wir auch das folgende Paar von Verbalisierung und Formalisierung:

19.38 Die Venus ist ein Planet $\exists v_0 \in \mathrm{PLANET}\ (♀ = v_0)$

Dabei hängen Verbalisierung und Formalisierung genau in der Weise zusammen, wie es in 19.36 beschrieben ist. Neben 18.19 gibt es also auch die logisch gleichwertige Formalisierung in 19.38. Diese ist komplizierter, aber linguistisch treffender.

Den in 19.36, 37 angedeuteten Zusammenhang von Quantifizierungen in formalen und natürlichen Sprachen hat Richard Montague entdeckt. Er gab um 1970 für Fragmente des Englischen eine strenge Theorie der Formalisierung und Verbalisierung an, wobei er eine Logik höherer Stufe verwendete und Terme wie "alle A", "einige A", "kein A" und Individuenausdrücke in gleichartiger Weise interpretierte.

Der logische Existenzquantor wird im Sinne von "Es gibt wenigstens ein" und nicht im Sinne von "Es gibt genau ein" verstanden. Wir werden den Es-gibt-genau-ein-Quantor später betrachten. Für diesen gelten aber nicht so einfache logische Gesetze wie für den Es-gibt-wenigstens-ein-Quantor. In der natürlichen Sprache meint man in vielen Fällen eher den Es-gibt-genau-ein-Quantor. Doch oft ist die Formalisierung mit dem Es-gibt-wenigstens-ein-Quantor auch korrekt. Das ist ähnlich wie bei dem ausschließenden und einschließenden Oder.

Man beachte ferner, daß "ein" auch manchmal durch den Allquantor zu formalisieren ist. Man meint z. B. den Allquantor in dem Satz:

19.39 Ein Chinese ist ein Asiat

Darin ist "ein" im Sinne von "ein beliebiger" gemeint: Wenn jemand (Beliebiger) ein Chinese ist, so ist er ein Asiat. Man könnte das durch eine freie Variable darstellen:

19.39 a $v_0 \in \mathrm{CHINESE} \Longrightarrow v_0 \in \mathrm{ASIAT}$

Man meint dann, daß das für jeden Wert der Variablen gilt, also:

19.39 b $\forall v_0 \in \mathrm{CHINESE}\ v_0 \in \mathrm{ASIAT}$

Dagegen würde man den folgenden Satz mit dem Existenzquantor formalisieren:

19.40 Ein Chinese hat das Pulver erfunden

Die Formalisierung

19.40 a $\exists v_0 \in \mathrm{CHINESE}\ v_0 \in \mathrm{PULVERERFINDER}$

ist aber nicht befriedigend, wenn man "ein" im Sinne von "ein bestimmter" meint. Die Verwendungsweise des unbestimmten Artikels, durch die ein neues Objekt in die Betrachtung eingeführt und der Kontext erweitert wird, läßt sich in der Prädikatenlogik nicht darstellen.

Wir wollen hiermit die Betrachtungen über Formalisierungen und Verbalisierungen abschließen. Es ist zuzugeben, daß das Thema keineswegs befriedigend und abschließend behandelt wurde. Insbesondere haben wir über zusammengesetzte Individuenausdrücke (mit Funktionsnamen und Kennzeichnungen) gar nichts gesagt. Doch ist wohl deutlich geworden, daß Logiksprachen bei der Analyse der Bedeutung natürlichsprachlicher Ausdrücke von Nutzen sein können.

§20. Logische Begriffe für die Prädikatenlogik

Wir wollen jetzt die logischen Begriffe, die wir in §3 und §4 allgemein angesprochen und in §10 für die Aussagenlogik definiert haben, auch für die Prädikatenlogik gewinnen. Da wir den Bewertungsbegriff aufgespalten haben, indem wir Strukturen und Belegungen einführten, ergeben sich zusätzliche Gültigkeits- und Erfüllbarkeitsbegriffe. Ferner wollen wir diese und auch den Folgerungsbegriff für beliebige Formelmengen definieren.

Es wird eine prädikatenlogische Sprache $L = LP(S, C, \sigma)$ vorausgesetzt. Alle Formeln sollen aus dieser Sprache sein und alle Strukturen sollen L-Strukturen sein.

20.1 **Erfüllen, Modellbeziehung**

Für $[\![\varphi]\!]_{\mathcal{J}} = [\![\varphi]\!]_{\mathcal{A},\mathcal{B}} = W$ benutzt man eine der folgenden Schreibweisen:

$$\mathcal{J} \models \varphi, \qquad \mathcal{A},\mathcal{B} \models \varphi$$

Es sind mehrere Sprechweisen dafür üblich: $\mathcal{J}$ erfüllt φ, $\mathcal{A},\mathcal{B}$ erfüllt φ, $\mathcal{B}$ erfüllt (realisiert) φ in $\mathcal{A}$, $\mathcal{J}$ ist Modell von φ, $\mathcal{A},\mathcal{B}$ ist Modell von φ, u. ä.

Dabei reicht es natürlich, daß $\mathcal{B}$ eine partielle Belegung ist, die die freien Variablen von φ belegt. Insbesondere in der Modelltheorie ist es üblich, die partielle Belegung, die gewissen Variablen $w_0, w_1, \ldots, w_n$ die Werte $x_0, x_1, \ldots, x_n$ zuordnet, einfach durch diese Werte anzugeben. Man sagt dann: φ ist in $\mathcal{A}$ an der Stelle (für) $[x_0, \ldots, x_n]$ erfüllt, die Stelle $[x_0, \ldots, x_n]$ erfüllt (realisiert) φ in $\mathcal{A}$ und schreibt:

15.1 a $\mathcal{A} \models \varphi[x_0, \ldots, x_n]$

Dabei müssen natürlich die freien Variablen von φ unter den $w_1, \ldots, w_n$ vorkommen. Ferner muß ersichtlich sein, welches diese Variablen sind, die durch $x_1, \ldots, x_n$ belegt werden. Bei einer einsortigen Sprache setzt man gewöhnlich voraus, daß es sich gerade um die ersten Individuenvariablen $v_0, \ldots, v_n$ handelt.

Die Negation gibt man durch das durchgestrichene Zeichen $\not\models$ an. Wenn der Wahrheitswert F ist, so benutzt man eine der folgenden Schreibweisen:

$$\mathcal{J} \not\models \varphi, \qquad \mathcal{A},\mathcal{B} \not\models \varphi, \qquad \mathcal{A} \not\models \varphi[x_0, \ldots, x_n]$$

Wenn nur eine Struktur gegeben ist und (in der MNetasprache) über die Belegung quantifiziert wird, so erhalten wir die Begriffe der Gültigkeit und Erfüllbarkeit in einer Struktur. Wir benutzen $\models$ auch als Gültigkeitszeichen und einfach die Buchstaben erf als Erfüllbarkeitszeichen.

20.2 **Gültigkeit und Erfüllbarkeit in einer Struktur**

$$\mathcal{A} \models \varphi \iff_{\text{def}} \text{Für jede Belegung } \mathcal{B} \text{ zu } \mathcal{A} \text{ gilt } \mathcal{A},\mathcal{B} \models \varphi$$

Wir sagen dann, daß φ in $\mathcal{A}$ gültig ist.

$$\mathcal{A} \text{ erf } \varphi \iff_{\text{def}} \text{Es gibt eine Belegung } \mathcal{B} \text{ zu } \mathcal{A} \text{ mit } \mathcal{A},\mathcal{B} \models \varphi$$

Wir sagen dann, daß φ in $\mathcal{A}$ erfüllbar ist.

Wenn wir (in der Metasprache) auch über die Struktur quantifizieren, so erhalten wir die Begriffe der Allgemeingültigkeit und Erfüllbarkeit:

20.3 **Allgemeingültigkeit und Erfüllbarkeit**

$\models \varphi \iff_{\text{def}}$ Für alle Strukturen $\mathcal{A}$ gilt $\mathcal{A} \models \varphi$

Wir sagen dann, daß φ allgemeingültig ist.

erf $\varphi \iff_{\text{def}}$ Es gibt eine Struktur $\mathcal{A}$ mit $\mathcal{A}$ erf φ

Wir sagen dann, daß φ erfüllbar ist.

Der Wahrheitswert von Aussagen hängt nicht von der Belegung ab. Deshalb reicht eine Struktur zur Festlegung des Wahrheitswertes aus.

20.4 **Wahrheit und Falschheit**

φ sei eine Aussage. Dann sind $\mathcal{A} \models \varphi$ und $\mathcal{A}$ erf φ gleichbedeutend.

Wir sagen dann, daß φ in $\mathcal{A}$ wahr ist, andernfalls ist φ falsch in $\mathcal{A}$.

Zur Erläuterung der Begriffe betrachten wir die Beispielsprache L_{AR}. Die Formel

$$v_0 < v_1 \Longrightarrow \exists v_2 (v_0 < v_2 < v_1)$$

ist z. B. in $\mathcal{A}_{\mathbb{N}}$ an der Stelle [2, 5] (d. h. bei Belegung von v_0 mit 2 und von v_1 mit 5) erfüllt. Somit ist diese Formel in $\mathcal{A}_{\mathbb{N}}$ erfüllbar, aber sie ist nicht in $\mathcal{A}_{\mathbb{N}}$ gültig, denn die Stelle [2, 3] realisiert die Formel nicht. In $\mathcal{A}_{\mathbb{R}}$ ist sie gültig (und natürlich auch erfüllbar).

Die Formel

$$v_0 < v_1 < v_2 \Longrightarrow v_0 < v_2$$

ist gültig in zahlreichen Strukturen, wie z. B. $\mathcal{A}_{\mathbb{N}}$, $\mathcal{A}_{\mathbb{R}}$, aber auch in einer Struktur $\mathcal{A}_{\text{Städte}}$, die als Bereich alle Städte hat und in der die Interpretation

$< \mathrel{\hat{=}} \ldots$ ist nördlicher als ...

vorgenommen wird. Aber diese Formel ist nicht allgemeingültig. Ein Gegenbeispiel kennen wir schon aus § 3. Man nehme für eine Struktur $\mathcal{A}'_{\text{Städte}}$ wieder den Bereich der Städte, interpretiere

$< \mathrel{\hat{=}} \ldots$ ist durch den Atlantik getrennt von ...

und betrachte die Belegung $\mathcal{h}$ mit $\mathcal{h}(v_0) = \text{Sofia}$, $\mathcal{h}(v_1) = \text{Boston}$, $\mathcal{h}(v_2) = \text{Rom}$.

Unter Benutzung der eingeführten Symbole kann man schreiben:

$$\mathcal{A}_{\mathbb{N}} \text{ erf } (v_0 < v_1 \Longrightarrow \exists v_2 (v_0 < v_2 < v_1))$$
$$\mathcal{A}_{\mathbb{N}} \not\models (v_0 < v_1 \Longrightarrow \exists v_2 (v_0 < v_2 < v_1))$$
$$\mathcal{A}_{\mathbb{R}} \models (v_0 < v_1 \Longrightarrow \exists v_2 (v_0 < v_2 < v_1))$$
$$\mathcal{A} \models (v_0 < v_1 < v_2 \Longrightarrow v_0 < v_2)$$

für $\mathcal{A} = \mathcal{A}_{\mathbb{N}}, \mathcal{A}_{\mathbb{R}}, \mathcal{A}_{\text{Städte}}$ und viele weitere Strukturen, aber:

$$\mathcal{A}'_{\text{Städte}} \not\models (v_0 < v_1 < v_2 \Longrightarrow v_0 < v_2)$$

Wir betrachten die Sprache L_{VW} mit der Standardinterpretation.

Erfüllbar in $\mathcal{A}_{ST}$ ist:

$$\exists x_0 x_1 (x_0 \in ♂ \wedge x_1 \in ♂ \wedge x_0 \neq x_1 \wedge x_0 \, \mathsf{KINDVON} \, x_2 \wedge x_1 \, \mathsf{KINDVON} \, x_2 \wedge x_2 \in ♀)$$

(Als erfüllender Wert von x_2 kann jede Mutter mindestens zweier Söhne genommen werden).

Gültig in $\mathcal{A}_{ST}$ sind:

$$\exists x_1 (x_0 \, \mathsf{KINDVON} \, x_1 \wedge x_1 \in ♀)$$
$$\forall x_1 x_2 (x_0 \, \mathsf{KINDVON} \, x_1 \wedge x_1 \in ♀ \wedge x_0 \, \mathsf{KINDVON} \, x_2 \wedge x_2 \in ♀ \Longrightarrow x_1 = x_2)$$

Wir dehnen jetzt die eingeführten Begriffe auf Formelmengen aus.

20.5 Erfüllung, Gültigkeit, Erfüllbarkeit für Formelmengen

$\mathcal{J} \models \Gamma \iff_{\text{def}}$ für alle $\varphi \in \Gamma$ gilt $\mathcal{J} \models \varphi$
$\mathcal{A}, \mathcal{h} \models \Gamma \iff_{\text{def}}$ für alle $\varphi \in \Gamma$ gilt $\mathcal{A}, \mathcal{h} \models \varphi$
$\mathcal{A} \models \Gamma \iff_{\text{def}}$ für alle $\mathcal{h}$ gilt $\mathcal{A}, \mathcal{h} \models \Gamma$
$\models \Gamma \iff_{\text{def}}$ für alle $\mathcal{A}$ gilt $\mathcal{A} \models \Gamma$
$\mathcal{A}$ erf $\Gamma \iff_{\text{def}}$ es gibt ein $\mathcal{h}$ mit $\mathcal{A}, \mathcal{h} \models \Gamma$
erf $\Gamma \iff_{\text{def}}$ es gibt ein $\mathcal{A}$ mit $\mathcal{A}$ erf Γ

Erfüllbarkeit einer Formelmenge bedeutet mehr als Erfüllbarkeit jeder einzelnen Formel daraus. Vielmehr müssen alle Formeln simultan durch dieselbe Struktur $\mathcal{A}$ und dieselbe Belegung $\mathcal{h}$ erfüllt werden können. So sind z. B. in der Sprache L_{AR} die Formeln $\mathsf{GERADE}(v_0)$, $\mathsf{UNGERADE}(v_0)$ beide in der Standardstruktur $\mathcal{A}_{\mathbb{N}}$ erfüllbar, die Formelmenge $\{\mathsf{GERADE}(v_0), \mathsf{UNGERADE}(v_0)\}$ ist darin aber unerfüllbar. In der Sprache L_{VW} und der Standardstruktur $\mathcal{A}_{ST}$ sind die Formeln $x_0 \in ♀$ und $x_0 \in ♂$ einzeln erfüllbar, aber die Formelmenge $\{x_0 \in ♀, x_0 \in ♂\}$ ist unerfüllbar.

Wir kommen nun zur Definition des Folgerungsbegriffs. Wir haben, wie vorher in der Aussagenlogik, eine Konklusion φ (auch Behauptung genannt), lassen aber jetzt eine beliebige Menge Γ von Prämissen (auch Annahmen genannt) zu.

20.6 Logische Folgerungen

$\Gamma \Vdash \varphi \iff_{\text{def}}$ Für alle Bewertungen $\mathcal{J}$ gilt: $\mathcal{J} \models \Gamma \Longrightarrow \mathcal{J} \models \varphi$

Lesart: Aus Γ folgt (prädikatenlogisch) φ.

Wir verabreden einige vereinfachte Schreibweisen für die Menge der Annahmen.

Wenn die Annahmenmenge Γ eine endliche Formelmenge $\{\psi_1, \ldots, \psi_n\}$ ist, so lassen wir die Mengenklammern weg. Wir lassen ferner das Vereinigungszeichen $\cup$ und die Angabe der leeren Menge $\emptyset$ weg. Wir schreiben kurz:

$\psi_1, \ldots, \psi_n \Vdash \varphi$	für	$\{\psi_1, \ldots, \psi_n\} \Vdash \varphi$
$\Gamma, \psi_1, \ldots, \psi_n \Vdash \varphi$	für	$\Gamma \cup \{\psi_1, \ldots, \psi_n\} \Vdash \varphi$
$\Sigma, \Pi \Vdash \varphi$	für	$\Sigma \cup \Pi \Vdash \varphi$
$\Vdash \varphi$	für	$\emptyset \Vdash \varphi$

Daß eine Folgerung nicht besteht, bedeutet, daß ein **Gegenbeispiel** existiert, d.h. eine Bewertung, die alle Prämissen wahr und die Konklusion falsch macht.

20.7 **Nichtbestehen einer Folgerung**

$\Gamma \Vdash\!\!\!\!/\; \varphi \iff_{\text{def}}$ Es gibt eine Bewertung $\mathcal{J}$ mit $\mathcal{J} \models \Gamma$ und $\mathcal{J} \not\models \varphi$

Lesart: Aus Γ folgt φ nicht.

Wir besprechen einige Beispiele. Zunächst nehmen wir die Beispielsprache L_5 von § 17, die einsortige Sprache mit den Konstanten c, A, B. Hier haben wir unser klassisches Beispiel:

$$\forall v_0(v_0 \in A \Longrightarrow v_0 \in B),\ c \in A \Vdash c \in B$$

Um die Folgerung einzusehen, kann man etwa so argumentieren:

Sei $\mathcal{J}$ ein Modell der Prämissen. Dann ist jedes Element von $[\![A]\!]_{\mathcal{J}}$ auch eines von $[\![B]\!]_{\mathcal{J}}$, d.h. $[\![A]\!]_{\mathcal{J}}$ ist Teilmenge von $[\![B]\!]_{\mathcal{J}}$. Ferner ist $[\![c]\!]_{\mathcal{J}}$ Element von $[\![A]\!]_{\mathcal{J}}$ und damit auch Element von $[\![B]\!]_{\mathcal{J}}$. Genau das besagt die Konklusion.

Zur Unterstützung der Argumentation kann man ein Mengenbild oder **Venn-Diagramm** angeben. Das ist eine Veranschaulichung der Verhältnisse, wie die beteiligten Mengen und Elemente zueinander liegen, in der Zeichenebene:

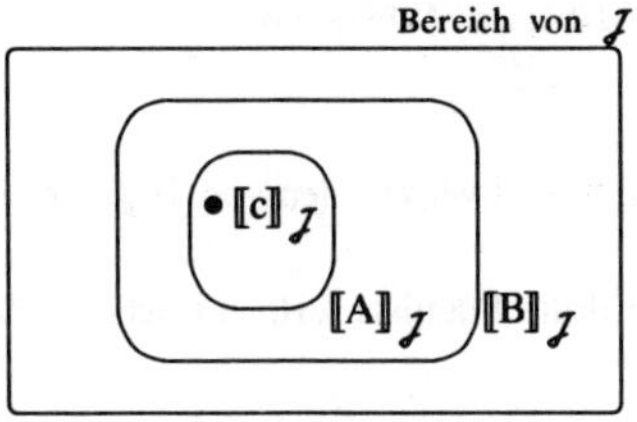

Ersetzen wir in dem Beispiel "Alle A sind B" durch "Einige A sind B", so liegt keine Folgerung mehr vor, vielmehr gilt:

$$\exists v_0(v_0 \in A \land v_0 \in B),\ c \in A \Vdash\!\!\!\!/\; c \in B$$

Eine Gegenbeispielinterpretation sieht z.B. so aus:

Individuenbereich: Menge aller Lebewesen,

A ≙ ...ist Hund, B ≙ ...ist bissig, c ≙ Fifi (der friedfertig sei).

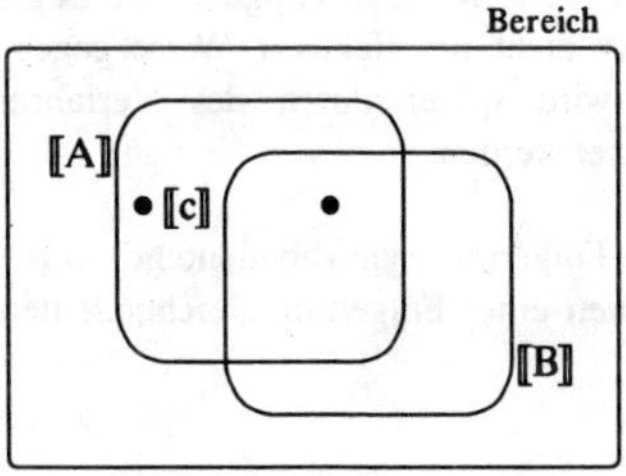

Zur Verkürzung der Schreibweise haben wir die Angabe der Bewertung fortgelassen. Die erste Prämisse besagt, daß der Durchschnitt von [[A]] und [[B]] nichtleer ist. Das soll das im Durchschnitt hervorgehobene Individuum verdeutlichen. Die zweite Prämisse besagt, daß ⟦c⟧ ein Element von ⟦A⟧ ist. Weil ⟦c⟧ aber kein Element von ⟦B⟧ ist, ist die Konklusion nicht erfüllt.

In der Sprache L_8 können wir z. B. diese Folgerung ziehen:

$$\mathsf{K}\in\mathsf{MAU},\ \mathsf{REG}\Longrightarrow\mathsf{K}\notin\mathsf{ARB},\ \exists v_0\in\mathsf{MAU}\,(\mathsf{REG}\wedge v_0\in\mathsf{ARB})\ \Vdash\exists v_0\in\mathsf{MAU}\ v_0\neq\mathsf{K}$$

Um das einzusehen, machen wir wieder ein Diagramm. $\mathcal{I}$ sei Modell der Prämissen. Aus der dritten Prämisse ergibt sich insbesondere ⟦REG⟧ = W. Aus der zweiten Prämisse erhält man dann ⟦K ∉ ARB⟧ = W. Somit sind die Verhältnisse folgendermaßen:

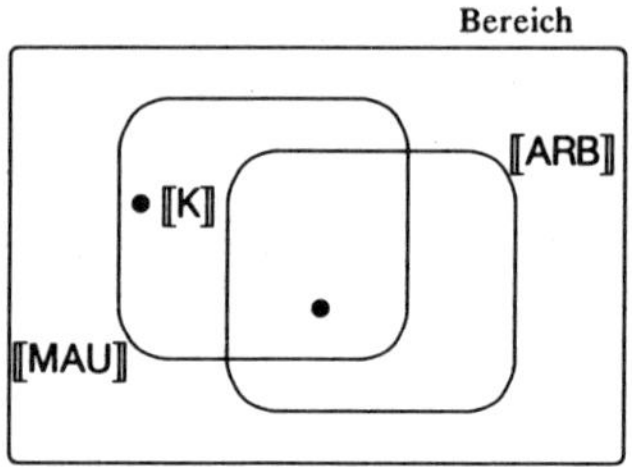

dabei sei ⟦REG⟧ = W

Das hervorgehobene Individuum ist aus ⟦MAU⟧ und verschieden von ⟦K⟧, also ist die Konklusion erfüllt.

Lassen wir in diesem Beispiel die zweite oder dritte Prämisse fort, so bricht der Schluß zusammen, und es gibt Gegenbeispiele.

Um das Nichtbestehen einer Folgerung festzustellen, genügt die Angabe **eines** Gegenbeispiels. Dagegen scheint es schwieriger zu sein, das Bestehen von Folgerungen zu beweisen. Denn man muß ja, weil in der Definition auf **alle** Strukturen und Belegungen Bezug genommen wird, etwas über alle Strukturen und alle Belegungen nachweisen (nämlich daß kein Gegenbeispiel darunter ist, d. h. daß alle Modelle der Prämissen auch Modelle der Konklusion sind).

In den einfachen Fällen, die wir hier haben, kann man das leicht einsehen (s. o.). Allgemein ist es aber schwierig. Deshalb ist es eine wichtige Aufgabe der Logik, den Folgerungsbegriff, der von der Definition her nicht in effektiver Weise gegeben ist, besser in den Griff zu bekommen. Das wird später durch das Verfahren der Ableitungen mit Hilfe logischer Regeln geleistet werden.

Nach 20.7 ist das Nichtbestehen einer Folgerung gleichbedeutend mit einer Erfüllbarkeit. Dementsprechend ist das Bestehen einer Folgerung gleichbedeutend mit einer Unerfüllbarkeit.

20.8 **Folgerung und Erfüllbarkeit**

(a) $\Gamma \nVdash \varphi \iff \text{erf } \Gamma\cup\{\neg\varphi\}$

(b) $\Gamma \Vdash \varphi \iff \text{nicht erf } \Gamma\cup\{\neg\varphi\}$

Die Folgerungen aus der leeren Annahmenmenge sind genau die allgemeingültigen Formeln:

20.9 **Satz**

$$\Vdash \varphi \iff \models \varphi$$

Beweis:

$\Longrightarrow$: Wir setzen die linke Seite voraus, es sei also $\emptyset \Vdash \varphi$.

$\mathcal{J}$ sei eine Bewertung.

Die leere Formelmenge $\emptyset$ enthält keine Formeln, d. h.

$$\psi \in \emptyset$$

ist falsch, welche Formel ψ auch ist. Dann ist nach der Festlegung des "wenn . . . , so . . ." aber die Behauptung:

$$\psi \in \emptyset \implies \mathcal{J} \models \psi$$

für jeder Formel ψ wahr. Also gilt:

Für alle Formeln ψ gilt $\psi \in \emptyset \implies \mathcal{J} \models \psi$

Das besagt genau:

$$\mathcal{J} \models \emptyset$$

Da wir über $\mathcal{J}$ nicht Einschränkendes vorausgesetzt haben, gilt das für jedes $\mathcal{J}$, d. h.:

Jede Bewertung erfüllt die leere Menge von Formeln.

Wenn also $\emptyset \Vdash \varphi$ wahr ist, d.h. wenn jede Bewertung, die Modell der leeren Formelmenge ist, auch φ erfüllt, so erfüllt überhaupt jede Bewertung φ, d. h. es ist $\models \varphi$ wahr.

$\Longleftarrow$: Wir setzen die rechte Seite voraus, es sei also $\models \varphi$.

Wenn aber $\models \varphi$ wahr ist, d.h. wenn jede Bewertung überhaupt φ erfüllt, so erfüllt erst recht jede Bewertung, die einer zusätzlichen Bedingung genügt (die in diesem Fall gar keine wirkliche Einschränkung bedeutet) die Formel φ, d.h. $\emptyset \Vdash \varphi$ ist wahr. ■

Übrigens hat sich wieder gezeigt, daß die Festlegung des "wenn . . . , so . . . " in der Metasprache im Sinne der Wahrheitstafel des Junktors sehr zweckmäßig ist.

Der Satz 20.9 ist gewöhnlich Veranlassung dafür, als Folgerungszeichen auch das Allgemeingültigkeitszeichen zu verwenden. Man findet deshalb in vielen Büchern $\models$ als Folgerungszeichen. Doch wollen wir bei unserem Folgerungszeichen $\Vdash$ bleiben.

Annahmen kann man sich als konjunktiv verbunden denken:

20.10 **Satz**

$$\Gamma, \psi_1, \ldots, \psi_n \Vdash \varphi \iff \Gamma, \psi_1 \wedge \ldots \wedge \psi_n \Vdash \varphi$$

Beweis:

$$\mathcal{J} \models \{\psi_1, \ldots, \psi_n\}$$

ist, wie man leicht aus der Wahrheitstafel für $\wedge$ ersieht, gleichbedeutend mit:

$$\mathcal{J} \models \psi_1 \wedge \ldots \wedge \psi_n$$

Damit ist auch

Für alle $\mathcal{J}$ gilt: wenn $\mathcal{J} \models \Gamma \cup \{\psi_1, \ldots, \psi_n\}$, so $\mathcal{J} \models \varphi$

mit

Für alle $\mathcal{J}$ gilt: wenn $\mathcal{J} \models \Gamma \cup \{\psi_1 \wedge \ldots \wedge \psi_n\}$, so $\mathcal{J} \models \varphi$

gleichbedeutend, und das ist die Behauptung. ∎

In 20.10 war ebenfalls eine Äquijunktion zu zeigen. Das haben wir dieses mal so gemacht, daß wir einen Bestandteil der linken Seite (nämlich $\mathcal{J} \models \{\psi_1, \ldots, \psi_n\}$) durch einen gleichwertigen Bestandteil (nämlich $\mathcal{J} \models \psi_1 \wedge \ldots \wedge \psi_n$) ersetzt haben und so die rechte Seite entstanden ist. Man redet dann von einem Beweis durch **äquivalente Umformung**.

Die Behauptung von φ unter einer Annahme ψ ist gleichbedeutend mit der Behauptung der Subjunktion $(\psi \Longrightarrow \varphi)$ ohne diese Annahme:

20.11 **Satz**

$$\Gamma, \psi \Vdash \varphi \iff \Gamma \Vdash (\psi \Longrightarrow \varphi)$$

Beweis:

$\Longrightarrow$: Wir setzen $\Gamma, \psi \Vdash \varphi$ voraus.

Wir nehmen $\mathcal{J} \models \Gamma$ an.

1. Fall: $\mathcal{J} \models \psi$. Dann insgesamt $\mathcal{J} \models \Gamma \cup \{\psi\}$, und wegen der Voraussetzung hat man $\mathcal{J} \models \varphi$. Dann sind ψ und φ in $\mathcal{J}$ wahr, also $\mathcal{J} \models (\psi \Longrightarrow \varphi)$ nach der Wahrheitstafel für $\Longrightarrow$.

2. Fall: $\mathcal{J} \not\models \psi$. Nach der Wahrheitstafel für $\Longrightarrow$ ist dann auch $\mathcal{J} \models (\psi \Longrightarrow \varphi)$.

Also in jedem Falle: wenn $\mathcal{J} \models \Gamma$, so $\mathcal{J} \models (\psi \Longrightarrow \varphi)$.
Weil das für jedes $\mathcal{J}$ gilt, hat man $\Gamma \Vdash (\psi \Longrightarrow \varphi)$.

$\Longleftarrow$: Wir setzen umgekehrt $\Gamma \Vdash (\psi \Longrightarrow \varphi)$ voraus.

Wir nehmen $\mathcal{J} \models \Gamma \cup \{\psi\}$ an.

Dann insbesondere $\mathcal{J} \models \Gamma$, also wegen der Voraussetzung $\mathcal{J} \models (\psi \Longrightarrow \varphi)$. Ferner ist dann $\mathcal{J} \models \psi$. Nach der Wahrheitstafel für $\Longrightarrow$ muß dann $\mathcal{J} \models \varphi$ sein.
Also: Wenn $\mathcal{J} \models \Gamma \cup \{\psi\}$, so $\mathcal{J} \models \varphi$.
Weil das für jedes $\mathcal{J}$ gilt, hat man $\Gamma, \psi \Vdash \varphi$. ∎

Dieser Äquivalenzbeweis bestand wieder aus den beiden "Richtungen", von denen die eine mit einer Fallunterscheidung bewiesen wurde.

Wir zeigen nun, daß man mit den allgemeingültigen Subjunktionen bereits alle Folgerungen aus endlich vielen Annahmen in Händen hat. Für die Aussagenlogik haben wir das in 10.4 direkt bewiesen. Für die Prädikatenlogik haben wir den Weg dorthin in eine Reihe von Sätzen aufgeteilt, die auch für sich Interesse verdienen.

20.12 **Satz**

$$\psi_1, \ldots, \psi_n \Vdash \varphi \iff \models (\psi_1 \wedge \ldots \wedge \psi_n \Longrightarrow \varphi)$$

Beweis:

$$\psi_1, \ldots, \psi_n \Vdash \varphi$$
$$\Longleftrightarrow \quad \psi_1 \wedge \ldots \wedge \psi_n \Vdash \varphi \qquad \text{(Satz 20.12)}$$
$$\Longleftrightarrow \quad \Vdash (\psi_1 \wedge \ldots \wedge \psi_n \Longrightarrow \varphi) \qquad \text{(Satz 20.13)}$$
$$\Longleftrightarrow \quad \models (\psi_1 \wedge \ldots \wedge \psi_n \Longrightarrow \varphi) \qquad \text{(Satz 20.11)} \quad \blacksquare$$

Dieser Beweis erfolgte durch eine Kette von äquivalenten Umformungen, die wir fortlaufend mit $\Longleftrightarrow$ geschrieben haben. Gemeint ist, daß jeweils ein Glied dieser Kette von Behauptungen gleichbedeutend zur nächsten Behauptung ist.

Der Spezialfall für n = 1 ist:

20.13 Satz

$$\psi \Vdash \varphi \Longleftrightarrow \models (\psi \Longrightarrow \varphi)$$

Zwei Formeln, die wechselseitig auseinander logisch folgen, sind logisch äquivalent.

20.14 Logische Äquivalenz

$$\varphi \dashv\Vdash \psi \Longleftrightarrow_{\text{def}} \varphi \Vdash \psi \text{ und } \psi \Vdash \varphi$$

Das ist gleichbedeutend mit der Allgemeingültigkeit der Äquijunktion:

20.15 Satz

$$\varphi \dashv\Vdash \psi \Longleftrightarrow \models (\varphi \Longleftrightarrow \psi)$$

Die Bemerkungen in § 10 über Unterschiede und Verwechslungen zwischen $\Vdash$ und $\Longrightarrow$, sowie zwischen $\dashv\Vdash$ und $\Longleftrightarrow$, treffen auch für die Prädikatenlogik zu.

Wir haben bislang, ohne es immer wieder zu erwähnen, eine prädikatenlogische Sprache L = LP(S,C,σ) vorausgesetzt, der alle vorkommenden Ausdrücke entnommen sein sollen und zu der alle Strukturen und Belegungen gebildet sind. Das bedeutet, daß bei allen Definitionen auch ein Bezug auf die Sprache vorliegt, der strenggenommen zum Ausdruck kommen sollte. Man müßte eigentlich $\models_{\overline{L}}$, $\Vdash_{\overline{L}}$ schreiben. Doch ergibt sich aus dem Koinzidenzsatz, daß das nicht nötig ist. Vorbereitend führen wir zwei modelltheoretische Begriffe ein.

20.16 Redukt und Expansion

L sei Subsprache von L′, $\mathcal{A}$ sei L-Struktur und $\mathcal{A}'$ sei L′-Struktur. Für jede Sorte s von L sei $D^s_{\mathcal{A}} = D^s_{\mathcal{A}'}$, und für jede Konstante K von L sei $K_{\mathcal{A}} = K_{\mathcal{A}'}$. Dann ist $\mathcal{A}$ das Redukt von $\mathcal{A}'$ auf L und $\mathcal{A}'$ eine Expansion von $\mathcal{A}$ auf L′.

Das Redukt einer Struktur auf eine Subsprache entsteht also, indem man die Interpretation der in der Subsprache nicht vorhandenen Sorten und Konstanten "vergißt". Die Bereichsfunktion und die Konstanteninterpretation des Redukts sind Einschränkung von Bereichsfunktion und Konstanteninterpretation der Expansion. Eine Expansion entsteht, wenn man Interpretationen der neu hinzukommenden Sorten und Konstanten "erfindet". Bereichsfunktion und Konstanteninterpretation der Expansion sind Erweiterungen von Bereichsfunktion und Konstanteninterpretation des Redukts.

Da man Funktionen auf vielfältige Weise auf einen größeren Definitionsbereich erweitern kann, gibt es viele Expansionen einer Struktur auf eine Obersprache. Das Redukt auf eine Subsprache ist jedoch eindeutig bestimmt.

Der Koinzidenzsatz besagt auch, daß sich die Werte von Ausdrücken einer Sprache bei Erweiterung der Sprache und Übergang zu Expansionen nicht ändern. Und damit sind die logischen Begriffe sprachunabhängig. Wir halten das für den Folgerungsbegriff explizit fest.

20.17 Unabhängigkeit des Folgerungsbegriffs von der Sprache

Γ, φ seien Formelmenge bzw. Formel sowohl von L_1 wie von L_2. Dann gilt:

$$\Gamma \Vdash_{L_1} \varphi \iff \Gamma \Vdash_{L_2} \varphi$$

Beweis:

L sei die Sprache, mit den gemeinsamen Sorten und Konstanten von L_1 und L_2, die also Subsprache von L_1 und L_2 ist. Γ ist Formelmenge von L und φ Formel von L.

$\Longrightarrow$: Wir setzen die linke Seite voraus, d.h. daß die Folgerung in L_1 besteht.

Sei $\mathcal{J}_2=\mathcal{J}(\mathcal{A}_2,\mathcal{B}_2)$ Bewertung von L_2, die alle Formeln von Γ erfüllt. Wir bilden das Redukt $\mathcal{A}$ von $\mathcal{A}_2$ auf L und davon eine Expansion $\mathcal{A}_1$ auf L_1. Ferner sei $\mathcal{B}$ die Einschränkung von $\mathcal{B}_2$ auf die Variablen von L und $\mathcal{B}_1$ eine Erweiterung davon auf die Variablen von L_1. Schließlich sei $\mathcal{J}=\mathcal{J}(\mathcal{A},\mathcal{B})$ und $\mathcal{J}_1=\mathcal{J}(\mathcal{A}_1,\mathcal{B}_1)$. Nach dem Koinzidenzsatz bewertet $\mathcal{J}$ alle Formeln von Γ und φ genauso wie $\mathcal{J}_1$ und wie $\mathcal{J}_2$. Also bewerten $\mathcal{J}_1$ und $\mathcal{J}_2$ alle Formeln von Γ und φ gleich. Da $\mathcal{J}_2$ alle Formeln von Γ erfüllt, ist das auch bei $\mathcal{J}_1$ der Fall. Weil in L_1 die Folgerung besteht, ist $\mathcal{J}_1$ Modell von φ.

Somit ist auch $\mathcal{J}_2$ Modell von φ und die Folgerung besteht in L_2.

$\Longleftarrow$: Der Beweis ist völlig entsprechend. ■

Ein Sprachindex an den logischen Metazeichen ist also nicht erforderlich.

Falls man nebeneinander auch ganz andere Logiksysteme betrachtet, etwa Prädikatenlogik LP, Aussagenlogik LB, Klassenlogik LC oder sonst noch ein System L?, so muß man auch eigentlich einen Systemindex anbringen, etwa: $\Vdash_{LP}$, $\Vdash_{LB}$, $\Vdash_{LC}$, $\Vdash_{L?}$ usw. In manchen Fällen erweist sich das aber auch als unnötig. So ist eine aussagenlogische Sprache ja zugleich eine prädikatenlogische Sprache und die prädikatenlogischen semantischen Begriffe reduzieren sich auf die aussagenlogischen und stimmen also mit ihnen überein. Eine aussagenlogische Formel ist z.B. genau dann tautologisch, d. h. aussagenlogisch allgemeingültig, wenn sie im Sinne der Prädikatenlogik allgemeingültig ist. Man braucht also nicht zwischen $\models_{LP}$ und $\models_{LB}$ zu unterscheiden, wenn es sich um aussagenlogische Formeln handelt.

Jedoch führt man den Begriff der Tautologie auch für prädikatenlogische Formeln ein, ja sogar für Formeln beliebiger anderer logischer Systeme (z. B. Klassenlogik, Modallogik), die die Aussagenlogik erweitern. Man behandelt aussagenlogisch unzerlegbare

Formeln wie Boolesche Konstanten, die man unabhängig voneinander durch Wahrheitswerte bewertet. Alle diese Bewertungen durch Wahrheitswerte testet man mit Hilfe einer Wahrheitstafel durch.

20.18 **Allgemeine Tautologien**

Es sei φ eine Formel. Man bestimme die aussagenlogisch unzerlegbaren Formeln $\psi_1, \psi_2, \dots, \psi_n$, aus denen φ nur mit Hilfe von Junktoren aufgebaut ist und lege eine Wahrheitstafel für φ bzgl. $\psi_1, \psi_2, \dots, \psi_n$ an. Wenn unter dem Hauptjunktor in dieser Wahrheitstafel nur W vorkommt, so ist φ eine allgemeine Tautologie.

20.19 **Satz**

Jede allgemeine Tautologie der Prädikatenlogik ist prädikatenlogisch allgemeingültig.

Beweis:
Bei einer prädikatenlogischen Bewertung $\mathcal{J}(\mathcal{A}, \mathcal{A})$ erhalten die $\psi_1, \psi_2, \dots, \psi_n$ irgendwelche Wahrheitswerte, und φ erhält, wie es ja in der Wahrheitstafel vorgerechnet ist, bei dieser Bewertung den Wert W. Somit ist φ allgemeingültig. ■

Die allgemeinen Tautologien zählen also jedenfalls zu den allgemeingültigen Formeln. Beispiele findet man in § 12, wenn man dort die syntaktischen Variablen für Formeln auf beliebige Formeln bezieht. Hier kommen natürlich prädikatenlogische Formeln in Betracht.

Die Umkehrung dieses Satzes gilt nicht. So ist z.B. die Formel

$$(c \in A \wedge \forall v_0 \in A\ v_0 \in B) \Longrightarrow c \in B$$

keine allgemeine Tautologie. In der Wahrheitstafel kommt nämlich die folgende Zeile vor:

$c \in A$	$\forall v_0 \in A\ v_0 \in B$	$c \in B$	$(c \in A \wedge \forall v_0 \in A\ v_0 \in B) \Longrightarrow c \in B$
W	W	F	W W W F F

Doch gibt es keine prädikatenlogische Bewertung, die zu dieser Zeile führt, und deshalb ist die Formel trotzdem allgemeingültig. Mit den allgemeinen Tautologien hat man eine wichtige und umfangreiche Klasse allgemeingültiger Formeln der Prädikatenlogik gefunden. Aber die Prädikatenlogik führt erheblich darüber hinaus.

§21. Das ABC der Prädikatenlogik

Wir wollen die wichtigsten prädikatenlogischen Folgerungen und Äquivalenzen kennenlernen. Zunächst können wir natürlich alle Tautologien aus § 12 übernehmen. Es sollen nun weitere Folgerungen und Äquivalenzen betrachtet werden, die sich nicht durch Wahrheitstafeln beweisen lassen. Doch leuchtet bei den hier betrachteten Sätzen die Richtigkeit sofort ein. Später werden wir die Sätze mit Hilfe des Ableitungskalküls auch beweisen können. Wir bezeichnen sie als ABC der Prädikatenlogik, weil sie zur logischen Allgemeinbildung eines jeden gehören sollten, der sich einmal mit Prädikatenlogik befaßt hat.

Die ersten Sätze sagen aus, daß eine negierte Allformel zu einer Existenzformel und eine negierte Existenzformel zu einer Allformel logisch äquivalent ist. Es wird so ein Beitrag zur Verneinungstechnik gegeben: Ein Negationszeichen läßt sich durch einen Quantor durchschieben, wenn man $\forall$ in $\exists$ und $\exists$ in $\forall$ verwandelt.

21.1 a **Satz**

$$\neg \forall v \varphi \dashv\vdash \exists v \neg \varphi$$
$$\neg \exists v \varphi \dashv\vdash \forall v \neg \varphi$$

Dieses formalisiert logische Äquivalenzen wie z. B.:

Nicht alle Hunde beißen $\dashv\vdash$ Es gibt Hunde, die nicht beißen
Kein Anwesender raucht $\dashv\vdash$ Alle Anwesenden rauchen nicht

In diesen beiden Beispielen kommen allerdings relativierte Quantoren vor (wie immer in der natürlichen Sprache). Eine Formalisierung sieht also eigentlich so aus:

21.1 b **Satz**

$$\neg \forall v \in A\ \varphi \dashv\vdash \exists v \in A \neg \varphi$$
$$\neg \exists v \in A\ \varphi \dashv\vdash \forall v \in A \neg \varphi$$

Auch diese Äquivalenzen gelten. Wir geben künftig die Sätze in einer nicht relativierten Form (entsprechend 21.1 a) und einer relativierten Form (entsprechend 21.1 b) an.

Negierung auf beiden Seiten und Weglassen des doppelten Negationszeichens in 21.1 a ergibt eine Methode, den Allquantor (Existenzquantor) durch Negationen und Existenzquantor (Allquantor) auszudrücken:

21.2 a **Satz**

$$\forall v \varphi \dashv\vdash \neg \exists v \neg \varphi$$
$$\exists v \varphi \dashv\vdash \neg \forall v \neg \varphi$$

21.2 b **Satz**

$$\forall v \in A\ \varphi \dashv\vdash \neg \exists v \in A \neg \varphi$$
$$\exists v \in A\ \varphi \dashv\vdash \neg \forall v \in A \neg \varphi$$

Das formalisiert logische Äquivalenzen wie z. B.:

Alle Fische können schwimmen
$\dashv\vdash$ Es gibt keinen Fisch, der nicht schwimmen kann

Einige Fische können fliegen
$\dashv\vdash$ Nicht alle Fische können nicht fliegen

Gleichartige Quantoren darf man auf logisch äquivalente Weise vertauschen:

21.3 a **Satz**

$\forall v \forall w \varphi \dashv\vdash \forall w \forall v \varphi$

$\exists v \exists w \varphi \dashv\vdash \exists w \exists v \varphi$

21.3 b **Satz**

Es seien v,w verschiedene Variablen. Dann gilt:

$\forall v{\in}A\ \forall w{\in}B\ \varphi \dashv\vdash \forall w{\in}B\ \forall v{\in}A\ \varphi$

$\exists v{\in}A\ \exists w{\in}B\ \varphi \dashv\vdash \exists w{\in}B\ \exists v{\in}A\ \varphi$

Ungleichartige Quantoren sind nicht vertauschbar. Es gilt nur:

21.4 a **Satz**

$\exists v \forall w \varphi \Vdash \forall w \exists v \varphi$

21.4 b **Satz**

Es seien v,w verschiedene Variablen. Dann gilt:

$\exists v{\in}A\ \forall w{\in}B\ \varphi \Vdash \forall w{\in}B\ \exists v{\in}A\ \varphi$

Die Umkehrung gilt nicht generell. Denn man hat z. B.:

Auf jeden Topf paßt ein Deckel
$\not\Vdash$ Es gibt einen Deckel, der auf alle Töpfe paßt

Zu jedem Problem gibt es eine Lösung
$\not\Vdash$ Es gibt eine Lösung für alle Probleme

Entsprechend sind die beiden folgenden Sätze, in denen ein relativierter Allquantor mit einem relativierten Existenzquantor vertauscht ist, keineswegs logisch äquivalent:

$\forall v_0{\in}\mathsf{MANN}\ \exists v_1{\in}\mathsf{FRAU}\ v_0\mathsf{LIEBT}v_1$

$\exists v_1{\in}\mathsf{FRAU}\ \forall v_0{\in}\mathsf{MANN}\ v_0\mathsf{LIEBT}v_1$

Es handelt sich um die beiden Lesarten des Satzes:

Jeder Mann liebt eine Frau

Die unzulässige Umkehrung von 21.4, der Übergang

"von $\forall\exists$ nach $\exists\forall$"

wird als **Quantorenschwindel** bezeichnet. Das ist ein häufig vorkommender logischer Fehler.

Einen Allquantor kann man logisch äquivalent auf zwei Konjunktionsglieder verteilen, ebenso einen Existenzquantor auf zwei Disjunktionsglieder:

21.5 a **Satz**

$$\forall v(\varphi \wedge \psi) \dashv\vdash \forall v\varphi \wedge \forall v\psi$$
$$\exists v(\varphi \vee \psi) \dashv\vdash \exists v\varphi \vee \exists v\psi$$

21.5 b **Satz**

$$\forall v{\in}A\,(\varphi \wedge \psi) \dashv\vdash \forall v{\in}A\,\varphi \;\wedge\; \forall v{\in}A\,\psi$$
$$\exists v{\in}A\,(\varphi \vee \psi) \dashv\vdash \exists v{\in}A\,\varphi \;\vee\; \exists v{\in}A\,\psi$$

Das formalisiert logische Äquivalenzen wie:

Alle Elefanten sind groß und grau
$\dashv\vdash$ Alle Elefanten sind groß und alle Elefanten sind grau
Einige Lampen sind defekt oder ausgeschaltet
$\dashv\vdash$ Einige Lampen sind defekt oder einige Lampen sind ausgeschaltet

Für Allquantor und Disjunktion sowie für Existenzquantor und Konjunktion gilt nur:

21.6 a **Satz**

$$\forall v\varphi \vee \forall v\psi \Vdash \forall v\,(\varphi \vee \psi)$$
$$\exists v\,(\varphi \wedge \psi) \Vdash \exists v\varphi \wedge \exists v\psi$$

21.6 b **Satz**

$$\forall v{\in}A\,\varphi \vee \forall v{\in}A\,\psi \Vdash \forall v{\in}A\,(\varphi \vee \psi)$$
$$\exists v{\in}A\,(\varphi \wedge \psi) \Vdash \exists v{\in}A\,\varphi \wedge \exists v{\in}A\,\psi$$

Die Umkehrung gilt nicht. Das zeigen die Beispiele:

Alle Menschen sind männlich oder weiblich
$\not\Vdash$ Alle Menschen sind männlich oder alle Menschen sind weiblich
Es gibt männliche Menschen und es gibt weibliche Menschen
$\not\Vdash$ Es gibt Menschen, die männlich und weiblich sind

Wir haben auch zugelassen, daß man vor eine Formel einen Quantor schreiben darf, wenn die zu quantifizierende Variable in der Formel gar nicht frei vorkommt. Ein solcher "leerer Quantor" ist nicht sinnlos, sondern überflüssig. Das sagt der nächste Satz aus, der nur in unrelativierter Form gilt:

21.7 **Satz**

Die Variable v sei nicht frei in φ. Dann gilt:

$$\forall v\,\varphi \dashv\vdash \varphi$$
$$\exists v\,\varphi \dashv\vdash \varphi$$

Kombiniert man 21.5 a und 21.7, so ergeben sich Sätze, die wir später bei der Herstellung pränexer Normalformen (bei denen alle Quantoren nach vorne geholt sind) benötigen:

21.8 **Satz**

Die Variable v sei nicht frei in φ. Dann gelten:

$$\forall v(\varphi \wedge \psi) \dashv\vdash \varphi \wedge \forall v \psi \qquad \forall v(\psi \wedge \varphi) \dashv\vdash \forall v \psi \wedge \varphi$$
$$\exists v(\varphi \vee \psi) \dashv\vdash \varphi \vee \exists v \psi \qquad \exists v(\psi \vee \varphi) \dashv\vdash \exists v \psi \vee \varphi$$

Es ist bemerkenswert, daß dieses auch für Allquantor und Disjunktion, sowie für Existenzquantor und Konjunktion gilt:

21.9 **Satz**

Die Variable v sei nicht frei in φ. Dann gelten:

$$\forall v(\varphi \vee \psi) \dashv\vdash \varphi \vee \forall v \psi \qquad \forall v(\psi \vee \varphi) \dashv\vdash \forall v \psi \vee \varphi$$
$$\exists v(\varphi \wedge \psi) \dashv\vdash \varphi \wedge \exists v \psi \qquad \exists v(\psi \wedge \varphi) \dashv\vdash \exists v \psi \wedge \varphi$$

Ziemlich selbstverständlich ist der Schluß von Allen auf Einige:

21.10 **Satz**

$$\forall v \varphi \Vdash \exists v \varphi$$

Die Umkehrung hiervon gilt natürlich nicht.

Man beachte, daß die relativierte Form von 21.10 nicht allgemein gilt. Wenn A die leere Klasse bezeichnet, d.h. wenn $[\![A]\!]_{\mathcal{I}} = \emptyset$, so gilt $\mathcal{I} \models \forall v{\in}A\, \varphi$, aber $\mathcal{I} \not\models \exists v{\in}A\, \varphi$.

Mit der zusätzlichen Prämisse $\exists v\ v{\in}A$ gilt aber:

21.11 **Satz**

$$\exists v\ v{\in}A,\ \forall v{\in}A\, \varphi \Vdash \exists v{\in}A\, \varphi$$

§ 22. Syllogismen

Die folgende Theorie spielte in der Entwicklung der Logik eine große Rolle, sie geht unmittelbar auf Aristoteles zurück und war lange ein Kernstück der Logik. Zwar wurde das Wort "Syllogismus" auch allgemeiner verstanden (beliebiger logisch korrekter Schluß), doch verband man es vornehmlich mit den unten behandelten Schlüssen. Die prädikatenlogische Einkleidung der Theorie ist natürlich neueren Datums.

Die betrachteten Aussagen sind von der folgenden Form:

22.1 **Kategorische Aussagen**

Nr.	erste Form	zweite Form
(1)	Alle S sind P	P kommt allen S zu
(2)	Einige S sind P	P kommt einigen S zu
(3)	Alle S sind nicht P	P kommt allen S nicht zu
(4)	Einige S sind nicht P	P kommt einigen S nicht zu

Die erste und die zweite Form sind jeweils völlig gleichbedeutend. Bei Aristoteles kam eine Formulierung vor, die der zweiten Form entspricht. Die Ausdrücke P, S begrenzten dabei die Aussage, sie wurden deshalb als **Termini** bezeichnet. S wird als **Subjekt** und P als **Prädikat** bezeichnet. Doch ist das Subjekt im grammatischen Sinne "Alle S" bzw. "Einige S".

Man unterscheidet ferner nach Quantität und Qualität. Die Quantität ist bei (1), (3) dieselbe, und zwar sind es **generelle** Aussagen, ebenso bei (2), (4), die **partikulär** sind. Die Qualität ist bei (1), (2) dieselbe, und zwar sind das **affirmative** Aussagen, ebenso sind (3), (4) von derselben Qualität, es sind **negative** Aussagen.

Seit dem Mittelalter benutzt man vier Vokale zur Kennzeichnung der vier Fälle, nämlich **a**, **i** für die beiden affirmativen Fälle und **e**, **o** für die beiden negativen Fälle. Dieses sind die ersten beiden Vokale der Merkwörter:

affirmo , nego

Die ersten Vokale, nämlich a, e kennzeichnen die generellen Fälle, die zweiten Vokale i, o die partikulären Fälle.

Wir wollen die Kennvokale zwischen die beiden Termini schreiben und so eine Kurzbezeichnung für die Aussagen gewinnen:

SaP, SiP, SeP, SoP

SaP ist die generelle affirmative Aussage über S und P
SiP ist die partikuläre affirmative Aussage über S und P
SeP ist die generelle negative Aussage über S und P
SoP ist die partikuläre negative Aussage über S und P

Wir wollen jetzt die Aussagen in der Prädikatenlogik darstellen. Dazu fassen wir die Termini S, P als einstellige Relationskonstanten, also als Klassenkonstanten auf. Dann haben wir folgende Formalisierungen von (1),..., (4):

22.2 Abkürzungen und prädikatenlogische Formalisierungen

Nr.	Abkürzung	Formalisierung (mit relativiertem Quantor)	Langform der Formalisierung
(1)	S a P	$\forall v_0 \in S\ v_0 \in P$	$\forall v_0(v_0 \in S \Longrightarrow v_0 \in P)$
(2)	S i P	$\exists v_0 \in S\ v_0 \in P$	$\exists v_0(v_0 \in S \wedge v_0 \in P)$
(3)	S e P	$\forall v_0 \in S\ v_0 \notin P$	$\forall v_0(v_0 \in S \Longrightarrow v_0 \notin P)$
(4)	S o P	$\exists v_0 \in S\ v_0 \notin P$	$\exists v_0(v_0 \in S \wedge v_0 \notin P)$

Diese Aussagen drücken klassentheoretische Beziehungen zwischen S und P aus, die man durch Venn-Diagramme veranschaulichen kann.

22.3 Klassentheoretische Formulierung und Venn-Diagramme

(1) S a P S ist Teilklasse von P

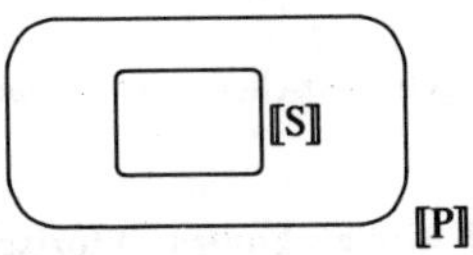

(2) S i P S und P haben ein Element gemeinsam

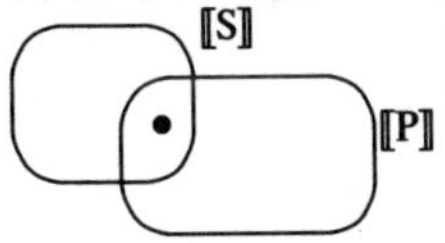

(3) S e P S und P haben kein Element gemeinsam, sie sind disjunkt

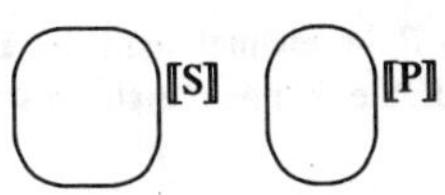

(4) S o P S enthält ein nicht zu P gehörendes Element

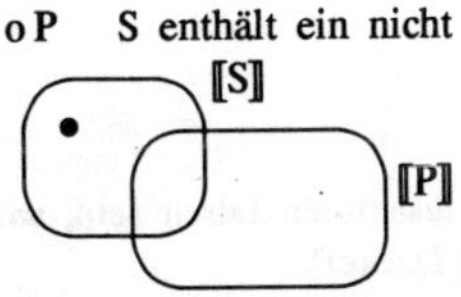

Die prädikatenlogische Formalisierung erfaßt nicht in jedem Falle das, was man früher durch diese Aussagen ausdrücken wollte. Man hat nämlich stets präsupponiert und bei allen Schlüssen benutzt, daß die Termini für **nichtleere** Begriffe stehen. Dagegen darf die Interpretation einer Klassenkonstanten in der Prädikatenlogik auch durchaus die leere Menge sein.

Man könnte natürlich die Formalisierung genauer fassen und jeweils konjunktiv $\exists v_0 v_0 \in S \wedge \exists v_0 v_0 \in P$ zu unseren Formalisierungen hinzufügen. Doch würde das nicht die Rolle von Präsuppositionen als **stillschweigende** Voraussetzungen wiedergeben.

Es erscheint deshalb besser, diese Voraussetzungen beim Folgern zu berücksichtigen und einen modifizierten Folgerungsbegriff einzuführen. Wir wollen von einer **syllogistischen Folgerung** reden, wenn eine logische Folgerung (in unserem Sinne) vorliegt, bei der zusätzlich vorausgesetzt wird, daß die auftretenden Klassenkonstanten nichtleere Klassen bezeichnen. Diese Voraussetzungen, die also beim syllogistischen Folgern nicht genannt zu werden brauchen, bezeichnen wir als syllogistische Axiome.

22.4 **Syllogistische Folgerungen**

$$\Gamma \Vdash_{SY} \varphi \iff_{def} \Gamma, SY \Vdash \varphi$$

Dabei bestehe die Menge SY (der zugehörigen syllogistischen Axiome) aus allen Aussagen der Form $\exists v_0(v_0 \in A)$, wobei A Klassenkonstante in einer Formel von Γ oder in φ ist.

Wir wollen nun logische Beziehungen zwischen den kategorischen Aussagen kennenlernen.

Das Verhältnis zwischen S a P und S o P wird als **kontradiktorisch** bezeichnet, ebenso das zwischen S e P und S i P. Das bedeutet einfach, daß die eine Aussage logisch äquivalent zur Negation der anderen ist. Man vergleiche dazu 21.1 b, 2 b.

22.5 **Kontradiktorisches Verhältnis**

$$SaP \dashv\Vdash \neg SoP$$
$$SeP \dashv\Vdash \neg SiP$$
$$\neg SaP \dashv\Vdash SoP$$
$$\neg SeP \dashv\Vdash SiP$$

Das Verhältnis zwischen S a P und S e P bezeichnet man als **konträr**. Das bedeutet, daß diese Aussagen unverträglich sind. Sie können nicht zusammen wahr sein. Aus jeder folgt die Negation der andern.

22.6 **Konträres Verhältnis**

$$SaP \Vdash_{SY} \neg SeP$$
$$SeP \Vdash_{SY} \neg SaP$$

Aber die Aussagen können sehr wohl zusammen falsch sein, wie z. B. "Alle Hunde sind Dackel" und "Alle Hunde sind nicht Dackel".

Das Verhältnis zwischen S i P und S o P bezeichnet man als **subkonträr**. Das bedeutet, daß die Aussagen nicht zusammen falsch sein können. Aus der Negation jeder

Aussage folgt die andere.

22.7 Subkonträres Verhältnis

$$\neg SiP \Vdash_{SY} SoP$$
$$\neg SoP \Vdash_{SY} SiP$$

Aber die Aussagen können sehr wohl zusammen wahr sein, wie z. B. "Einige Hunde sind Dackel" und "Einige Hunde sind nicht Dackel".

Das Verhältnis zwischen SaP und SiP und auch das zwischen SeP und SoP wird **subaltern** genannt. Das bedeutet einfach, daß SiP aus SaP und SoP aus SeP syllogistisch folgen. Man vergleiche dazu 21.11 b.

22.8 Subalternes Verhältnis

$$SaP \Vdash_{SY} SiP$$
$$SeP \Vdash_{SY} SoP$$

Schließlich bemerken wir noch, daß man bei einer e-Aussage Subjekt und Prädikat vertauschen kann, und es entsteht eine logisch äquivalente Aussage derselben Art. Dasselbe gilt für i-Aussagen. Man redet auch von **Konversion**, und zwar handelt es sich hierbei um die einfache Konversion (Conversio simplex).

22.9. Einfache Konversion

$$SeP \dashv\vdash PeS$$
$$SiP \dashv\vdash PiS$$

Die logischen Verhältnisse der kategorischen Aussagen zueinander faßt man im sog. **logischen Quadrat** (Urteilsquadrat) zusammen, das bereits in der Antike aufgestellt wurde:

22.10 Logisches Quadrat

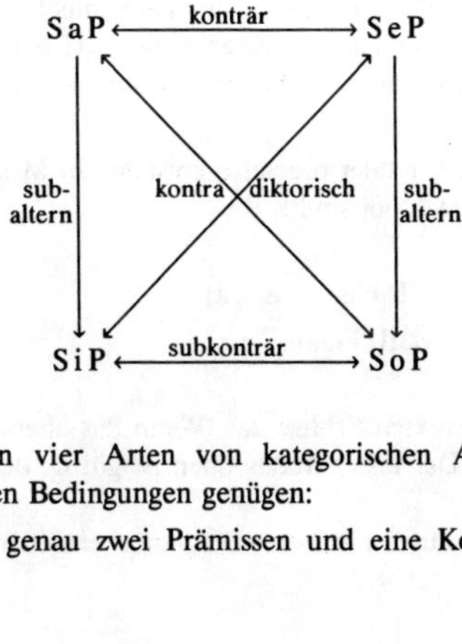

Aus den vier Arten von kategorischen Aussagen bildet man nun Schlüsse, die folgenden Bedingungen genügen:

Es gibt genau zwei Prämissen und eine Konklusion. Das Subjekt S der Konklusion wird auch der **Unterbegriff** des Schlusses und das Prädikat P der Konklusion der **Oberbegriff** des Schlusses genannt. Von diesen beiden Termini S, P kommt jeder in genau einer der beiden Prämissen vor. In jeder der Prämissen kommt ferner ein gemeinsamer weiterer Terminus vor, der **Mittelbegriff** M genannt wird und in der Konklusion nicht auftritt. Diejenige Prämisse, in der der Oberbegriff P vorkommt, ist der **Obersatz** oder die **Maior**, diejenige Prämisse, in der der Unterbegriff S vorkommt, ist der **Untersatz** oder die **Minor**.

Wenn wir zunächst einmal Qualität und Quantität der Aussagen nicht berücksichtigen, so gibt es vier Möglichkeiten, wie die drei Termini S, M, P sich auf die drei beteiligten Aussagen verteilen. Diese Verteilungen bezeichnet man in der traditionellen Logik als **Figuren**.

Wenn ρ, σ, τ für irgendwelche der vier Kennvokale a, i, e, o stehen, so können wir die Figuren folgendermaßen angeben:

22.11 **Syllogistische Schlußfiguren**

I. Figur	$M \rho P,\ S \sigma M \Vdash_{SY} S \tau P$
II. Figur	$P \rho M,\ S \sigma M \Vdash_{SY} S \tau P$
III. Figur	$M \rho P,\ M \sigma S \Vdash_{SY} S \tau P$
IV. Figur	$P \rho M,\ M \sigma S \Vdash_{SY} S \tau P$

In der ersten Figur ist der Oberbegriff Prädikat der Maior und der Unterbegriff Subjekt der Minor.

In der zweiten Figur sind Oberbegriff und Unterbegriff beide Subjekt von Maior bzw. Minor.

In der dritten Figur sind Oberbegriff und Unterbegriff beide Prädikat von Maior bzw. Minor.

In der vierten Figur ist der Oberbegriff Subjekt der Maior und der Unterbegriff Prädikat der Minor.

Man beachte, daß es auf die Reihenfolge der Prämissen überhaupt nicht ankommt, wie es ja auch sonst in logischen Schlüssen der Fall ist. Zwar wollen wir der Klarheit wegen immer die obige Reihenfolge (Maior vor Minor) benutzen. Aber eine Umstellung ergibt keine neuen Schlüsse.

Falls man die ρ, σ, τ durch Kennvokale a, i, e oder o ersetzt, entsteht ein **Modus**, ein Kandidat für einen korrekten Schluß. Solche Modi sind z. B.

22.12 $M a P, S a M \Vdash_{SY} S a P$ (I. Figur: a, a, a)

22.13 $M i P, M e S \Vdash_{SY} S e P$ (III. Figur: i, e, e)

Nicht jeder Modus stellt einen logisch korrekten Schluß dar. Wenn das aber der Fall ist, so ist er gültig oder ein Syllogismus. Der erste Modus oben ist gültig, der zweite nicht.

Die Gültigkeit von 22.12 kann man leicht durch ein Venn-Diagramm einsehen. Wenn die Prämissen M a P, S a M erfüllt sind, so liegen S, M, P folgendermaßen zueinander:

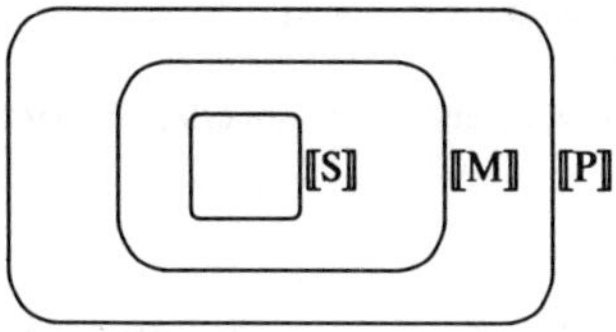

Offenbar gilt dann auch S a P. Dabei wird überhaupt nicht benutzt, daß S, M, P für nichtleere Klassen stehen. Der Modus 22.12 ist also auch prädikatenlogisch korrekt.

Die Ungültigkeit von 22.13 kann man auch durch ein Venn-Diagramm einsehen. Die durch S, P, M denotierten Klassen mögen folgendermaßen zueinander liegen:

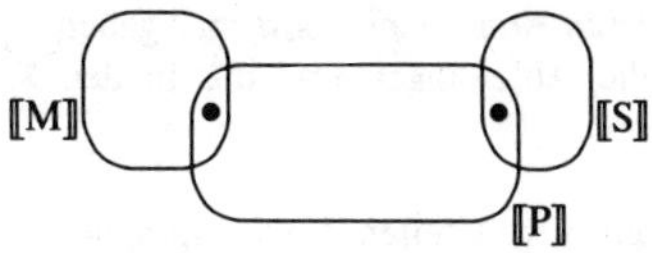

Dann sind die Prämissen M i P, M e S erfüllt, aber die Konklusion S e P nicht.

Im Mittelalter wurden aus mnemotechnischen Gründen Phantasienamen zur Bezeichnung der gültigen Modi erfunden. Jede solche Bezeichnung hat drei (oder mehr) Vokale. Der erste Vokal kennzeichnet die Maior, der zweite die Minor und der dritte die Konklusion. Wenn man also den Namen eines Modus kennt (und damit die Folge seiner ersten drei Vokale) und weiß, von welcher Figur er ist, so kann man ihn sofort hinschreiben.

Der Modus in 22.12 hat z. B. die Bezeichnung Barbara. Der Modus 22.13 ist nicht gültig und hat keine Bezeichnung.

Ein Modus der vierten Figur ist Fesapo. Trägt man die Kennvokale e, a, o in das Muster der vierten Figur ein, so erhält man:

22.14 P e M, M a S $\Vdash_{\overline{SY}}$ S o P

Wir wollen uns durch ein Venn-Diagramm klarmachen, daß dieser Modus gültig ist.

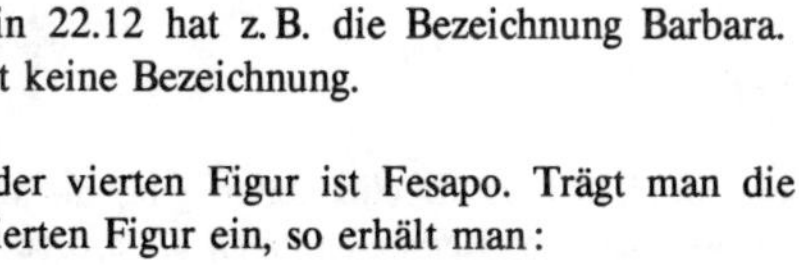

Wenn die Prämissen erfüllt sind, so liegen die von S, M, P denotierten Klassen so zueinander, wie es oben dargestellt ist. Dann ist auch die Konklusion erfüllt: Man nehme ein Element von M, das ist dann aus S, aber nicht aus P. Bei diesem Schluß wird benutzt, daß M eine nichtleere Klasse bezeichnet.

Wenden wir auf die erste Prämisse Konversion an, so erhalten wir:

22.15 $\quad M\,e\,P, M\,a\,S \Vdash_{SY} S\,o\,P$

Auch dieser Modus ist gültig. Begründung und Venn-Diagramm sind genauso wie bei 22.14. Der Modus 22.15 ist von der dritten Figur, seine Bezeichnung ist Felapton.

Die Systematik der Vokale a, i, e, o ist klargemacht worden. Die Konsonanten haben auch eine Bedeutung. Sie geben Hinweise darauf, wie sich die Syllogismen auseinander (durch Konversion o. ä.) herleiten lassen. Dabei galten die Syllogismen der ersten Figur als evident, und man versuchte, die der anderen Figuren auf die der erste Figur zurückzuführen. Der ersten Konsonant gibt an, auf welchen Modus der ersten Figur man geführt wird. Die anderen Konsonanten s, p, m, c geben Hinweise auf die Ableitung. Wir wollen aber auf die Ableitungen und die in den Konsonanten steckende Systematik nicht weiter eingehen.

Wenn wir einen gültigen Modus mit einer generellen Konklusion haben, also S a P oder S e P, so können wir weiterschließen und zur subalternen Konklusion S i P bzw. S o P übergehen. Man sagt, daß der entstehende Modus, der übrigens von derselben Figur ist, subaltern zu dem Modus mit der generellen Konklusion ist. Die Bezeichnung wird dann einfach so gewonnen, daß der letzte Vokal von a in i bzw. von e in o verwandelt wird.

Als Beispiel betrachten wir den Modus Barbara, bei dem ja eine generelle Konklusion vorliegt. Der zugehörige subalterne Modus mit der Bezeichnung Barbari ist:

22.16 $\quad M\,a\,P, S\,a\,M \Vdash_{SY} S\,i\,P$

Es gibt in jeder Figur soviele Modi, wie es Möglichkeiten gibt, die drei Plätze in Maior, Minor und Konklusion mit den vier Kennbuchstaben a, i, e, o zu belegen. Das sind 4^3 Möglichkeiten. In allen vier Figuren gibt es somit insgesamt 256 Modi. Davon sind genau 24 gültig. Darunter sind 5 subalterne Modi, ohne die es also 19 Modi sind. Nimmt man dann nur noch die ersten drei Figuren so kommt man auf 14.

Aristoteles hat die subalternen Modi nicht besonders aufgeführt und die vierte Figur nicht betrachtet. Deshalb finden sich bei ihm 14 Syllogismen.

Alle gültigen Syllogismen sind in der folgenden Syllogismentafel aufgeführt. Die subalternen Modi sind gekennzeichnet und es ist vermerkt, wenn eines der syllogistischen Axiome für den Schluß benötigt wird. Das ist übrigens genau dann der Fall, wenn beide Prämissen generell sind und die Konklusion partikulär ist.

22.17 **Syllogismentafel**

I. Figur $M\,\rho\,P,\ S\,\sigma\,M \Vdash_{\overline{SY}} S\,\tau\,P$

Barbara	
Celarent	
Darii	
Ferio	
Barbari	(subaltern, $\exists v_0 v_0 \in S$ erforderlich)
Celaront	(subaltern, $\exists v_0 v_0 \in S$ erforderlich)

II. Figur $P\,\rho\,M,\ S\,\sigma\,M \Vdash_{\overline{SY}} S\,\tau\,P$

Cesare	
Camestres	
Festino	
Baroco	
Cesaro	(subaltern, $\exists v_0 v_0 \in S$ erforderlich)
Camestros	(subaltern, $\exists v_0 v_0 \in S$ erforderlich)

III. Figur $M\,\rho\,P,\ M\,\sigma\,S \Vdash_{\overline{SY}} S\,\tau\,P$

Darapti	($\exists v_0 v_0 \in M$ erforderlich)
Felapton	($\exists v_0 v_0 \in M$ erforderlich)
Disamis	
Datisi	
Bocardo	
Ferison	

IV. Figur $P\,\rho\,M,\ M\,\sigma\,S \Vdash_{\overline{SY}} S\,\tau\,P$

Camenes	
Dimaris	
Fresison	
Fesapo	($\exists v_0 v_0 \in M$ erforderlich)
Bamalip	($\exists v_0 v_0 \in P$ erforderlich)
Camenos	(subaltern, $\exists v_0 v_0 \in S$ erforderlich)

Um die vierte Figur hat es in der Geschichte der Logik viele Auseinandersetzungen gegeben. Aristoteles hat die Figur übersehen, sein Nachfolger Theophrast hat zugehörige Modi aufgestellt, diese aber einer modifizierten ersten Figur zugeordnet. Wenn man die Reihenfolge der Prämissen vertauscht und auch die Buchstaben S und P, so entsteht ja:

22.18 $M\,\rho\,P,\ S\,\sigma\,M \quad \Vdash_{\overline{SY}} P\,\tau\,S$

Das sieht aus wie die erste Figur, nur sind Subjekt und Prädikat der Konklusion vertauscht. Als Entdecker der vierten Figur galt Claudius Galen, der Leibarzt von Kaiser Marc Aurel. Doch ist jetzt bekannt, daß Galen ausdrücklich nur drei Figuren anerkannt hat. In der Folge ist die vierte Figur viel diskutiert worden, aber meist als überflüssig oder unnatürlich bezeichnet worden. Dabei waren die dazugehörigen Modi in der Form 22.18 als Anhängsel an die erste Figur und später auch unter eigenen Namen (Celantes, Dabitis, Frisesomorum, Fapesmo, Baralipton) durchaus bekannt. Die endgültige Klarstellung erfolgte erst durch Leibniz. Die Namen dieser Syllogismen findet man auch in etwas abgewandelter Form, sie sind nicht so kanonisch wie bei den anderen drei Figuren.

Die Aufstellung und Begründung dieser Syllogismen war lange Zeit das Kernstück der Logik. Früher mußte die Syllogismentafel von den Logikstudenten auswendig gelernt werden. Für Ableitungen gab es viele Merkregeln. Für die moderne Logik bildet die Syllogistik nur ein ehrwürdiges, aber nicht mehr zentrales Beispiel. Die traditionellen Ableitungen sind auch insofern nicht mehr aktuell, als es umfassende Ableitungsverfahren für die gesamte Prädikatenlogik gibt. Ein solches Verfahren wollen wir jetzt kennenlernen.

Es sei erwähnt, daß Aristoteles außer den hier dargestellten assertorischen Syllogismen auch ein System modaler Syllogismen entwickelt hat, das Hunderte von gültigen Modi umfaßt. Darin kommen neben kategorischen Aussagen (die, ohne modal markiert zu sein, einfach nur als wahr behauptet werden) auch apodiktische Aussagen (die als notwendigerweise wahr markiert sind) und problematische Aussagen (die als möglicherweise wahr markiert sind) vor. In der Scholastik hat man die Begriffsbildungen verfeinert. Neben modalisierten Aussagen wurden auch modalisierte Termini eingeführt. Man unterschied zwischen essentiellen (d. h. wesentlichen) und akzidentiellen (d. h. zufälligen) Eigenschaften, und die Anzahl der als gültig behaupteten Modi stieg in die Tausende. Die modale Syllogistik konnte aber nie in ein überzeugendes System gebracht werden. Auch heute noch, nach dem Aufkommen der modernen Modallogik, ist sie ein dunkles Kapitel.

§ 23. Ableitbarkeit (aussagenlogische Regeln)

Wir kennen noch kein allgemeines Verfahren, um logische Folgerungen zu beweisen. Das Wahrheitstafelverfahren reicht nicht über die Aussagenlogik hinaus, die direkte Einsicht versagt in komplizierten Fällen, Venn-Diagramme sind nur für einfache Schlüsse über Klassen geeignet. Wir wollen jetzt das weitreichende Verfahren der Ableitbarkeit mit Hilfe von **Regeln** kennenlernen.

Eine Regel sagt, wie man von einer logischen Folgerung zu anderen kommt. Wir betrachten ein Beispiel.

Γ, Δ seien Formelmengen und φ, ψ Formeln, und es gelte:

$$\Gamma \Vdash \psi \Longrightarrow \varphi \qquad \text{(aus } \Gamma \text{ folgt } \psi \Longrightarrow \varphi\text{)}$$
$$\Delta \Vdash \psi \qquad \text{(aus } \Delta \text{ folgt } \psi\text{)}$$

Dann gilt auch:

$$\Gamma, \Delta \Vdash \varphi \qquad \text{(aus } \Gamma \text{ und } \Delta \text{ folgt } \varphi\text{)}$$

Das formulieren wir als Regel so:

23.1 Mp $$\frac{\Gamma \Vdash \psi \Longrightarrow \varphi \qquad \Delta \Vdash \psi}{\Gamma, \Delta \Vdash \varphi}$$

Diese Regel heißt Modus Ponens oder Abtrennungsregel. Die Regel ist korrekt in dem Sinne, daß sie aus logischen Folgerungen wieder logische Folgerungen liefert. Ebenso ist die folgende Disjunktionsregel korrekt:

23.2 DIS_2 $$\frac{\Gamma \Vdash \varphi}{\Gamma \Vdash \varphi \vee \psi}$$

Nicht korrekt ist dagegen eine entsprechende Konjunktionsregel:

23.3 $$\frac{\Gamma \Vdash \varphi}{\Gamma \Vdash \varphi \wedge \psi}$$

Mit ihr könnte man aus der zutreffenden Folgerungsbehauptung

Es regnet $\Vdash$ Es regnet

die falsche Behauptung

Es regnet $\Vdash$ Es regnet $\wedge$ 6 ist eine Primzahl

erhalten. Solche Regeln wie 23.3 kann man also nicht in einem korrekten Ableitungskalkül zulassen.

Korrektheit allein reicht aber auch nicht aus. So ist z. B. die Vorschrift:

23.4 $$\frac{\Gamma \Vdash \psi}{\Gamma \Vdash \varphi} \qquad \text{(wenn } \psi \Vdash \varphi\text{)}$$

sicherlich korrekt, aber diese "Regel" kann man schwer anwenden. Man muß bereits eine komplette Folgerung kennen, um den Übergang vollziehen zu können. Doch hat man, wenn φ und ψ gegeben sind, i. allg. keine Methode, um das festzustellen.

Eine Regel soll deshalb so beschaffen sein, daß man stets **effektiv überprüfen kann**, ob sie richtig angewendet wurde. Gewöhnlich nimmt sie nur auf syntaktische, gestaltliche Eigenschaften der auftretenden Formeln Bezug, die man dann leicht erkennen kann. Deshalb scheidet auch 23.4 als Kandidat für eine logische Schlußregel aus.

Wir wollen nun nach und nach ein System von Regeln angeben, das wir das System der **Grundregeln** nennen. Die Grundregeln sind korrekt, und es ist stets effektiv überprüfbar, ob ein Übergang auch wirklich gemäß der Regel erfolgte. Durch wiederholte Anwendung der Grundregeln kann man längere Ableitungen durchführen. Es ist ein Hauptresultat der Prädikatenlogik (Vollständigkeitssatz von Gödel), daß man so **alle** logischen Folgerungen gewinnen kann.

Um Folgerungsbegriff (semantisch über Bewertungen definiert) und Ableitungsbegriff (über Schlußregeln definiert) terminologisch klar zu unterscheiden, wollen wir bei der Formulierung der Regeln nicht das Folgerungszeichen $\Vdash$ verwenden, sondern ein eigenes Ableitungszeichen $\vdash$ einführen. Da wir ferner Wert auf die effektive Überprüfbarkeit von Ableitungen legen, wollen wir keine unendlichen Formelmengen in Ableitungen zulassen. Neben den metasprachlichen Variablen Γ, Δ, die sich auf beliebige (auch u. U. unendliche) Formelmengen beziehen, wollen wir jetzt als Metavariablen für endliche Formelmengen Σ, Π vereinbaren. Nur solche kommen in der Angabe von Schlußregeln vor.

23.5 **Beweiszeilen**

Wenn Σ eine endliche Formelmenge und φ eine Formel ist, so ist

$$\Sigma \vdash \varphi$$

eine Beweiszeile. Die Formel φ hinter dem Ableitungszeichen $\vdash$ ist die Behauptung der Zeile, die Formeln aus Σ sind die Annahmen der Zeile.

Wir verwenden ähnliche Kurzschreibweisen wie beim Folgerungszeichen und schreiben:

$\psi_1,\ldots,\psi_n \vdash \varphi$	für	$\{\psi_1,\ldots,\psi_n\} \vdash \varphi$
$\Sigma, \psi_1,\ldots,\psi_n \vdash \varphi$	für	$\Sigma \cup \{\psi_1,\ldots,\psi_n\} \vdash \varphi$
$\Sigma, \Pi \vdash \varphi$	für	$\Sigma \cup \Pi \vdash \varphi$
$\vdash \varphi$	für	$\emptyset \vdash \varphi$

Die letzte dieser Beweiszeilen keine Annahmen.

Man beachte, daß es nur auf die **Menge** der Annahmenformeln ankommt, nicht darauf, in welcher Reihenfolge und Vielfachheit sie hingeschrieben worden sind. So bestimmen die folgenden Angaben dieselbe Beweiszeile:

$$\psi_1, \psi_2 \vdash \varphi$$
$$\psi_2, \psi_1 \vdash \varphi$$
$$\psi_1, \psi_2, \psi_1 \vdash \varphi$$

Es ist nämlich $\{\psi_1,\psi_2\} = \{\psi_2,\psi_1\} = \{\psi_1,\psi_2,\psi_1\}$. Es handelt sich jeweils um dieselbe Formelmenge, in der die Formeln ψ_1 und ψ_2 und keine weiteren liegen.

23.6 Korrektheit von Beweiszeilen
Eine Beweiszeile $\Sigma \vdash \varphi$ ist genau dann korrekt, wenn ihr eine logische Folgerung entspricht, d. h. wenn $\Sigma \Vdash \varphi$.

Eine Zeile ohne Annahmen ist korrekt, wenn die Behauptung der Zeile allgemeingültig ist.

23.7 Regeln
Eine Regel mit n Prämissenzeilen ($n \geq 0$) ist ein effektiv durchführbares Verfahren, um aus n gegebenen Beweiszeilen (Prämissenzeilen) unter gewissen effektiv überprüfbaren Bedingungen eine weitere Beweiszeile (Konklusionszeile) zu gewinnen. Wir notieren eine Regel so:

$$\text{RG} \qquad \frac{\begin{array}{c}\Sigma_1 \vdash \psi_1 \\ \vdots \\ \Sigma_n \vdash \psi_n\end{array}}{\Sigma \vdash \varphi} \qquad , \text{ wenn } \cdots$$

Dabei ist RG der Name der Regel und ··· gibt evtl. Bedingungen an, die aber auch fehlen können.
Wir lassen auch Regeln ohne Prämissenzeilen zu. Diese nennen wir Axiome. Das ist also ein Verfahren, das es gestattet, unter gewissen Bedingungen eine Beweiszeile zu gewinnen, ohne daß bereits andere Zeilen gegeben sein müssen. Wir notieren ein Axiom so:

$$\text{AX} \qquad \frac{\cdot}{\Sigma \vdash \varphi} \qquad , \text{ wenn } \cdots$$

Ein Beispiel für eine Regel ist die Modus-Ponens-Regel 23.1. Darin ist $n = 2$, und ψ_1 ist eine Subjunktion, deren Vorderformel Behauptung der anderen Prämissenzeile ist und deren Hinterformel Behauptung der Konklusionszeile ist. Σ ist die Vereinigung der Annahmenmengen der Prämissenzeilen. Der Name der Regel ist "Mp" und die zusätzlichen Bedingungen fehlen. Bei dieser Regel ist die Konklusionszeile eindeutig durch die beiden Prämissenzeilen bestimmt. Das braucht aber nicht so zu sein. Es kann auch sein, daß bei der Anwendung der Regel Wahlmöglichkeiten bestehen, z.B. daß man eine Formel nach Belieben wählt, wie es zum Beispiel bei DIS_2 der Fall ist, wo man zu einer gegebenen Formel φ eine beliebige Formel ψ disjunktiv zufügen kann. Das einer Regel zugrundeliegende Verfahren ist i.allg. indeterministisch.

23.8 Korrektheit von Regeln
Eine Regel ist genau dann korrekt, wenn sie auf korrekte Prämissenzeilen angewendet immer nur korrekte Konklusionszeilen liefert.

Die oben angegebenen Regeln Mp, DIS_2 sind korrekt, dagegen ist die Regel 23.3 nicht korrekt (deshalb hat sie auch keinen Namen bekommen). Der in 23.4 beschriebene Übergang ist gar keine Regel, da die effektive Überprüfbarkeit nicht gegeben ist.

Eine Menge von Regeln nennen wir auch ein **Regelsystem**. Jedes solche Regelsystem liefert einen Ableitungskalkül. Man wendet einfach die Regeln in beliebiger Reihenfolge auf etwas an, was man bereits abgeleitet hat. Regelsysteme und Ableitungen gibt es nicht nur zum Nachweis logischer Folgerungen. So läßt sich eine Grammatik als ein (syntaktisches) Regelsystem auffassen, mit dem man Ausdrücke (als wohlgeformt) ableiten kann. Bei einem logischen Regelsystem geht es um die Ableitung von Folgerungen. Man nennt eine solche Ableitung auch einen formalen Beweis.

23.9 **Formale Beweise, Ableitungen**

$\mathcal{R}$ sei ein Regelsystem. Ein formaler Beweis (auch Ableitung) mit $\mathcal{R}$ ist eine endliche Folge von Beweiszeilen, so daß darin jede Zeile aus vorangehenden Zeilen durch eine Regel von $\mathcal{R}$ erhalten wurde.

Wir definieren nun für ein Regelsystem den Begriff der Ableitbarkeit einer Formel aus einer beliebigen Formelmenge.

23.10 **Ableitbarkeit**

Eine Formel φ ist aus einer Formelmenge Γ mit einem Regelsystem $\mathcal{R}$ genau dann ableitbar, wenn es einen formalen Beweis mit $\mathcal{R}$ gibt, in dessen letzter Zeile die Annahmen aus Γ sind und φ die Behauptung ist.
Wir schreiben dann:

$$\Gamma \vdash_{\mathcal{R}} \varphi$$

Wir werden nach und nach das System der **Grundregeln** angeben. Wir reden auch von **logischen Regeln** und **logischen Axiomen**. Unter einem Beweis (ohne weitere Angaben) verstehen wir im folgenden stets einen Beweis mit diesen Grundregeln.

23.11 **Annahmenregel, Schnittregel**

A	$\dfrac{\cdot}{\varphi \vdash \varphi}$
S	$\dfrac{\Sigma \vdash \theta \qquad \Pi, \theta \vdash \varphi}{\Sigma, \Pi \vdash \varphi}$

Die Annahmenregel ist ein logisches Axiom, das gewöhnlich dazu dient, einen Beweis zu beginnen. Diese Grundregel ist korrekt, denn natürlich gilt $\varphi \Vdash\!\!- \varphi$, was immer auch φ für eine Formel ist.

Die Schnittregel besagt, daß eine Annahme θ weggelassen werden kann, wenn man sie bewiesen hat. θ ist die Schnittformel, die durch die Anwendung der Regel "herausgeschnitten" wird. Die übrigen Annahmen bleiben natürlich erhalten.

23.12 **Aussagenlogische Grundregeln**

Verumaxiom und Falsumaxiom

VER $$\frac{\cdot}{\vdash \top}$$ FAL $$\frac{\cdot}{\bot \vdash \theta}$$

Tertium Non Datur und Ex Contradictione Quodlibet

TND $$\frac{\cdot}{\vdash \varphi \vee \neg \varphi}$$ ECQ $$\frac{\cdot}{\varphi \wedge \neg \varphi \vdash \theta}$$

Konjunktionsregeln

KON_1 $$\frac{\begin{array}{c}\Sigma \vdash \varphi \\ \Pi \vdash \psi\end{array}}{\Sigma, \Pi \vdash \varphi \wedge \psi}$$

KON_2 $$\frac{\Sigma \vdash \varphi \wedge \psi}{\Sigma \vdash \varphi}$$ KON_3 $$\frac{\Sigma \vdash \varphi \wedge \psi}{\Sigma \vdash \psi}$$

Disjunktionsregeln

DIS_1 $$\frac{\begin{array}{c}\Sigma, \varphi \vdash \theta \\ \Pi, \psi \vdash \theta\end{array}}{\Sigma, \Pi, \varphi \vee \psi \vdash \theta}$$

DIS_2 $$\frac{\Sigma \vdash \varphi}{\Sigma \vdash \varphi \vee \psi}$$ DIS_3 $$\frac{\Sigma \vdash \psi}{\Sigma \vdash \varphi \vee \psi}$$

Annahmenbeseitigung und Annahmenerzeugung

AB $$\frac{\Sigma, \psi \vdash \varphi}{\Sigma \vdash \psi \Longrightarrow \varphi}$$ AE $$\frac{\Sigma \vdash \psi \Longrightarrow \varphi}{\Sigma, \psi \vdash \varphi}$$

Äquijunktionsregeln

ÄQ_1 $$\frac{\begin{array}{c}\Sigma, \varphi \vdash \psi \\ \Pi, \psi \vdash \varphi\end{array}}{\Sigma, \Pi \vdash \varphi \Longleftrightarrow \psi}$$

ÄQ_2 $$\frac{\Sigma \vdash \varphi \Longleftrightarrow \psi}{\Sigma, \varphi \vdash \psi}$$ ÄQ_3 $$\frac{\Sigma \vdash \varphi \Longleftrightarrow \psi}{\Sigma, \psi \vdash \varphi}$$

Alle bis jetzt angegebenen Grundregeln sind korrekt. Das ist in jedem einzelnen Fall leicht zu sehen. Wir betrachten hier exemplarisch einige Fälle.

Zu S: Seien die beiden gegebenen Zeilen $\Sigma \vdash \theta$ und $\Pi, \theta \vdash \varphi$ korrekt, d.h. $\Sigma \Vdash \theta$ und $\Pi, \theta \Vdash \varphi$.

Sei $\mathcal{J} \models \Sigma \cup \Pi$. Dann $\mathcal{J} \models \Sigma$ und mit $\Sigma \Vdash\!- \theta$ erhält man $\mathcal{J} \models \theta$. Somit $\mathcal{J} \models \Pi \cup \{\theta\}$ und mit $\Pi, \theta \Vdash\!- \varphi$ erhält man $\mathcal{J} \models \varphi$.
Insgesamt: $\mathcal{J} \models \Sigma \cup \Pi \implies \mathcal{J} \models \varphi$.
Weil über $\mathcal{J}$ nichts Einschränkendes vorausgesetzt wurde, erhält man $\Sigma, \Pi \Vdash\!- \varphi$, d. h. die Zeile $\Sigma, \Pi \vdash \varphi$ ist korrekt. ∎

Zu ECQ: $\varphi \wedge \neg\varphi$ ist kontradiktorisch, also:
für jede Bewertung $\mathcal{J}$ gilt: $\mathcal{J} \not\models \varphi \wedge \neg\varphi$, d. h.
für jede Bewertung $\mathcal{J}$ gilt: $\mathcal{J} \models \varphi \wedge \neg\varphi \implies \mathcal{J} \models \theta$. ∎

Man redet auch vom "Ex Falso Quodlibet". Das ist aber nicht treffend.

Zu DIS_1: Sei $\Sigma, \varphi \Vdash\!- \theta$ und $\Pi, \psi \Vdash\!- \theta$ und $\mathcal{J} \models \Sigma \cup \Pi \cup \{\varphi \vee \psi\}$.
Dann $\mathcal{J} \models \varphi$ (1. Fall) oder $\mathcal{J} \models \psi$ (2. Fall).
Im ersten Fall liefert die Korrektheit der ersten Zeile $\mathcal{J} \models \theta$, im zweiten Fall liefert das die Korrektheit der zweiten Zeile. ∎

Zu AB, AE: Siehe 20.13. ∎

Zu $ÄQ_1$: Sei $\Sigma, \varphi \Vdash\!- \psi$ und $\Pi, \psi \Vdash\!- \varphi$ und $\mathcal{J} \models \Sigma \cup \Pi$.
Wenn $\mathcal{J} \models \varphi$, so auch $\mathcal{J} \models \psi$ wegen der Korrektheit der ersten Zeile. Und wenn $\mathcal{J} \models \psi$, so $\mathcal{J} \models \varphi$ wegen der Korrektheit der zweiten Zeile.
Also $\mathcal{J} \models \varphi \iff \mathcal{J} \models \psi$, d. h. $\mathcal{J} \models (\varphi \Longleftrightarrow \psi)$. ∎

Die Regeln sind in Gruppen eingeteilt, die sich jeweils vornehmlich mit einem Junktor befassen. Die Axiome TND und ECQ sind die auf die Negation bezogenen Regeln, die Regeln AB und AE befassen sich mit der Subjunktion. Die Axiome VER und FAL zeigen, daß sich $\top$, $\bot$ so benehmen, wie die Tautologie $\varphi \vee \neg\varphi$ bzw. die Kontradiktion $\varphi \wedge \neg\varphi$. Die Logik kann auch so aufgebaut werden, daß die nullstelligen Junktoren gar nicht berücksichtigt werden. Dann sind in dem Regelsystem einfach diese beiden Axiome wegzulassen.

Wenn es sich um das System der Grundregeln handelt, so lassen wir den Index am Ableitungszeichen fort:

$$\Gamma \vdash \varphi$$

Das heißt also, daß es einen formalen Beweis mit den Grundregeln und einer letzten Zeile $\Sigma \vdash \varphi$ mit $\Sigma \subseteq \Gamma$ gibt.

Man beachte, daß dadurch das Ableitungszeichen $\vdash$ eine erweiterte Bedeutung erhält. Einmal dient es als Trennzeichen zwischen Annahmen und Behauptung zur Angabe von Beweiszeilen. Andererseits macht es eine solche Zeile $\Sigma \vdash \varphi$ auch zu einer metasprachlichen Aussage, nämlich der Behauptung, daß es einen formalen Beweis mit den Grundregeln und einer letzten Zeile $\Sigma_1 \vdash \varphi$ mit $\Sigma_1 \subseteq \Sigma$ gibt.

Wir halten den Zusammenhang mit dem Folgerungsbegriff fest.

23.13 **Korrektheitssatz**

Für alle Formelmengen Γ und Formeln φ gilt:

$$\Gamma \vdash \varphi \implies \Gamma \Vdash\!- \varphi$$

Beweis:
Alle Grundregeln sind korrekt, also auch alle Beweiszeilen, die in formalen Beweisen mit den Grundregeln auftauchen. Wenn also $\Gamma \vdash \varphi$, so gibt es eine endliche Formelmenge Σ mit $\Sigma \subseteq \Gamma$ und $\Sigma \vdash \varphi$. Dann $\Sigma \Vdash \varphi$ und daraus ergibt sich sofort $\Gamma \Vdash \varphi$. ∎

Wir müssen natürlich, wenn wir das System der Grundregeln erweitern, darauf achten, daß wir nur korrekte Regeln hinzunehmen, damit der Korrektheitssatz weiterhin gilt.

Wir bringen ein erstes Beispiel eines formalen Beweises mit den Grundregeln. Wir schreiben die Beweiszeilen untereinander und versehen sie am linken Rand mit einer Numerierung und am rechten Rand mit einem Kommentar, der andeutet, mit welcher Regel die betreffende Zeile gewonnen wurde und auf welche vorangehenden Zeilen (wenn es sich nicht um die unmittelbar davorstehenden Zeilen handelt) die Regel angewendet wurde. Diese Randdaten dienen nur der besseren Lesbarkeit und Überprüfbarkeit des Beweises und sind nicht unbedingt erforderlich. Mit wachsender Routine wird man sie reduzieren.

1	$\varphi \wedge \psi \vdash \varphi \wedge \psi$	A
2	$\varphi \wedge \psi \vdash \varphi$	KON_2
3	$\varphi \wedge \psi \vdash \psi$	KON_3 1
4	$\neg\varphi \vdash \neg\varphi$	A
5	$\varphi \wedge \psi, \neg\varphi \vdash \varphi \wedge \neg\varphi$	KON_1 2, 4
6	$\varphi \wedge \neg\varphi \vdash \neg(\varphi \wedge \psi)$	ECQ
7	$\varphi \wedge \psi, \neg\varphi \vdash \neg(\varphi \wedge \psi)$	S
8	$\neg\psi \vdash \neg\psi$	A
9	$\varphi \wedge \psi, \neg\psi \vdash \psi \wedge \neg\psi$	KON_1 3, 8
10	$\psi \wedge \neg\psi \vdash \neg(\varphi \wedge \psi)$	ECQ
11	$\varphi \wedge \psi, \neg\psi \vdash \neg(\varphi \wedge \psi)$	S
12	$\varphi \wedge \psi, \neg\varphi \vee \neg\psi \vdash \neg(\varphi \wedge \psi)$	DIS_1 7, 11
13	$\neg(\varphi \wedge \psi) \vdash \neg(\varphi \wedge \psi)$	A
14	$\neg\varphi \vee \neg\psi, (\varphi \wedge \psi) \vee \neg(\varphi \wedge \psi) \vdash \neg(\varphi \wedge \psi)$	DIS_1
15	$\vdash (\varphi \wedge \psi) \vee \neg(\varphi \wedge \psi)$	TND
16	$\neg\varphi \vee \neg\psi \vdash \neg(\varphi \wedge \psi)$	S ∎

Wir haben damit die Ableitbarkeit der folgenden Zeile gezeigt:

$$\neg\varphi \vee \neg\psi \vdash \neg(\varphi \wedge \psi)$$

Ein Beweis nur mit Hilfe von Grundregeln ist sehr umständlich. So ähnlich, wie wir uns mit Abkürzungen das Schreiben von Formeln erleichtern, wollen wir durch eliminierbare Regeln das Schreiben von Beweisen erleichtern.

23.14 Eliminierbare Regeln

$\mathcal{R}$ sei ein Regelsystem und R eine Regel. R ist bzgl. $\mathcal{R}$ eliminierbar, wenn es zu jedem Beweis, der Regeln von $\mathcal{R}$ und zusätzlich R benutzt, auch einen Beweis mit derselben Endzeile gibt, der nur Regeln von $\mathcal{R}$ benutzt.

Wir werden immer das System der Grundregeln verwenden und meinen stets Eliminierbarkeit bezüglich der Grundregeln. Zur Unterscheidung von Grundregeln werden wir bei dem Namen eliminierbarer Regeln nur den ersten Buchstaben groß schreiben.

Meist interessiert es nur, ob etwas beweis**bar** ist, während die genaue Gestalt des Beweises (etwa die Zahl der Beweisschritte o. ä.) keine Rolle spielt. Dann kann man auch eliminierbare Regeln verwenden, die die tatsächlich hingeschriebenen Beweise verkürzen. Wir geben zwei eliminierbare Regeln an:

23.15 **Fallunterscheidungsregel, Widerspruchsregel**

$$\text{Fu}\quad \frac{\begin{array}{c}\Sigma, \varphi \vdash \theta\\ \Pi, \neg\varphi \vdash \theta\end{array}}{\Sigma, \Pi \vdash \theta} \qquad\qquad \text{Wid}\quad \frac{\begin{array}{c}\Sigma \vdash \varphi\\ \Pi \vdash \neg\varphi\end{array}}{\Sigma, \Pi \vdash \theta}$$

Zum Beweis der Eliminierbarkeit geben wir an, wie man bei gegebenen Prämissenzeilen ohne die Regel zur gewünschten Konklusionszeile gelangt.

Zu Fu:

1	$\Sigma, \varphi \vdash \theta$	gegeben	
2	$\Pi, \neg\varphi \vdash \theta$	gegeben	
3	$\Sigma, \Pi, \varphi \vee \neg\varphi \vdash \theta$	DIS_1	
4	$\vdash \varphi \vee \neg\varphi$	TND	
5	$\Sigma, \Pi \vdash \theta$	S	■

Zu Wid:

1	$\Sigma \vdash \varphi$	gegeben	
2	$\Pi \vdash \neg\varphi$	gegeben	
3	$\Sigma, \Pi \vdash \varphi \wedge \neg\varphi$	KON_1	
4	$\varphi \wedge \neg\varphi \vdash \theta$	ECQ	
5	$\Sigma, \Pi \vdash \theta$	S	■

Eine Anwendung dieser Regeln spart also jeweils zwei Beweiszeilen ein. In unserem Beispielbeweis tauchen die Kombinationen von Beweisschritten, die sich hiermit eliminieren lassen, mehrfach auf. Wir geben den Beweis noch einmal mit den eliminierbaren Regeln an.

1	$\varphi \wedge \psi \vdash \varphi \wedge \psi$	A	
2	$\varphi \wedge \psi \vdash \varphi$	KON_2	
3	$\varphi \wedge \psi \vdash \psi$	KON_3 1	
4	$\neg\varphi \vdash \neg\varphi$	A	
5	$\varphi \wedge \psi, \neg\varphi \vdash \neg(\varphi \wedge \psi)$	Wid 2, 4	
6	$\neg\psi \vdash \neg\psi$	A	
7	$\varphi \wedge \psi, \neg\psi \vdash \neg(\varphi \wedge \psi)$	Wid 3, 6	
8	$\varphi \wedge \psi, \neg\varphi \vee \neg\psi \vdash \neg(\varphi \wedge \psi)$	DIS_1 5, 7	
9	$\neg(\varphi \wedge \psi) \vdash \neg(\varphi \wedge \psi)$	A	
10	$\neg\varphi \vee \neg\psi \vdash \neg(\varphi \wedge \psi)$	Fu	■

Ohne eliminierbare Regeln sind formale Beweise praktisch nicht zu bewältigen. Jede eliminierbare Regel stellt gewissermaßen einen Beweiskniff auf Vorrat dar.

Wir geben weitere eliminierbare Regeln an.

Von großer Bedeutung sind die Kontrapositionsregeln, die ein Vertauschen von Behauptung und Annahme mit gleichzeitiger Negierung regeln.

23.16 Kontrapositionsregeln

$$\mathrm{Kp}_1 \quad \frac{\Sigma, \varphi \vdash \psi}{\Sigma, \neg\psi \vdash \neg\varphi} \qquad \mathrm{Kp}_2 \quad \frac{\Sigma, \neg\varphi \vdash \psi}{\Sigma, \neg\psi \vdash \varphi}$$

$$\mathrm{Kp}_3 \quad \frac{\Sigma, \varphi \vdash \neg\psi}{\Sigma, \psi \vdash \neg\varphi} \qquad \mathrm{Kp}_4 \quad \frac{\Sigma, \neg\varphi \vdash \neg\psi}{\Sigma, \psi \vdash \varphi}$$

Zu Kp_1:

1	$\Sigma, \varphi \vdash \psi$	gegeben
2	$\neg\psi \vdash \neg\psi$	A
3	$\Sigma, \varphi, \neg\psi \vdash \neg\varphi$	Wid
4	$\neg\varphi \vdash \neg\varphi$	A
5	$\Sigma, \neg\psi \vdash \neg\varphi$	Fu ∎

Zu Kp_2:

1	$\Sigma, \neg\varphi \vdash \psi$	gegeben
2	$\neg\psi \vdash \neg\psi$	A
3	$\Sigma, \neg\varphi, \neg\psi \vdash \varphi$	Wid
4	$\varphi \vdash \varphi$	A
5	$\Sigma, \neg\psi \vdash \varphi$	Fu ∎

Die Beweise der Eliminierbarkeit von Kp_3, Kp_4 gehen völlig analog.

Wir beweisen unser Beispiel noch einmal. Der Vergleich mit den vorigen Beweisen zeigt deutlich die Nützlichkeit eliminierbarer Regeln.

1	$\varphi \wedge \psi \vdash \varphi \wedge \psi$	A
2	$\varphi \wedge \psi \vdash \varphi$	KON_2
3	$\varphi \wedge \psi \vdash \psi$	KON_3
4	$\neg\varphi \vdash \neg(\varphi \wedge \psi)$	Kp_1 2
5	$\neg\psi \vdash \neg(\varphi \wedge \psi)$	Kp_1 3
6	$\neg\varphi \vee \neg\psi \vdash \neg(\varphi \wedge \psi)$	DIS_1 ∎

Die nächsten eliminierbaren Regeln zeigen, daß man sich die Annahmen konjunktiv verbunden zu denken hat.

23.17 Annahmenverbindung und Annahmenzerlegung

$$\mathrm{Av} \quad \frac{\Sigma, \varphi, \psi \vdash \theta}{\Sigma, \varphi \wedge \psi \vdash \theta} \qquad \mathrm{Az} \quad \frac{\Sigma, \varphi \wedge \psi \vdash \theta}{\Sigma, \varphi, \psi \vdash \theta}$$

Zu Av:

1	$\Sigma, \varphi, \psi \vdash \theta$	gegeben
2	$\varphi \wedge \psi \vdash \varphi \wedge \psi$	A

3	$\varphi\wedge\psi\vdash\varphi$	KON_2	
4	$\varphi\wedge\psi\vdash\psi$	KON_3	
5	$\Sigma,\varphi\wedge\psi,\psi\vdash\theta$	S 3, 1	
6	$\Sigma,\varphi\wedge\psi\vdash\theta$	S 4, 5	■

Zu Az:

1	$\Sigma,\varphi\wedge\psi\vdash\theta$	gegeben	
2	$\varphi\vdash\varphi$	A	
3	$\psi\vdash\psi$	A	
4	$\varphi,\psi\vdash\varphi\wedge\psi$	KON_1	
5	$\Sigma,\varphi,\psi\vdash\theta$	S 4, 1	■

Die folgende Verdünnungsregel zeigt, daß man unter zusätzlichen Annahmen eine Behauptung "erst recht" erhält.

23.18 **Verdünnungsregel**

Vd $\dfrac{\Sigma\vdash\varphi}{\Pi\vdash\varphi}$, wenn $\Sigma\subseteq\Pi$.

Zur Eliminierbarkeit zeigen wir, wie man eine beliebige Formel zu den Annahmen zufügen kann:

1	$\Sigma\vdash\varphi$	gegeben	
2	$\theta\vdash\theta$	A	
3	$\Sigma,\theta\vdash\varphi\wedge\theta$	KON_1	
4	$\Sigma,\theta\vdash\varphi$	KON_2	■

Wir haben oben konstatiert, daß man eine Beweiszeile $\Sigma\vdash\varphi$ auch als metasprachliche Behauptung lesen kann, nämlich daß es einen formalen Beweis mit den Grundregeln und einer letzten Zeile $\Sigma_1\vdash\varphi$ mit $\Sigma_1\subseteq\Sigma$ gibt. Mit der Verdünnungsregel kann man dann einen Beweis mit genau der Endzeile $\Sigma\vdash\varphi$ erhalten. Die Beweiszeile $\Sigma\vdash\varphi$ besagt also als metasprachliche Aussage, daß es einen formalen Beweis mit eben dieser Endzeile gibt, was natürlich zutrifft, wenn sie in einem Beweis auftritt. Jede Zeile eines formalen Beweises nach den Grundregeln ist also in diesem Sinne eine wahre metasprachliche Behauptung, nämlich daß sie ableitbar ist.

Der nächste Satz beweist einige der Tautologien aus § 12.

23.19 **Satz**

(a) $\varphi\wedge\psi\vdash\varphi$,

(b) $\varphi\wedge\psi\vdash\psi$,

(c) $\varphi\vdash\varphi\vee\psi$,

(d) $\psi\vdash\varphi\vee\psi$.

Beweise:

(a):	1	$\varphi\wedge\psi\vdash\varphi\wedge\psi$	A	
	2	$\varphi\wedge\psi\vdash\varphi$	KON_2	■

(b):	1	$\varphi \wedge \psi \vdash \varphi \wedge \psi$	A	
	2	$\varphi \wedge \psi \vdash \psi$	KON_3	■
(c):	1	$\varphi \vdash \varphi$	A	
	2	$\varphi \vdash \varphi \vee \psi$	DIS_2	■
(d):	1	$\psi \vdash \psi$	A	
	2	$\psi \vdash \varphi \vee \psi$	DIS_3	■

23.20 **Satz**

(a) $\neg\varphi \vee \neg\psi \vdash \neg(\varphi \wedge \psi)$,

(b) $\neg(\varphi \wedge \psi) \vdash \neg\varphi \vee \neg\psi$.

Unsere zu Anfang gegebene Ableitung liefert Teil (a) Satzes.

Beweis von (b):

1	$\neg\varphi \vdash \neg\varphi \vee \neg\psi$	23.19 c	
2	$\neg(\neg\varphi \vee \neg\psi) \vdash \varphi$	Kp_2	
3	$\neg\psi \vdash \neg\varphi \vee \neg\psi$	23.19 d	
4	$\neg(\neg\varphi \vee \neg\psi) \vdash \psi$	Kp_2	
5	$\neg(\neg\varphi \vee \neg\psi) \vdash \varphi \wedge \psi$	KON_1 2, 4	
6	$\neg(\varphi \wedge \psi) \vdash \neg\varphi \vee \neg\psi$	Kp_2	■

Eine Verkürzung ergab sich dadurch, daß wir auf bereits bewiesene Sätze zurückgegriffen haben (Jeder bereits bewiesene Satz ist gewissermaßen ein eliminierbares Axiom, eine eliminierbare Regel ohne Prämissenzeilen).

Wir zeigen nun, daß eine Formel und ihre doppelte Negation auseinander ableitbar sind.

23.21 **Satz**

(a) $\neg\neg\varphi \vdash \varphi$

(b) $\varphi \vdash \neg\neg\varphi$

Beweise:

(a):	1	$\neg\varphi \vdash \neg\varphi$	A	
	2	$\neg\neg\varphi \vdash \varphi$	Kp_2	■
(b):	1	$\neg\varphi \vdash \neg\varphi$	A	
	2	$\varphi \vdash \neg\neg\varphi$	Kp_3	■

23.22 **Nicht-Oder-Regeln**

$$No_1 \quad \frac{\Sigma, \varphi \vdash \psi}{\Sigma \vdash \neg\varphi \vee \psi} \qquad No_2 \quad \frac{\Sigma \vdash \neg\varphi \vee \psi}{\Sigma, \varphi \vdash \psi}$$

Zu No_1:

1	$\Sigma, \varphi \vdash \psi$	gegeben
2	$\Sigma, \varphi \vdash \neg\varphi \vee \psi$	DIS_3
3	$\neg\varphi \vdash \neg\varphi \vee \psi$	23.19 c

4	$\Sigma \vdash \neg\varphi \vee \psi$	Fu	■

Zu No_2:

1	$\Sigma \vdash \neg\varphi \vee \psi$	gegeben	
2	$\varphi \wedge \neg\varphi \vdash \psi$	ECQ	
3	$\varphi, \neg\varphi \vdash \psi$	Az	
4	$\psi \vdash \psi$	A	
5	$\varphi, \neg\varphi \vee \psi \vdash \psi$	DIS_1	
6	$\Sigma, \varphi \vdash \psi$	S 1, 5	■

Hieraus erhalten wir die zur Nicht-Oder-Umformung der Subjunktion gehörenden Sätze:

23.23 **Satz**

(a) $\neg\varphi \vee \psi \vdash \varphi \Longrightarrow \psi$

(b) $\varphi \Longrightarrow \psi \vdash \neg\varphi \vee \psi$

Beweise:

(a):	1	$\neg\varphi \vee \psi \vdash \neg\varphi \vee \psi$	A	
	2	$\neg\varphi \vee \psi, \varphi \vdash \psi$	No_2	
	3	$\neg\varphi \vee \psi \vdash \varphi \Longrightarrow \psi$	AB	■
(b):	1	$\varphi \Longrightarrow \psi \vdash \varphi \Longrightarrow \psi$	A	
	2	$\varphi \Longrightarrow \psi, \varphi \vdash \psi$	AE	
	3	$\varphi \Longrightarrow \psi \vdash \neg\varphi \vee \psi$	No_1	■

23.24 **Modus Ponens, Modus Tollens**

$$\text{Mp}\quad \frac{\Sigma \vdash \psi \Longrightarrow \varphi \qquad \Pi \vdash \psi}{\Sigma, \Pi \vdash \varphi} \qquad\qquad \text{Mt}\quad \frac{\Sigma \vdash \psi \Longrightarrow \varphi \qquad \Pi \vdash \neg\varphi}{\Sigma, \Pi \vdash \neg\psi}$$

Zu Mp:

1	$\Sigma \vdash \psi \Longrightarrow \varphi$	gegeben	
2	$\Pi \vdash \psi$	gegeben	
3	$\Sigma, \psi \vdash \varphi$	AE 1	
4	$\Sigma, \Pi \vdash \varphi$	S	■

Zu Mt:

1	$\Sigma \vdash \psi \Longrightarrow \varphi$	gegeben	
2	$\Pi \vdash \neg\varphi$	gegeben	
3	$\Sigma, \psi \vdash \varphi$	AE 1	
4	$\Sigma, \neg\varphi \vdash \neg\psi$	Kp_1	
5	$\Sigma, \Pi \vdash \neg\psi$	S 2, 4	■

Beide Schlüsse sind seit der Antike wohlbekannt. Ihnen liegt jeweils eine Subjunktion zugrunde. Beim Modus Ponens kann man dadurch, daß man die Vorderformel "setzt" (d. h. behauptet), die Hinterformel "setzen". Bei Modus Tollens wird die Vorderformel dadurch "aufgehoben" (d. h. die Negation behauptet), daß man die Hinterformel "aufhebt". Das erklärt die traditionellen Namen dieser Schlüsse. Der Modus Ponens wird auch als Abtrennungsregel bezeichnet, weil man die Hinterformel der Subjunktion "abtrennen" (d. h. für sich behaupten) kann, wenn man die Vorderformel erhalten hat.

Es sind durchaus Ableitungskalküle verbreitet, bei denen der Modus Ponens die einzige (Grund-)Schlußregel ist und im übrigen nur Axiome vorkommen und auch nur Beweiszeilen ohne Annahmen. Solche Kalküle bezeichnet man als "Hilbert-Typ-Kalküle". Demgegenüber bezeichnet man als "Gentzen-Typ-Kalkül" einen Kalkül von der Art, wie wir ihn benutzen, d. h. mit vielen Schlußregeln, die den einzelnen logischen Konstanten zugeordnet werden können, und Beweiszeilen, in denen die Annahmen, von denen eine Behauptung abhängt, explizit aufgeführt werden.

23.25 **Kettenschluß**

$$\text{Ks}\quad \frac{\begin{array}{c}\Sigma \vdash \varphi \Longrightarrow \psi \\ \Pi \vdash \psi \Longrightarrow \theta\end{array}}{\Sigma, \Pi \vdash \varphi \Longrightarrow \theta}$$

Eliminierbarkeitsbeweis:

1	$\Sigma \vdash \varphi \Longrightarrow \psi$	gegeben
2	$\Pi \vdash \psi \Longrightarrow \theta$	gegeben
3	$\Sigma, \varphi \vdash \psi$	AE 1
4	$\Pi, \psi \vdash \theta$	AE 2
5	$\Sigma, \Pi, \varphi \vdash \theta$	S
6	$\Sigma, \Pi \vdash \varphi \Longrightarrow \theta$	AB ∎

Das Hin- und Herschieben von Formeln zwischen Annahmen und Behauptung mit Hilfe von AE und AB, das in den letzten Beweisen häufig vorkam, bezeichnet man auch als "Annahmenjonglieren".

Der Beweis einer Subjunktion verläuft oft so, daß man die Vorderformel als Annahme einführt und daraus die Hinterformel gewinnt und AB anwendet. Man sehe sich unsere bislang geführten metasprachlichen Beweise daraufhin an.

Die beiden Prämissenzeilen von $\ddot{A}Q_1$ sind oft das Ergebnis vorangehender Teilbeweise: "von links nach rechts" und "von rechts nach links", in die man gewöhnlich einen Äquivalenzbeweis zerlegt. Auch in der Metasprache sind wir entsprechend verfahren. Einige unserer bisherigen Sätze bestanden aus diesen beiden Teilen eines Äquivalenzbeweises. Wir notieren die sich durch $\ddot{A}Q_1$ daraus ergebenden Äquijunktionen.

23.20 c $\quad \vdash \neg\varphi \vee \neg\psi \Longleftrightarrow \neg(\varphi \wedge \psi)$
23.21 c $\quad \vdash \neg\neg\varphi \Longleftrightarrow \varphi$
23.23 c $\quad \vdash \neg\varphi \vee \psi \Longleftrightarrow (\varphi \Longrightarrow \psi)$

Wir wollen zum Abschluß einige Sätze über die Äquijunktion zeigen, die wir später bei der Ersetzungsregel benötigen.

23.26 **Satz**

(a) $\vdash \varphi \Longleftrightarrow \varphi$

(b) $\varphi \Longleftrightarrow \psi \vdash \neg\varphi \Longleftrightarrow \neg\psi$

(c) $\varphi_1 \Longleftrightarrow \psi_1, \varphi_2 \Longleftrightarrow \psi_2 \vdash \varphi_1 \wedge \varphi_2 \Longleftrightarrow \psi_1 \wedge \psi_2$

(d) $\varphi_1 \Longleftrightarrow \psi_1, \varphi_2 \Longleftrightarrow \psi_2 \vdash \varphi_1 \vee \varphi_2 \Longleftrightarrow \psi_1 \vee \psi_2$

(e) $\varphi_1 \Longleftrightarrow \psi_1, \varphi_2 \Longleftrightarrow \psi_2 \vdash (\varphi_1 \Longrightarrow \varphi_2) \Longleftrightarrow (\psi_1 \Longrightarrow \psi_2)$

(f) $\varphi_1 \Longleftrightarrow \psi_1, \varphi_2 \Longleftrightarrow \psi_2 \vdash (\varphi_1 \Longleftrightarrow \varphi_2) \Longleftrightarrow (\psi_1 \Longleftrightarrow \psi_2)$

Beweise:

Zu (a):

1	$\varphi \vdash \varphi$	A
2	$\vdash \varphi \Longleftrightarrow \varphi$	$ÄQ_1$ 1, 1 ∎

Zu (b):

1	$(1) \vdash \varphi \Longleftrightarrow \psi$	A
2	$(1), \varphi \vdash \psi$	$ÄQ_2$
3	$(1), \psi \vdash \varphi$	$ÄQ_3$ 1
4	$(1), \neg\psi \vdash \neg\varphi$	Kp_1 2
5	$(1), \neg\varphi \vdash \neg\psi$	Kp_1 3
6	$(1) \vdash \neg\varphi \Longleftrightarrow \neg\psi$	$ÄQ_1$ ∎

Wir haben dabei eine neue Abkürzungskonvention bei Beweisen benutzt. Um die Annahmen, die ja oft ungeändert "durchlaufen", nicht in jeder Zeile erneut hinschreiben zu müssen, kürzen wir sie durch die eingeklammerte Zeilennummer ab, in der sie eingeführt wurden. Oben ist also "(1)" Abkürzung für die Formel $\varphi \Longleftrightarrow \psi$. Entsprechende Abkürzungen werden wir künftig benutzen.

Zu (c):

$\Longrightarrow$: 1	$(1) \vdash \varphi_1 \Longleftrightarrow \psi_1$	A
2	$(2) \vdash \varphi_2 \Longleftrightarrow \psi_2$	A
3	$(1), \varphi_1 \vdash \psi_1$	$ÄQ_2$ 1
4	$(2), \varphi_2 \vdash \psi_2$	$ÄQ_2$ 2
5	$(1), (2), \varphi_1, \varphi_2 \vdash \psi_1 \wedge \psi_2$	KON_1
6	$(1), (2), \varphi_1 \wedge \varphi_2 \vdash \psi_1 \wedge \psi_2$	Av
$\Longleftarrow$: Zeilen 1, 2 wie oben		
3	$(1), \psi_1 \vdash \varphi_1$	$ÄQ_3$ 1
4	$(2), \psi_2 \vdash \varphi_2$	$ÄQ_3$ 2
5	$(1), (2), \psi_1, \psi_2 \vdash \varphi_1 \wedge \varphi_2$	KON_1
6	$(1), (2), \psi_1 \wedge \psi_2 \vdash \varphi_1 \wedge \varphi_2$	Av

Auf die letzten Zeilen dieser Teilbeweise wende man $ÄQ_1$ an. ∎

Der Übersichtlichkeit wegen haben wir den Beweis in die beiden Teilbeweise "von links nach rechts" und "von rechts nach links" zerlegt und die abschließende Anwendung von $ÄQ_1$ gar nicht mehr notiert. Das entspricht genau der bereits bei metasprachlichen Beweisen geübten Praxis.

Zu (d):

$\Longrightarrow$: 1	$(1) \vdash \varphi_1 \Longleftrightarrow \psi_1$	A
2	$(2) \vdash \varphi_2 \Longleftrightarrow \psi_2$	A
3	$(1), \varphi_1 \vdash \psi_1$	$ÄQ_2$ 1
4	$(2), \varphi_2 \vdash \psi_2$	$ÄQ_2$ 2
5	$(1), \varphi_1 \vdash \psi_1 \vee \psi_2$	DIS_2 3
6	$(2), \varphi_2 \vdash \psi_1 \vee \psi_2$	DIS_3 4
7	$(1), (2), \varphi_1 \vee \varphi_2 \vdash \psi_1 \vee \psi_2$	DIS_1

$\Longleftarrow$: Entsprechend. ■

Die andere Richtung haben wir gar nicht mehr hingeschrieben, da ersichtlich ist, wie das geht.

Zu (e):

$\Longrightarrow$: 1	$(1) \vdash \varphi_1 \Longleftrightarrow \psi_1$	A
2	$(2) \vdash \varphi_2 \Longleftrightarrow \psi_2$	A
3	$(3) \vdash \varphi_1 \Longrightarrow \varphi_2$	A
4	$(1), \psi_1 \vdash \varphi_1$	$ÄQ_3$ 1
5	$(1), (3), \psi_1 \vdash \varphi_2$	Mp
6	$(2), \varphi_2 \vdash \psi_2$	$ÄQ_2$ 2
7	$(1), (2), (3), \psi_1 \vdash \psi_2$	S
8	$(1), (2), (3) \vdash \psi_1 \Longrightarrow \psi_2$	AB

$\Longleftarrow$: Entsprechend. ■

Zu (f):

$\Longrightarrow$: 1	$(1) \vdash \varphi_1 \Longleftrightarrow \psi_1$	A
2	$(2) \vdash \varphi_2 \Longleftrightarrow \psi_2$	A
3	$(3) \vdash \varphi_1 \Longleftrightarrow \varphi_2$	A
4	$(1), \varphi_1 \vdash \psi_1$	$ÄQ_2$ 1
5	$(1), \psi_1 \vdash \varphi_1$	$ÄQ_3$ 1
6	$(2), \varphi_2 \vdash \psi_2$	$ÄQ_2$ 2
7	$(2), \psi_2 \vdash \varphi_2$	$ÄQ_3$ 2
8	$(3), \varphi_1 \vdash \varphi_2$	$ÄQ_2$ 3
9	$(3), \varphi_2 \vdash \varphi_1$	$ÄQ_3$ 3
10	$(1), (3), \psi_1 \vdash \varphi_2$	S 5, 8
11	$(1), (2), (3), \psi_1 \vdash \psi_2$	S 10, 6
12	$(2), (3), \psi_2 \vdash \varphi_1$	S 7, 9
13	$(1), (2), (3), \psi_2 \vdash \psi_1$	S 12, 4
14	$(1), (2), (3) \vdash \psi_1 \Longleftrightarrow \psi_2$	$ÄQ_1$ 11, 13

$\Longleftarrow$: Entsprechend. ■

Es ist möglich, was wir hier aber nicht zeigen wollen, mit den bis jetzt angegebenen Grundregeln alle aussagenlogischen Folgerungen zu beweisen. Die Ableitungen entsprechen eher den natürlichen Denkprozessen beim Argumentieren, als das Wahrheitstafelverfahren. Außerdem läßt sich das Ableitungsverfahren auf die gesamte Prädikatenlogik und darüber hinaus ausdehnen.

§ 24. Ableitbarkeit (Quantorenregeln)

Zu den im vorigen Paragraphen angegebenen Grundregeln kommen weitere hinzu.

24.1 Grundregeln für Quantoren

ALL_1	$\dfrac{\Sigma, \varphi \vdash \theta}{\Sigma, \forall v\varphi \vdash \theta}$	
ALL_2	$\dfrac{\Sigma \vdash \varphi}{\Sigma \vdash \forall v\varphi}$,	wenn v in keiner Formel von Σ frei vorkommt.
EX_1	$\dfrac{\Sigma, \varphi \vdash \theta}{\Sigma, \exists v\varphi \vdash \theta}$,	wenn v in keiner Formel von Σ und auch nicht in θ frei vorkommt.
EX_2	$\dfrac{\Sigma \vdash \varphi}{\Sigma \vdash \exists v\varphi}$	

Wir wollen zunächst die Korrektheit der Regeln nachweisen.

Zu ALL_1: Sei $\Sigma, \varphi \Vdash \theta$ und $\mathcal{J} \models \Sigma \cup \{\forall v\varphi\}$.
Wenn $\mathcal{J} \models \forall v\varphi$, so ist für jede abgeänderte Bewertung $\mathcal{J}^v_x \models \varphi$, also auch wenn man gar nichts ändert (d. h. für $x = [\![v]\!]_{\mathcal{J}}$), $\mathcal{J} \models \varphi$. Somit $\mathcal{J} \models \Sigma \cup \{\varphi\}$ und $\mathcal{J} \models \theta$ wegen der Korrektheit der Prämissenzeile.
Damit ist gezeigt: $\Sigma, \forall v\varphi \Vdash \theta$ ∎

Zu ALL_2: Sei $\Sigma \Vdash \varphi$ und $\mathcal{J} \models \Sigma$.
Sei x aus dem Bereich der Sorte von v. Weil v in keiner Formel aus Σ frei vorkommt, ist nach dem Koinzidenztheorem auch $\mathcal{J}^v_x \models \Sigma$. Also wegen der Korrektheit der Prämissenzeile $\mathcal{J}^v_x \models \varphi$. Das gilt für jedes solche x, also $\mathcal{J} \models \forall v\varphi$.
Damit ist gezeigt: $\Sigma \Vdash \forall v\varphi$ ∎

Zu EX_1: Sei $\Sigma, \varphi \Vdash \theta$ und $\mathcal{J} \models \Sigma \cup \{\exists v\varphi\}$.
Sei x aus dem Bereich der Sorte von v mit $\mathcal{J}^v_x \models \varphi$. Weil v in keiner Formel von Σ frei vorkommt, erhält man mit dem Koinzidenztheorem $\mathcal{J}^v_x \models \Sigma$. Aus der Korrektheit der Prämissenzeile erhält man $\mathcal{J}^v_x \models \theta$, und weil v in θ nicht frei vorkommt, liefert das Koinzidenztheorem $\mathcal{J} \models \theta$.
Damit ist gezeigt: $\Sigma, \exists v\varphi \Vdash \theta$ ∎

Zu EX_2: Sei $\Sigma \Vdash \varphi$ und $\mathcal{J} \models \Sigma$.
Für $x = [\![v]\!]_{\mathcal{J}}$ hat man $\mathcal{J}^v_x \models \varphi$, also $\mathcal{J} \models \exists v\varphi$.
Damit ist gezeigt: $\Sigma \Vdash \exists v\varphi$ ∎

Man beachte, daß die Variablenbedingungen wesentlich sind. Wenn man sie wegläßt, werden die Regeln inkorrekt. Sonst könnten wir die Zeile $\exists v\varphi \Vdash \forall v\varphi$ "beweisen", die i. allg. inkorrekt ist.

Erster fehlerhafter Beweis:

1	$\varphi \vdash \varphi$	A
2	$\exists v\varphi \vdash \varphi$	EX_1
3	$\exists v\varphi \vdash \forall v\varphi$	ALL_2

Zeile 1 ist korrekt, in Zeile 3 ist die Regel ALL_2 auch korrekt angewendet worden, weil v nicht frei in $\exists v\varphi$ ist. Der Fehler besteht darin, daß in Zeile 2 nicht beachtet wurde, daß v nicht frei in φ vorkommen darf.

Zweiter fehlerhafter Beweis:

1	$\varphi \vdash \varphi$	A
2	$\varphi \vdash \forall v\varphi$	ALL_2
3	$\exists v\varphi \vdash \forall v\varphi$	EX_1

Wir haben dieselbe Zeile erhalten. Die Anwendung von EX_1 ist in Ordnung, aber ALL_2 muß voraussetzen, daß v in φ nicht frei vorkommt.

Unser Korrektheitsbeweis zeigt dagegen, daß man bei Beachtung der Variablenbedingungen aus korrekten Zeilen stets wieder korrekte Zeilen erhält.

Man bezeichnet die Regeln ALL_1 und ALL_2 auch als vordere und hintere All-Einführung und ALL_2 auch als Generalisierung. Die Bedingung, daß v in den Annahmen Σ nicht frei vorkommt, besagt gerade, daß durch $\mathcal{J} \models \Sigma$ nichts Einschränkendes über den Wert der Variablen v vorausgesetzt wird. Man beachte, daß wir in der Metasprache auch schon immer so geschlossen haben. Wir haben etwa eine Bewertung $\mathcal{J}$ angenommen und dafür

$$\mathcal{J} \models \Sigma \Longrightarrow \mathcal{J} \models \varphi$$

gezeigt. Weil über $\mathcal{J}$ "nichts Einschränkendes vorausgesetzt" war, sind wir dann zu

Für alle $\mathcal{J}$ gilt $\mathcal{J} \models \Sigma \Longrightarrow \mathcal{J} \models \varphi$

übergegangen, d. h. zu $\Sigma \Vdash \varphi$.

Die Regeln EX_1, EX_2 werden auch als vordere und hintere Existenz-Einführung bezeichnet und EX_2 auch als Partikularisierung. Die kritische Regel ist hier EX_1. Wenn man die Zeile $\Sigma, \varphi \vdash \theta$ erhalten hat, wobei (in einer Bewertung $\mathcal{J}$) die Variable v irgendeinen Wert hat, so spielt dieser Wert für Σ und θ keine Rolle. Die Voraussetzung von $\exists v\varphi$ reicht also auch, um mit Σ zusammen θ zu erhalten.

Das Weglassen eines Allquantors in der Behauptung bezeichnet man auch als All-Beseitigung. Das ist eine eliminierbare Regel.

24.2 Allbeseitigungsregel

$$\forall b \qquad \frac{\Sigma \vdash \forall v\varphi}{\Sigma \vdash \varphi}$$

Beweis der Eliminierbarkeit:

1	$\Sigma \vdash \forall v\varphi$	gegeben
2	$\varphi \vdash \varphi$	A
3	$\forall v\varphi \vdash \varphi$	ALL_1
4	$\Sigma \vdash \varphi$	S 1, 3

■

Man beachte, daß es keine Regel der Existenzbeseitigung gibt. Wenn man von einer Existenzbehauptung $\exists v\varphi$ zu φ übergehen möchte, so ist das unter denselben Annahmen gewöhnlich nicht möglich. Aber natürlich kann man stets φ als neue Annahme einführen.

Um die Leistungsfähigkeit der Regeln zu demonstrieren, wollen wir einige Sätze aus dem ABC der Prädikatenlogik beweisen.

24.3 a **Satz**

$$\forall v(\varphi \wedge \psi) \vdash \forall v\varphi \wedge \forall v\psi$$

Beweis:

1	$(1) \vdash \forall v(\varphi \wedge \psi)$	A
2	$(1) \vdash \varphi \wedge \psi$	$\forall$b
3	$(1) \vdash \varphi$	KON_2
4	$(1) \vdash \forall v\varphi$	ALL_2 !
5	$(1) \vdash \psi$	KON_3 2
6	$(1) \vdash \forall v\psi$	ALL_2 !
7	$(1) \vdash \forall v\varphi \wedge \forall v\psi$	KON_1 4, 6 ∎

Wir haben die Zeilen mit einem Ausrufungszeichen ! markiert, in denen eine kritische Quantorenregel angewendet wurde. In den Zeilen muß man nachprüfen, daß die generalisierte Variable v in der gewonnenen Zeile nicht frei vorkommt.

24.3 b **Satz**

$$\forall v\varphi \wedge \forall v\psi \vdash \forall v(\varphi \wedge \psi)$$

Beweis:

1	$(1) \vdash \forall v\varphi \wedge \forall v\psi$	A
2	$(1) \vdash \forall v\varphi$	KON_2
3	$(1) \vdash \varphi$	$\forall$b
4	$(1) \vdash \forall v\psi$	KON_3 1
5	$(1) \vdash \psi$	$\forall$b
6	$(1) \vdash \varphi \wedge \psi$	KON_1 3, 5
7	$(1) \vdash \forall v(\varphi \wedge \psi)$	ALL_2 ! ∎

Aus 24.3 a und 24.3 b erhält man mit $\ddot{A}Q_1$:

24.3 c **Satz**

$$\vdash \forall v(\varphi \wedge \psi) \Longleftrightarrow \forall v\varphi \wedge \forall v\psi$$

24.4 **Satz**

(a) $\exists v\varphi \vee \exists v\psi \vdash \exists v(\varphi \vee \psi)$

(b) $\exists v(\varphi \vee \psi) \vdash \exists v\varphi \vee \exists v\psi$

(c) $\vdash \exists v(\varphi \vee \psi) \Longleftrightarrow \exists v\varphi \vee \exists v\psi$

Beweise:

Zu (a):

1	$\varphi \vdash \varphi$	A
2	$\varphi \vdash \varphi \vee \psi$	DIS_2
3	$\varphi \vdash \exists v(\varphi \vee \psi)$	EX_2
4	$\exists v\varphi \vdash \exists v(\varphi \vee \psi)$	EX_1 !
5	$\psi \vdash \psi$	A
6	$\psi \vdash \varphi \vee \psi$	DIS_3
7	$\psi \vdash \exists v(\varphi \vee \psi)$	EX_2
8	$\exists v\psi \vdash \exists v(\varphi \vee \psi)$	EX_1 !
9	$\exists v\varphi \vee \exists v\psi \vdash \exists v(\varphi \vee \psi)$	DIS_1 4, 8 ∎

Zu (b):

1	$\varphi \vdash \varphi$	A
2	$\varphi \vdash \exists v\varphi$	EX_2
3	$\varphi \vdash \exists v\varphi \vee \exists v\psi$	DIS_2
4	$\psi \vdash \psi$	A
5	$\psi \vdash \exists v\psi$	EX_2
6	$\psi \vdash \exists v\varphi \vee \exists v\psi$	DIS_3
7	$\varphi \vee \psi \vdash \exists v\varphi \vee \exists v\psi$	DIS_1 3, 6
8	$\exists v(\varphi \vee \psi) \vdash \exists v\varphi \vee \exists v\psi$	EX_1 ! ∎

Zu (c): Das erhält man aus (a), (b) mit $ÄQ_1$. ∎

24.5 **Satz**

(a) $\neg \forall v\varphi \vdash \exists v \neg \varphi$

(b) $\exists v \neg \varphi \vdash \neg \forall v\varphi$

(c) $\vdash \neg \forall v\varphi \Longleftrightarrow \exists v \neg \varphi$

Beweise:

Zu (a):

1	$\neg \varphi \vdash \neg \varphi$	A
2	$\neg \varphi \vdash \exists v \neg \varphi$	EX_2
3	$\neg \exists v \neg \varphi \vdash \varphi$	Kp_2
4	$\neg \exists v \neg \varphi \vdash \forall v\varphi$	ALL_2 !
5	$\neg \forall v\varphi \vdash \exists v \neg \varphi$	Kp_2 ∎

Zu (b):

1	$\varphi \vdash \varphi$	A
2	$\forall v\varphi \vdash \varphi$	ALL_1
3	$\neg \varphi \vdash \neg \forall v\varphi$	Kp_1
4	$\exists v \neg \varphi \vdash \neg \forall v\varphi$	EX_1 ! ∎

Wie oben erhält man daraus (c). ∎

24.6 **Satz**

(a) $\neg \exists v\varphi \vdash \forall v \neg \varphi$

(b) $\forall v \neg \varphi \vdash \neg \exists v\varphi$

(c) $\vdash \neg \exists v\varphi \Longleftrightarrow \forall v \neg \varphi$

Beweise:

Zu (a):

1	$\varphi \vdash \varphi$	A	
2	$\varphi \vdash \exists v \varphi$	EX_2	
3	$\neg \exists v \varphi \vdash \neg \varphi$	Kp_1	
4	$\neg \exists v \varphi \vdash \forall v \neg \varphi$	ALL_2 !	■

Zu (b):

1	$\neg \varphi \vdash \neg \varphi$	A	
2	$\forall v \neg \varphi \vdash \neg \varphi$	ALL_1	
3	$\varphi \vdash \neg \forall v \neg \varphi$	Kp_3	
4	$\exists v \varphi \vdash \neg \forall v \neg \varphi$	EX_1 !	
5	$\forall v \neg \varphi \vdash \neg \exists v \varphi$	Kp_3	■

Wie oben erhält man daraus (c). ■

24.7 **Satz**

$$\forall v \varphi \vee \forall v \psi \vdash \forall v(\varphi \vee \psi)$$

Beweis:

1	$(1) \vdash \forall v \varphi$	A	
2	$(1) \vdash \varphi$	$\forall$b	
3	$(1) \vdash \varphi \vee \psi$	DIS_2	
4	$(4) \vdash \forall v \psi$	A	
5	$(4) \vdash \psi$	$\forall$b	
6	$(4) \vdash \varphi \vee \psi$	DIS_3	
7	$\forall v \varphi \vee \forall v \psi \vdash \varphi \vee \psi$	DIS_1 3, 6	
8	$\forall v \varphi \vee \forall v \psi \vdash \forall v(\varphi \vee \psi)$	ALL_2 !	■

Es wird aber nicht gelingen, die Umkehrung dieses Satzes, die ja nicht gültig ist, herzuleiten.

24.8 **Satz**

$$\exists v(\varphi \wedge \psi) \vdash \exists v \varphi \wedge \exists v \psi$$

Beweis:

1	$\varphi \wedge \psi \vdash \varphi \wedge \psi$	A	
2	$\varphi \wedge \psi \vdash \varphi$	KON_2	
3	$\varphi \wedge \psi \vdash \exists v \varphi$	EX_2	
4	$\varphi \wedge \psi \vdash \psi$	KON_3 1	
5	$\varphi \wedge \psi \vdash \exists v \psi$	EX_2	
6	$\varphi \wedge \psi \vdash \exists v \varphi \wedge \exists v \psi$	KON_1 3, 5	
7	$\exists v(\varphi \wedge \psi) \vdash \exists v \varphi \wedge \exists v \psi$	EX_1 !	■

Auch von diesem Satz kann man nicht die Umkehrung ableiten.

24.9 **Satz**

$$\exists v \forall w \varphi \vdash \forall w \exists v \varphi$$

Beweis:

1	$\varphi \vdash \varphi$	A	
2	$\forall w \varphi \vdash \varphi$	ALL_1	
3	$\forall w \varphi \vdash \exists v \varphi$	EX_2	
4	$\exists v \forall w \varphi \vdash \exists v \varphi$	EX_1 !	
5	$\exists v \forall w \varphi \vdash \forall w \exists v \varphi$	ALL_2 !	■

Auch hier ist es nicht möglich, die andere Richtung (Quantorenschwindel) herzuleiten.

Wir wollen nun noch einige Syllogismen beweisen.

24.10 **Felapton**

$$M\,e\,P, M\,a\,S \Vdash_{SY} S\,o\,P$$

Beweis:

1	$M\,e\,P \vdash \forall v_0(v_0 \in M \Longrightarrow v_0 \notin P)$	A	
2	$M\,a\,S \vdash \forall v_0(v_0 \in M \Longrightarrow v_0 \in S)$	A	
3	$M\,e\,P \vdash v_0 \in M \Longrightarrow v_0 \notin P$	$\forall$b 1	
4	$M\,a\,S \vdash v_0 \in M \Longrightarrow v_0 \in S$	$\forall$b 2	
5	$M\,a\,S, v_0 \in M \vdash v_0 \in S$	AE	
6	$M\,e\,P, v_0 \in M \vdash v_0 \notin P$	AE 3	
7	$M\,e\,P, M\,a\,S, v_0 \in M \vdash v_0 \in S \land v_0 \notin P$	KON_1	
8	$M\,e\,P, M\,a\,S, v_0 \in M \vdash S\,o\,P$	EX_2	
9	$M\,e\,P, M\,a\,S, \exists v_0 v_0 \in M \vdash S\,o\,P$	EX_1 !	■

24.11 **Darii**

$$M\,a\,P, S\,i\,M \Vdash_{SY} S\,i\,P$$

Beweis:

1	$M\,a\,P \vdash \forall v_0(v_0 \in M \Longrightarrow v_0 \in P)$	A	
2	$(2) \vdash v_0 \in S \land v_0 \in M$	A	
3	$(2) \vdash v_0 \in S$	KON_2	
4	$(2) \vdash v_0 \in M$	KON_3	
5	$M\,a\,P \vdash v_0 \in M \Longrightarrow v_0 \in P$	$\forall$b 1	
6	$M\,a\,P, (2) \vdash v_0 \in P$	Mp	
7	$M\,a\,P, (2) \vdash v_0 \in S \land v_0 \in P$	KON_1 3, 6	
8	$M\,a\,P, (2) \vdash S\,i\,P$	EX_2	
9	$M\,a\,P, S\,i\,M \vdash S\,i\,P$	EX_1 !	■

Die beiden folgenden Sätze benötigen wir für Ersetzungsregeln:

24.12 **Satz**

(a) $\forall v(\varphi \Longleftrightarrow \psi) \vdash \forall v \varphi \Longleftrightarrow \forall v \psi$

(b) $\forall v(\varphi \Longleftrightarrow \psi) \vdash \exists v \varphi \Longleftrightarrow \exists v \psi$

Beweise:

Zu (a):

1	$(1) \vdash \forall v(\varphi \Longleftrightarrow \psi)$	A
2	$(1) \vdash \varphi \Longleftrightarrow \psi$	$\forall$b
3	$(1), \varphi \vdash \psi$	$ÄQ_2$
4	$(1), \forall v\varphi \vdash \psi$	ALL_1
5	$(1), \forall v\varphi \vdash \forall v\psi$	ALL_2 !
6	$(1), \psi \vdash \varphi$	$ÄQ_3$ 2
7	$(1), \forall v\psi \vdash \varphi$	ALL_1
8	$(1), \forall v\psi \vdash \forall v\varphi$	ALL_2 !
9	$(1) \vdash \forall v\varphi \Longleftrightarrow \forall v\psi$	$ÄQ_1$ 5, 8 ∎

Zu (b):

1	$(1) \vdash \forall v(\varphi \Longleftrightarrow \psi)$	A
2	$(1) \vdash \varphi \Longleftrightarrow \psi$	$\forall$b
3	$(1), \varphi \vdash \psi$	$ÄQ_2$
4	$(1), \varphi \vdash \exists v\psi$	EX_2
5	$(1), \exists v\varphi \vdash \exists v\psi$	EX_1 !
6	$(1), \psi \vdash \varphi$	$ÄQ_3$ 2
7	$(1), \psi \vdash \exists v\varphi$	EX_2
8	$(1), \exists v\psi \vdash \exists v\varphi$	EX_1 !
9	$(1) \vdash \exists v\varphi \Longleftrightarrow \exists v\psi$	$ÄQ_1$ 5, 8 ∎

§ 25. Substitutionen

Wir wollen in diesem Paragraphen den Begriff der Substitution und damit zusammenhängende Sätze kennenlernen. Substitutionen treten beim Schluß vom Allgemeinen auf das Besondere auf. Man hat etwa eine Allbehauptung

$$\forall \mathrm{v}\, \varphi(\mathrm{v})$$

erhalten, wobei $\varphi(\mathrm{v})$ für eine Formel stehe, in der an einigen Stellen die Variable v vorkomme. Es sei a ein Term derselben Sorte, der (in einer Bewertung) ein spezielles Individuum dieser Sorte bezeichnet. Dann sollte auch

$$\varphi(\mathrm{a})$$

behauptet werden dürfen, wobei $\varphi(\mathrm{a})$ für die Formel steht, in der für die Variable v der Term a eingesetzt ist. Man sagt dann, daß $\varphi(\mathrm{a})$ aus $\varphi(\mathrm{v})$ durch Anwendung der Substitution von a für v entsteht.

Wir besprechen zunächst den syntaktischen Prozeß des Anwendens einer Substitution. Dann bestimmen wir, wie sich die Werte der beteiligten Formeln bei Bewertungen verhalten. Und schließlich geben wir eine weitere Grundregel an.

25.1 **Substitutionen**

Eine Substitution ist eine Funktion, die allen Variablen Individuenterme jeweils derselben Sorte zuordnet. Die Substitution, die den paarweise verschiedenen Variablen $\mathrm{w}_1, \ldots, \mathrm{w}_n$ die Terme $\mathrm{a}_1, \ldots, \mathrm{a}_n$ zuordnet und alle anderen Variablen unverändert läßt, sei:

$$[\mathrm{w}_1, \ldots, \mathrm{w}_n / \mathrm{a}_1, \ldots, \mathrm{a}_n]$$

Wenn π eine Substitution ist, so sei $\pi^{\mathrm{v}}_{\mathrm{a}}$ diejenige Substitution, die der Variablen v den Term a zuordnet und ansonsten wie π ist.

Das Anwenden einer Substitution auf eine Formel bedeutet grob gesprochen, daß die Ersetzungen von Variablen durch Terme gemäß der Zuordnung vorzunehmen sind. Genauer gesagt sind aber nicht überall die entsprechenden Ersetzungen vorzunehmen. Es dürfen vielmehr nur freie Vorkommen ersetzt werden, und es darf keine eingesetzte Variable gebunden werden.

25.2 **Anwenden einer Substitution**

$\mathrm{Sub}\, \varphi\, \pi\, \varphi'$ heißt, daß φ durch Anwenden der Substitution π in φ' übergeht. Das bedeutet, daß man in φ alle freien Vorkommen von Variablen gemäß π ersetzt und so φ' entsteht. Dabei darf keine freie Variable eines eingesetzten Ausdrucks gebunden werden (Verbot der sog. Variablenkollision).

Wir betrachten ein Beispiel: φ bzw. φ_1 seien die Formeln

$$\mathrm{v}^{\mathrm{s}}_0 = \mathrm{v}^{\mathrm{s}}_1 \wedge \forall \mathrm{v}^{\mathrm{s}}_0 (\mathrm{Q} \ni \mathrm{v}^{\mathrm{s}}_1 \mathrm{v}^{\mathrm{s}}_0 \Longleftrightarrow \mathrm{v}^{\mathrm{s}}_1 = \mathrm{c}) \text{ bzw. } \mathrm{c} = \mathrm{v}^{\mathrm{s}}_2 \wedge \forall \mathrm{v}^{\mathrm{s}}_0 (\mathrm{Q} \ni \mathrm{v}^{\mathrm{s}}_2 \mathrm{v}^{\mathrm{s}}_0 \Longleftrightarrow \mathrm{v}^{\mathrm{s}}_2 = \mathrm{c}).$$

π_1 bzw. π_2 seien die Substitutionen $[\mathrm{v}^{\mathrm{s}}_1, \mathrm{v}^{\mathrm{s}}_0 / \mathrm{v}^{\mathrm{s}}_2, \mathrm{c}]$ bzw. $[\mathrm{v}^{\mathrm{s}}_1 / \mathrm{v}^{\mathrm{s}}_0]$

Dann geht φ dadurch in φ_1 über, daß jedes freie Vorkommen von $\mathrm{v}^{\mathrm{s}}_1$ (es gibt gar keine gebundenen Vorkommen in der Formel) durch v_2^s und jedes freie Vorkommen von v_0^s (dabei handelt es sich um das erste Vorkommen) durch c ersetzt wird. Dabei werden die eingesetzten Terme nicht gebunden. Somit gilt:

$$\mathrm{Sub}\,\varphi\,\pi_1\,\varphi_1$$

Aber es gibt keine Formel φ_2 mit $\mathrm{Sub}\,\varphi\,\pi_2\,\varphi_2$, da v_0^s, für v_1^s eingesetzt, vom Quantor $\forall v_0^s$ gebunden würde.

Um aber auch in solchen Fällen Substitution zu ermöglichen, erlaubt man gleichzeitig eine Umbenennung der gebundenen Variablen.

25.3 Gebundene Umbenennung

$\mathrm{Gebu}\,\varphi\,\varphi'$ heißt, daß φ durch gebundene Umbenennung in φ' übergeht. Das bedeutet, daß man gewisse Vorkommen von gebundenen Variablen v^s in φ durch andere Variablen w^s derselben Sorte ersetzt und so φ' entsteht. Dabei ist jeweils ein bestimmtes Quantorenvorkommen $\forall v^s$ bzw. $\exists v^s$ zu fixieren und die Variable v^s ist überall da, wo sie durch dieses Quantorenvorkommen gebunden ist, durch die Variable w^s zu ersetzen, die dann an genau den entsprechenden Stellen durch das umbenannte Quantorenvorkommen gebunden sein muß.

Wir kehren zu dem Beispiel zurück.

φ^* sei die Formel $v_0^s = v_1^s \wedge \forall v_7^s\, (Q \ni v_1^s v_7^s \Longleftrightarrow v_1^s = c)$.

Dann geht φ durch eine gebundene Umbenennung (von v_0^s in v_7^s) in φ^* über.

Wenn man eine gebundene Umbenennung und eine Substitution hintereinanderschaltet, so redet man von allgemeiner Substitutionsanwendung.

25.4 Allgemeine Substitutionsanwendung

$\mathrm{GSub}\,\varphi\,\pi\,\varphi'$ heiße, daß es eine Formel φ^* mit $\mathrm{Gebu}\,\varphi\,\varphi^*$ und $\mathrm{Sub}\,\varphi^*\,\pi\,\varphi'$ gibt.

Wir beenden unser Beispiel.

φ' sei die Formel $v_0^s = v_0^s \wedge \forall v_7^s\, (Q \ni v_0^s v_7^s \Longleftrightarrow v_0^s = c)$.

Dann gilt $\mathrm{Sub}\,\varphi^*\,\pi_2\,\varphi'$ und somit auch $\mathrm{GSub}\,\varphi\,\pi_2\,\varphi'$.

Allgemeine Substitution ist stets möglich, da man durch gebundene Umbenennung eine Variablenkollision, die sonst entstehen würde, vermeiden kann. Das Ergebnis ist allerdings nicht eindeutig bestimmt, da wir die Wahl der neuen gebundenen Variablen freigestellt haben.

Man merke sich bei der Substitution:

(a) Nur für freie aber für alle freien Variablenvorkommen einsetzen
(b) Keine neuen Variablenbindungen erzeugen
(c) Ggfs. vorher gebundene Umbenennung vornehmen

Oft verwendet man folgende Bezeichnungskonvention, die wir zu Beginn des Paragraphen schon verwendet haben:

25.5 **Schreibweise mit Hervorhebung von Variablen bzw. Termen**

Bei der Angabe von Formeln fügt man oft in Klammern Variablen zu:

$\varphi(w_1, \ldots, w_n)$ Lesart: φ von $w_1, \ldots, w_n$.

Dadurch teilt man mit, daß die freien Variablen der Formel unter den hervorgehobenen Variablen $w_1, \ldots, w_n$ vorkommen oder daß diese Variablen anderweitig in dem Kontext eine besondere Rolle spielen, etwa bei Substitutionen. Wenn im gleichen Kontext mit zugefügten Termen

$\varphi(a_1, \ldots, a_n)$ Lesart: φ von $a_1, \ldots, a_n$

vorkommt, so ist damit das Resultat der Anwendung der Substitution gemeint, die a_1 für $w_1, \ldots, a_n$ für w_n substituiert, d.h. es wird vorausgesetzt:

$$\text{GSub}\,\varphi(w_1, \ldots, w_n)\ [w_1, \ldots, w_n / a_1, \ldots, a_n]\ \varphi(a_1, \ldots, a_n)$$

Die syntaktische Klärung des Substitutionsbegriffs ist damit beendet. Wir kommen nun zu dem semantischen Aspekt von Substitutionen.

Wir nehmen an, daß wir zwei Formeln $\varphi(w_1, \ldots, w_n)$ und $\varphi(a_1, \ldots, a_n)$ haben, die im Sinne von 25.5 zusammenhängen, d. h. die zweite Formel enthält dort den Term a_i, wo die erste ein freies Vorkommen von w_i hat. Es seien zwei Bewertungen gegeben, die weitgehend übereinstimmen bis auf den Umstand, daß die erste die Variablen $w_1, \ldots, w_n$ so bewertet, wie die zweite die dafür eingesetzten Terme $a_1, \ldots, a_n$. Dann leuchtet ein, daß die erste Bewertung die Formel $\varphi(w_1, \ldots, w_n)$ genauso bewertet, wie die zweite Bewertung die Formel $\varphi(a_1, \ldots, a_n)$. Genau das besagt der Substitutionssatz.

25.6 **Substitutionssatz**

Es sei $\text{GSub}\,\varphi(w_1, \ldots, w_n)\ [w_1, \ldots, w_n / a_1, \ldots, a_n]\ \varphi(a_1, \ldots, a_n)$, $\mathcal{J}$ eine Bewertung und (zur Abkürzung) $x_i = [\![a_i]\!]_{\mathcal{J}}$ (für $i = 1, \ldots, n$). Dann gilt:

$$\mathcal{J}^{w_1 \ldots w_n}_{x_1 \ldots x_n} \models \varphi(w_1, \ldots, w_n) \iff \mathcal{J} \models \varphi(a_1, \ldots, a_n)$$

Beweis:

Um die Notation zu vereinfachen, schreiben wir φ für $\varphi(w_1, \ldots, w_n)$, φ' für $\varphi(a_1, \ldots, a_n)$ und π für die Substitution. Wir setzen also $\text{GSub}\,\varphi\,\pi\,\varphi'$ voraus. Ferner schreiben wir $\mathcal{J}'$ für $\mathcal{J}^{w_1 \ldots w_n}_{x_1 \ldots x_n}$, wir setzen also $[\![v]\!]_{\mathcal{J}'} = [\![\pi(v)]\!]_{\mathcal{J}}$ für jede Variable v voraus. Und wir wollen zeigen, daß $\mathcal{J}'$ die Formel φ so bewertet, wie $\mathcal{J}$ die Formel φ'. Der Beweis von $[\![\varphi]\!]_{\mathcal{J}'} = [\![\varphi']\!]_{\mathcal{J}}$ erfolgt durch Induktion über den Aufbau von φ.

(a): φ sei $(a = b)$. Dann ist φ' dasselbe wie $(a' = b')$.
Dabei ist a Konstante und dasselbe wie a', oder a ist Variable und a' ist $\pi(a)$.
In jedem Fall ist $[\![a]\!]_{\mathcal{J}'} = [\![a']\!]_{\mathcal{J}}$. Ebenso ist $[\![b]\!]_{\mathcal{J}'} = [\![b']\!]_{\mathcal{J}}$. Somit gilt:

$$[\![a]\!]_{\mathcal{J}'} = [\![b]\!]_{\mathcal{J}'} \iff [\![a']\!]_{\mathcal{J}} = [\![b']\!]_{\mathcal{J}}$$
$$[\![a = b]\!]_{\mathcal{J}'} = [\![a' = b']\!]_{\mathcal{J}}$$

(b): φ sei $(Q \ni a_1 \ldots a_n)$. Dann ist φ' dasselbe wie $(Q \ni a'_1 \ldots a'_n)$.

Dabei ist wieder a'_i dasselbe wie a_i oder wie $\pi(a_i)$ und $[\![a_i]\!]_{\mathcal{J}'} = [\![a'_i]\!]_{\mathcal{J}}$ (für $i = 1, \ldots, n$).
Daraus ergibt sich sofort:

$$\begin{aligned}[\![\varphi]\!]_{\mathcal{J}'} = W &\iff [\![Q]\!]_{\mathcal{J}'} \text{ trifft zu auf } [\![a_1]\!]_{\mathcal{J}'}, \ldots, [\![a_n]\!]_{\mathcal{J}'} \\ &\iff [\![Q]\!]_{\mathcal{J}} \text{ trifft zu auf } [\![a_1']\!]_{\mathcal{J}}, \ldots, [\![a_n']\!]_{\mathcal{J}} \\ &\iff [\![\varphi']\!]_{\mathcal{J}} = W\end{aligned}$$

(c): φ sei $\top$ oder $\bot$. Dann ist die Behauptung trivial.

(d): φ sei $\neg\varphi_1$. φ' ist dann $\neg\varphi_1'$ mit GSub $\varphi_1 \pi \varphi_1'$.
Die Induktionsvoraussetzung liefert $[\![\varphi_1]\!]_{\mathcal{J}'} = [\![\varphi_1']\!]_{\mathcal{J}}$, woraus sich $[\![\neg\varphi_1]\!]_{\mathcal{J}'} = [\![\neg\varphi_1']\!]_{\mathcal{J}}$ ergibt.

(e): φ sei $\varphi_1 \wedge \varphi_2$. Dann ist φ' dasselbe wie $\varphi_1' \wedge \varphi_2'$ mit GSub $\varphi_1 \pi \varphi_1'$ und GSub $\varphi_2 \pi \varphi_2'$.
Die Induktionsvoraussetzung liefert:

$$[\![\varphi_1]\!]_{\mathcal{J}'} = [\![\varphi_1']\!]_{\mathcal{J}}, \quad [\![\varphi_2]\!]_{\mathcal{J}'} = [\![\varphi_2']\!]_{\mathcal{J}}$$

Daraus ergibt sich sofort die Induktionsbehauptung:

$$[\![\varphi]\!]_{\mathcal{J}'} = [\![\varphi']\!]_{\mathcal{J}}$$

Die anderen Junktorenfälle sind völlig analog.

(f): φ sei $\forall v\, \psi$. Dann ist φ' dasselbe wie $\forall w\, \psi'$ mit GSub $\psi \pi^v_w \psi'$.
Es sei s die gemeinsame Sorte von v und w und $x \in D^s_{\mathcal{A}}$.

Die Bewertung $\mathcal{J}'^{\,v}_{\,x}$ bewertet jede Variable genauso, wie die Bewertung $\mathcal{J}^{\,w}_{\,x}$ den durch π^v_w zugeordneten Term bewertet.

Denn für eine Variable u, die von v verschieden ist, erhält man:

$$\begin{aligned}[\![u]\!]_{\mathcal{J}'^{v}_{x}} &= [\![u]\!]_{\mathcal{J}'} && \text{(u von v verschieden)} \\ &= [\![\pi(u)]\!]_{\mathcal{J}} && \text{(Def. von } \mathcal{J}'\text{)} \\ &= [\![\pi^v_w(u)]\!]_{\mathcal{J}} && \text{(u von v verschieden)} \\ &= [\![\pi^v_w(u)]\!]_{\mathcal{J}^{w}_{x}} && \text{(w von } \pi(u) \text{ und somit von } \pi^v_w(u) \text{ verschieden,} \\ & && \text{da sonst Variablenkollision vorläge)}\end{aligned}$$

Und für v erhält man:

$$[\![v]\!]_{\mathcal{J}'^{v}_{x}} = x = [\![w]\!]_{\mathcal{J}^{w}_{x}} = [\![\pi^v_w(v)]\!]_{\mathcal{J}^{w}_{x}}$$

Wir können also auf $\mathcal{J}^{w}_{x}$, $\mathcal{J}'^{v}_{x}$, π^v_w, ψ und ψ' die Induktionsvoraussetzung anwenden und erhalten:

(*) $\qquad [\![\psi]\!]_{\mathcal{J}'^{v}_{x}} = [\![\psi']\!]_{\mathcal{J}^{w}_{x}}$

Die linke Seite ist also für jedes $x \in D^s_{\mathcal{A}}$ gleich W genau dann, wenn das bei der rechten Seite der Fall ist. Also:

$$[\![\forall v\, \psi]\!]_{\mathcal{J}'} = [\![\forall w\, \psi']\!]_{\mathcal{J}}$$

(g): φ sei $\exists v\, \psi$. Man erhält ebenso (*) und daraus die Behauptung. ∎

Wir ergänzen nun unseren Ableitungskalkül um eine neue Grundregel. Die Substitutionsregel besagt, daß man in einer Beweiszeile für eine Variable (simultan in allen Formeln der Zeile) einen Individuenterm substituieren darf. Natürlich müssen Variable und Term von derselben Sorte sein.

25.7 Substitutionsregel

SUB_{LP}	$\dfrac{\psi_1(v),\ldots,\psi_n(v) \vdash \varphi(v)}{\psi_1(a),\ldots,\psi_n(a) \vdash \varphi(a)}$,	wenn Sub $\psi_i(v)$ [v/a] $\psi_i(a)$ $(i=1,\ldots,n)$ und Sub $\varphi(v)$ [v/a] $\varphi(a)$.

Die Korrektheit ergibt sich aus dem Substitutionssatz:
Sei die Prämissenzeile korrekt.
Sei $\mathcal{I} \vDash \psi_i(a)$ $\quad (i=1,\ldots,n)$.
Wir setzen $x = [\![a]\!]_{\mathcal{I}}$ und erhalten mit dem Substitutionssatz:

$$\mathcal{I}^v_x \vDash \psi_i(v)$$

Wegen der Korrektheit der Prämissenzeile gilt:

$$\mathcal{I}^v_x \vDash \varphi(v)$$

Nochmalige Anwendung des Substitutionssatzes ergibt:

$$\mathcal{I} \vDash \varphi(a)$$

Somit ist auch die Konklusionszeile der Regel korrekt. ∎

Wir können nun weitere prädikatenlogische Sätze ableiten. Zunächst zeigen wir, daß Formeln, die durch gebundene Umbenennung auseinander hervorgehen, logisch äquivalent sind. Dabei betrachten wir nur die Umbenennung der Variablen von ganz außen stehenden Quantoren. Der allgemeine Fall wird sich später daraus mit Hilfe von Ersetzungsschlüssen ergeben.

25.8 Gebundene Umbenennung

Es gelte Sub $\varphi(v)$ [v/w] $\varphi(w)$ und Sub $\varphi(w)$ [w/v] $\varphi(v)$. Dann gilt:

(a) $\quad \vdash \forall v\varphi(v) \Longleftrightarrow \forall w\varphi(w)$

(b) $\quad \vdash \exists v\varphi(v) \Longleftrightarrow \exists w\varphi(w)$

Beweise:

Zu (a):

$\Longrightarrow$: 1	$\varphi(v) \vdash \varphi(v)$	A
2	$\forall v\varphi(v) \vdash \varphi(v)$	ALL_1
3	$\forall v\varphi(v) \vdash \varphi(w)$	SUB_{LP}, Sub $\varphi(v)$ [v/w] $\varphi(w)$
4	$\forall v\varphi(v) \vdash \forall w\varphi(w)$	ALL_2 !

(Wegen Sub $\varphi(w)$ [w/v] $\varphi(v)$ ist w nicht frei in $\forall v\varphi(v)$)

$\Longleftarrow$: Entsprechend. ∎

Zu (b):

$\Longrightarrow$: 1	$\varphi(w) \vdash \varphi(w)$	A
2	$\varphi(w) \vdash \exists w\varphi(w)$	EX_2
3	$\varphi(v) \vdash \exists w\varphi(w)$	SUB_{LP}, Sub $\varphi(w)$ [w/v] $\varphi(v)$
4	$\exists v\varphi(v) \vdash \exists w\varphi(w)$	EX_1 !

(Wegen Sub $\varphi(v)$ [v/w] $\varphi(w)$ ist v nicht frei in $\exists w\varphi(w)$)

$\Longleftarrow$: Entsprechend. ∎

Wir haben viele Male als Musterbeispiel eines logischen Schlusses benutzt, daß man von "Alle A sind B" und "c ist ein A" auf "c ist ein B" schließen kann. Wir können das jetzt mit unseren Regeln herleiten.

25.9 **Satz**

$$\forall v_0(v_0 \in A \Longrightarrow v_0 \in B), c \in A \vdash c \in B$$

Beweis:

1	$v_0 \in A \Longrightarrow v_0 \in B \vdash v_0 \in A \Longrightarrow v_0 \in B$	A
2	$\forall v_0(v_0 \in A \Longrightarrow v_0 \in B) \vdash v_0 \in A \Longrightarrow v_0 \in B$	ALL_1
3	$\forall v_0(v_0 \in A \Longrightarrow v_0 \in B), v_0 \in A \vdash v_0 \in B$	AE
4	$\forall v_0(v_0 \in A \Longrightarrow v_0 \in B), c \in A \vdash c \in B$	SUB_{LP} ∎

Allbeseitigung wird oft zugleich mit einer Substitution verbunden. Wir wollen dann von Spezialisierung reden.

25.10 **Spezialisierungsregel**

Spez $$\frac{\Sigma \vdash \forall v \varphi(v)}{\Sigma \vdash \varphi(a)}, \qquad \text{wenn } \mathrm{Sub}\, \varphi(v)\, [v/a]\, \varphi(a).$$

Um die Eliminierbarkeit zu zeigen, kann man nicht $\forall$b anwenden und dann substituieren. Dann würde man nämlich auch die Substitution auf die Annahmen Σ anwenden müssen. Der Witz der Regel ist aber, daß die Annahmen unverändert bleiben. Der Eliminierbarkeitsbeweis verläuft so:

1	$\Sigma \vdash \forall v \varphi(v)$	gegeben
2	$\varphi(v) \vdash \varphi(v)$	A
3	$\forall v \varphi(v) \vdash \varphi(v)$	ALL_1
4	$\forall v \varphi(v) \vdash \varphi(a)$	SUB_{LP}
5	$\Sigma \vdash \varphi(a)$	S 1, 4 ∎

Eine entsprechende Verallgemeinerung von EX_2 ist:

25.11 **Partikularisierungsregel**

Part $$\frac{\Sigma \vdash \varphi(a)}{\Sigma \vdash \exists v \varphi(v)}, \qquad \text{wenn } \mathrm{Sub}\, \varphi(v)\, [v/a]\, \varphi(a).$$

Zur Eliminierbarkeit:

1	$\Sigma \vdash \varphi(a)$	gegeben
2	$\varphi(v) \vdash \varphi(v)$	A
3	$\varphi(v) \vdash \exists v \varphi(v)$	EX_2
4	$\varphi(a) \vdash \exists v \varphi(v)$	SUB_{LP}
5	$\Sigma \vdash \exists v \varphi(v)$	S 1, 4 ∎

Für die Regel ALL_2 gibt es eine Verallgemeinerung, die wir als Generalisierung bezeichnen.

25.12 **Generalisierungsregel**

Gen $\dfrac{\Sigma \vdash \varphi(w)}{\Sigma \vdash \forall v \varphi(v)}$, wenn v, w von derselben Sorte, w nicht frei in Σ und Sub $\varphi(v)$ [v/w] $\varphi(w)$, Sub $\varphi(w)$ [w/v] $\varphi(v)$.

Zur Eliminierbarkeit:

Wenn w dieselbe Variable wie v ist, so ist das dasselbe wie ALL_2. Sei also w eine andere Variable als v (aber natürlich von derselben Sorte).

1	$\Sigma \vdash \varphi(w)$	gegeben
2	$\Sigma \vdash \forall w \varphi(w)$	ALL_2 !
3	$\vdash \forall w \varphi(w) \Longleftrightarrow \forall v \varphi(v)$	25.8 a
4	$\forall w \varphi(w) \vdash \forall v \varphi(v)$	$ÄQ_2$
5	$\Sigma \vdash \forall v \varphi(v)$	S 2, 4 ∎

Die Regel ALL_2 würde $\forall w \varphi(w)$ liefern. Hier ist also gleichzeitig eine gebundene Umbenennung von $\forall w \varphi(w)$ in $\forall v \varphi(v)$ vorgenommen worden.

Es sieht vielleicht auf den ersten Blick überflüssig aus, für Generalisierung mit gleichzeitiger Umbenennung eine eigene Regel einzuführen. Aber diese spiegelt die Beweispraxis gut wieder. Oft ist Σ vorgegeben und man will $\forall v \varphi(v)$ beweisen, wobei v durchaus in Σ frei vorkommt. Dann wählt man, oft mit den Worten "Sei w beliebig", eine neue Variable w (die also nicht in Σ frei vorkommt), beweist $\varphi(w)$ und wendet dann 25.12 an.

Eine entsprechende Verallgemeinerung gibt es von der Regel EX_1.

25.13 **Beispielbeseitigungsregel**

Bb $\dfrac{\Sigma, \varphi(w) \vdash \theta}{\Sigma, \exists v \varphi(v) \vdash \theta}$, wenn v, w von derselben Sorte, w nicht frei in Σ, θ und Sub $\varphi(v)$ [v/w] $\varphi(w)$, Sub $\varphi(w)$ [w/v] $\varphi(v)$.

Zur Eliminierbarkeit:

1	$\Sigma, \varphi(w) \vdash \theta$	gegeben
2	$\Sigma, \exists w \varphi(w) \vdash \theta$	EX_1 !
3	$\vdash \exists v \varphi(v) \Longleftrightarrow \exists w \varphi(w)$	25.8 b
4	$\exists v \varphi(v) \vdash \exists w \varphi(w)$	$ÄQ_2$
5	$\Sigma, \exists v \varphi(v) \vdash \theta$	S 4, 2 ∎

Auch diese Regel spiegelt die Beweispraxis gut wider. Man will etwa $\Sigma, \exists v \varphi(v) \vdash \theta$ beweisen, wobei v durchaus in Σ oder θ frei vorkommen kann, so daß man nicht $\Sigma, \varphi(v) \vdash \theta$ beweisen und EX_1 anwenden kann. Dann wählt man, oft mit den Worten "Sei w so gewählt, daß $\varphi(w)$", eine neue Variable w, die in Σ und θ nicht frei vorkommt und führt $\varphi(w)$ als Annahme ein. Man nennt w auch ein Beispiel und $\varphi(w)$ eine Beispielformel, die die Existenzformel $\exists v \varphi(v)$ bezeugt. Wenn es dann gelingt $\Sigma, \varphi(w) \vdash \theta$ zu beweisen, so hat man den Beweis mit dem Beispiel geführt. Dann kann man die Beispielformel durch die Existenzannahme ersetzen und so das Beispiel beseitigen.

§ 26. Ersetzungen

Wir wollen jetzt Schlüsse besprechen, die wir intuitiv schon immer verwendet haben. So haben wir, wenn eine allgemeingültige Äquijunktion gewonnen war, etwa: $\models \theta \Longleftrightarrow \theta'$, im Innern anderer Formeln die Teilformel θ nach Belieben durch θ' ersetzt oder umgekehrt. Wir sagten, daß wir eine **äquivalente Umformung** vorgenommen haben. Man erinnere sich an die Umformungen vermöge der Verneinungstechnik: $\neg \forall v \varphi$ wird durch $\exists v \neg \varphi$ ersetzt, $\neg(\theta_1 \wedge \theta_2)$ wird durch $\neg \theta_1 \vee \neg \theta_2$ ersetzt, $\neg\neg\theta$ durch θ usw. Auch das Herstellen von disjunktiven Normalformen ging über äquivalente Umformungen.

Es ist wohl ersichtlich, daß solche Umformungen für die Beweispraxis unentbehrlich sind, doch sind sie durch unsere Regeln bislang nicht legitimiert worden. Das soll nun geschehen, und es ist, wenn es sorgfältig gemacht werden soll, gar nicht so ganz einfach.

Wir wollen hier zunächst Ersetzungen von Teilformeln durch andere Teilformeln innerhalb von Formeln behandeln. Aber der Ersetzungsbegriff ist allgemeiner. Wir wählen deshalb gleich eine Formulierung, die z. B. auch die Ersetzung von Teiltermen durch Teilterme abdeckt.

26.1 **Ersetzung**

$\alpha, \alpha', \beta, \beta'$ seien Ausdrücke und α gehe dadurch in α' über, daß an n Stellen ($n \geq 0$) Vorkommen von β in α (die keine Vorkommen als Operatorvariablen seien) durch β' ersetzt werden. Wir sagen dann, daß α durch Ersetzung von β durch β' in α' übergeht und schreiben kurz $\mathrm{Ers}\, \alpha\, \alpha'\, \beta\, \beta'$.

Wenn eine Variable v in β frei vorkommt, aber β an einer Stelle herausgenommen wurde, wo v in α gebunden war, oder wenn v in β' frei vorkommt, aber an einer Stelle eingesetzt wurde, wo v in α' gebunden wurde, so ist die Ersetzung v-gebunden. Eine Ersetzung, die für keine Variable v-gebunden ist, ist frei.

Als Sonderfall ist **Ersetzung an null Stellen** zugelassen: dann ändert sich nichts und α ist dasselbe wie α'.

Ein weiterer Sonderfall ist **Ersetzung en bloc**: dann ist α dasselbe wie β und α' dasselbe wie β'.

Im allgemeinen finden aber wirklich Ersetzungen statt ($n > 0$), und zwar irgendwo im Innern von α.

Wir bringen einige Beispiele:

α sei $\exists v(\varphi \Longrightarrow \psi) \Longleftrightarrow \exists v(\varphi \Longrightarrow \psi)$

α' sei $\exists v(\varphi \Longrightarrow \psi) \Longleftrightarrow \exists v(\neg \varphi \vee \psi)$

β sei $\varphi \Longrightarrow \psi$

β' sei $\neg \varphi \vee \psi$

Dann gilt Ers $\alpha\,\alpha'\,\beta\,\beta'$, d. h. α' entsteht aus α durch Ersetzung von β durch β'. Und zwar wird das zweite Vorkommen von β in α durch β' ersetzt. Wenn v in φ oder in ψ frei vorkommt, so ist diese Ersetzung v-gebunden.

Ersetzen wir in α' die Teilformel $\exists v(\neg\varphi \vee \psi)$ durch $\exists v \neg\varphi \vee \exists v\psi$, so entsteht:

$$\exists v(\varphi \Longrightarrow \psi) \Longleftrightarrow \exists v \neg\varphi \vee \exists v\psi$$

Ersetzen wir darin $\exists v \neg\varphi$ durch $\neg \forall v\varphi$, so entsteht:

$$\exists v(\varphi \Longrightarrow \psi) \Longleftrightarrow \neg \forall v\varphi \vee \exists v\psi$$

Ersetzen wir darin $\neg \forall v\varphi \vee \exists v\psi$ durch $\forall v\varphi \Longrightarrow \exists v\psi$, so erhalten wir:

$$\exists v(\varphi \Longrightarrow \psi) \Longleftrightarrow (\forall v\varphi \Longrightarrow \exists v\psi)$$

Die letzten Ersetzungen sind frei.

Man beachte die Unterschiede zwischen Substitutionen und Ersetzungen. Substitutionen betreffen nur Variablen, für die Terme eingesetzt werden. Bei Ersetzungen dürfen auch andere Terme ersetzt werden, und es dürfen Teilformeln durch Formeln ersetzt werden. Bei Substitutionen ist für jedes freie Vorkommen aber für kein gebundenes Vorkommen der betreffenden Variablen der Substitutionsterm einzusetzen. Bei Ersetzungen brauchen nur einige Vorkommen ersetzt zu werden, und diese dürfen auch gebunden sein. Bei Substitutionen darf bei der Einsetzung des Substitutionsterms keine Variable neu gebunden werden. Bei Ersetzungen ist das erlaubt. Aber natürlich ist jede Substitution auch eine besondere Ersetzung.

Die syntaktische Klärung des Ersetzungsbegriffs ist damit beendet. Wir kommen nun zu dem semantischen Aspekt. Man wird erwarten, daß die Ersetzungsresultate gleichwertig sind, wenn das bei den ersetzten Teilausdrücken der Fall ist. Das können wir nun mit den logischen Regeln ableiten. Wir formulieren hier den Ersetzungssatz für Ersetzungen von Formeln durch Formeln in Formeln. Er gilt auch allgemeiner, und wir werden im nächsten Kapitel darauf zurückkommen.

26.2 Ersetzungssatz (Ersetzung von Formeln in Formeln)

Es gelte Ers $\varphi(\theta)\,\theta\,\theta'\,\varphi(\theta')$, d. h. $\varphi(\theta)$ gehe durch Ersetzung von θ durch θ' in $\varphi(\theta')$ über. Ferner sei diese Ersetzung höchstens bzgl. der Variablen $w_1, \ldots, w_n$ gebunden. Dann gilt:

$$\forall w_1 \ldots w_n (\theta \Longleftrightarrow \theta') \vdash \varphi(\theta) \Longleftrightarrow \varphi(\theta')$$

Beweis:

Wir betrachten zwei Trivialfälle vorweg, nämlich Ersetzung an null Stellen und Ersetzung en bloc.

Bei Ersetzung an null Stellen steht hinter dem Ableitungszeichen die Tautologie $\varphi(\theta) \longleftrightarrow \varphi(\theta)$. Diese kann man ableiten (23.26 a), und mit der Verdünnungregel eine beliebige Formel als zusätzliche Annahme davorschreiben. Dann erhält man die Behauptung.

Bei der Ersetzung en bloc erhält man die Behauptung durch die Annahmenregel und n-malige Anwendung von ALL_1.

Im übrigen verläuft der Beweis durch Induktion über den Aufbau von $\varphi(\theta)$.

(a): Für atomare Formeln sind nur die Trivialfälle möglich, ebenso für $\top$, $\bot$.

(b): $\varphi(\theta)$ sei eine Negation und die Ersetzung sei nicht en bloc.
Dann ist auch $\varphi(\theta')$ eine Negation, $\varphi(\theta)$ von der Form $\neg\varphi_1(\theta)$ und $\varphi(\theta')$ ist $\neg\varphi_1(\theta')$. Dabei gilt Ers $\varphi_1(\theta)\,\theta\,\theta'\,\varphi_1(\theta')$, und auch diese Ersetzung ist höchstens bzgl. $w_1,\ldots,w_n$ gebunden. Die Induktionsvoraussetzung liefert:

$$\forall w_1\ldots w_n(\theta\Longleftrightarrow\theta')\vdash\varphi_1(\theta)\Longleftrightarrow\varphi_1(\theta')$$

Schnitt mit 23.26 b ergibt die Induktionsbehauptung:

$$\forall w_1\ldots w_n(\theta\Longleftrightarrow\theta')\vdash\neg\varphi_1(\theta)\Longleftrightarrow\neg\varphi_1(\theta')$$

(c): $\varphi(\theta)$ sei eine Konjunktion und die Ersetzung sei nicht en bloc.
Dann ist $\varphi(\theta)$ von der Form $\varphi_1(\theta)\wedge\varphi_2(\theta)$ und $\varphi(\theta')$ ist $\varphi_1(\theta')\wedge\varphi_2(\theta')$. Dabei gilt Ers $\varphi_1(\theta)\,\theta\,\theta'\,\varphi_1(\theta')$ und Ers $\varphi_2(\theta)\,\theta\,\theta'\,\varphi_2(\theta')$ und beide Ersetzungen sind höchstens bzgl. $w_1,\ldots,w_n$ gebunden. Die Induktionsvoraussetzung liefert:

$$\forall w_1\ldots w_n(\theta\Longleftrightarrow\theta')\vdash\varphi_1(\theta)\Longleftrightarrow\varphi_1(\theta')$$
$$\forall w_1\ldots w_n(\theta\Longleftrightarrow\theta')\vdash\varphi_2(\theta)\Longleftrightarrow\varphi_2(\theta')$$

Schnitt mit 23.26 c ergibt die Induktionsbehauptung:

$$\forall w_1\ldots w_n(\theta\Longleftrightarrow\theta')\vdash\varphi_1(\theta)\wedge\varphi_2(\theta)\Longleftrightarrow\varphi_1(\theta')\wedge\varphi_2(\theta')$$

Die anderen Junktorenfälle werden entsprechend mit 23.26 erledigt.

(d): $\varphi(\theta)$ sei $\forall v\varphi_1(\theta)$ oder $\exists v\varphi_1(\theta)$, und die Ersetzung sei nicht en bloc und nicht nur an null Stellen.

Dann ist $\varphi(\theta')$ von der Form $\forall v\varphi_1(\theta')$ bzw. $\exists v\varphi_1(\theta')$ und es gilt Ers $\varphi_1(\theta)\,\theta\,\theta'\,\varphi_1(\theta')$. Wenn v in θ oder in θ' frei ist, so ist die Ersetzung v-gebunden und v kommt unter den $w_1,\ldots,w_n$ vor. Deshalb kommt v in $\forall w_1\ldots w_n(\theta\Longleftrightarrow\theta')$ nicht frei vor. Ferner ist die Ersetzung, die von $\varphi_1(\theta)$ zu $\varphi_1(\theta')$ führt, ebenfalls höchstens bzgl. $w_1,\ldots,w_n$ gebunden, so daß man die Induktionsvoraussetzung auf $\varphi_1(\theta)$, das kürzer als $\forall v\varphi_1(\theta)$ bzw. $\exists v\varphi_1(\theta)$ ist, anwenden kann. Man erhält:

$$\forall w_1\ldots w_n(\theta\Longleftrightarrow\theta')\vdash\varphi_1(\theta)\Longleftrightarrow\varphi_1(\theta')$$

Weil v nicht frei in der Annahme ist:

$$\forall w_1\ldots w_n(\theta\Longleftrightarrow\theta')\vdash\forall v(\varphi_1(\theta)\Longleftrightarrow\varphi_1(\theta'))$$

Schnitt mit 24.12 a, b ergibt die Induktionsbehauptungen:

$$\forall w_1\ldots w_n(\theta\Longleftrightarrow\theta')\vdash\forall v\varphi_1(\theta)\Longleftrightarrow\forall v\varphi_1(\theta')$$
$$\forall w_1\ldots w_n(\theta\Longleftrightarrow\theta')\vdash\exists v\varphi_1(\theta)\Longleftrightarrow\exists v\varphi_1(\theta')$$ ■

Hieraus ergibt sich die folgende eliminierbare Regel.

26.3 Ersetzungsregel (Ersetzung von Formeln in Formeln)

Ers $$\frac{\begin{array}{c}\Sigma\vdash\theta\Longleftrightarrow\theta'\\ \Pi\vdash\varphi(\theta)\end{array}}{\Sigma,\Pi\vdash\varphi(\theta')},$$ wenn Ers $\varphi(\theta)\,\theta\,\theta\,\varphi(\theta')$ und eine der folgenden Bedingungen erfüllt ist:

(a) Σ ist eine Menge von Aussagen.
(b) Die Ersetzung ist frei.
(c) Keine Variable, bzgl. der die Ersetzung gebunden ist, kommt in einer Formel von Σ frei vor.

Beweis der Eliminierbarkeit:

Wir brauchen nur die Bedingung (c) zu betrachten, da diese erfüllt ist, wenn es die anderen sind. Es seien $w_1, \ldots, w_n$ die Variablen, bzgl. derer die Ersetzung gebunden ist. Diese kommen also nach Voraussetzung nicht in Σ frei vor.

1	$\Sigma \vdash \theta \Longleftrightarrow \theta'$	gegeben
2	$\Sigma \vdash \forall w_1 \ldots w_n (\theta \Longleftrightarrow \theta')$	n-mal ALL_2 !
3	$\forall w_1 \ldots w_n (\theta \Longleftrightarrow \theta') \vdash \varphi(\theta) \Longleftrightarrow \varphi(\theta')$	Ersetzungssatz 26.3
4	$\Sigma \vdash \varphi(\theta) \Longleftrightarrow \varphi(\theta')$	S
5	$\Sigma, \varphi(\theta) \vdash \varphi(\theta')$	$ÄQ_2$
6	$\Pi \vdash \varphi(\theta)$	gegeben
7	$\Sigma, \Pi \vdash \varphi(\theta')$	S ∎

In der Beweispraxis weiß man zwar meist (intuitiv), was Ersetzungen sind, es ist aber oft nicht geläufig, wann eine Ersetzung bezüglich einer Variablen gebunden ist. Man möchte Ersetzungen vornehmen dürfen, ohne sich um diese Feinheit kümmern zu müssen. Zu diesem Zweck sind die Bedingungen (a) und (b) formuliert worden.

Wir weisen insbesondere auf den Spezialfall von (a) hin, daß Σ leer ist. Dann nimmt man Umformungen mit Hilfe logischer Äquivalenzen vor und es verändern sich beim Übergang von $\varphi(\theta)$ zu $\varphi(\theta')$ die Annahmen gar nicht.

Oft nimmt man, um eine Äquijunktion $\varphi_0 \Longleftrightarrow \varphi_n$ zu beweisen, eine Kette fortlaufender Umformungen von der Formel φ_0 über Zwischenformeln $\varphi_1, \ldots, \varphi_{n-1}$ zu einer Formel φ_n vor, wobei man die Formeln durch Äquijunktionszeichen $\Longleftrightarrow$ verbindet. Dabei geht jeweils φ_{i-1} durch Ersetzung von θ_{i-1} durch θ_i in φ_i über $(i=1,\ldots,n)$ und für diesen Umformungsschritt steht eine Prämisse $\Sigma_i \vdash \theta_{i-1} \Longleftrightarrow \theta_i$ zur Verfügung.

Diese viel benutzte Beweismethode wird durch den folgenden Satz gerechtfertigt. Dabei setzen wir stillschweigend voraus, daß die Bedingungen von 26.3 erfüllt sind.

26.4 Beweis durch äquivalente Umformung

Es gelte $\mathrm{Ers}\, \varphi_{i-1}\, \theta_{i-1}\, \theta_i\, \varphi_i$ $(i=1,\ldots,n)$. Durch eine fortlaufende Kette von Äquijunktionen in folgender Form:

φ_0	
$\Longleftrightarrow \varphi_1$	Ers mit $\Sigma_1 \vdash \theta_0 \Longleftrightarrow \theta_1$
$\vdots$	
$\Longleftrightarrow \varphi_n$	Ers mit $\Sigma_n \vdash \theta_{n-1} \Longleftrightarrow \theta_n$

wird bewiesen:

$$\Sigma_1, \ldots, \Sigma_n \vdash \varphi_0 \Longleftrightarrow \varphi_n$$

Beweis:

Man beginnt mit der Äquijunktion $\varphi(\theta_0) \Longleftrightarrow \varphi(\theta_0)$ und formt die rechten Seiten um:

1	$\vdash \varphi_0 \Longleftrightarrow \varphi_0$	trivial, siehe 23.28 a
2	$\Sigma_1 \vdash \varphi_0 \Longleftrightarrow \varphi_1$	Ers mit $\Sigma_1 \vdash \theta_0 \Longleftrightarrow \theta_1$
	$\vdots$	
n+1	$\Sigma_1, \ldots, \Sigma_n \vdash \varphi_0 \Longleftrightarrow \varphi_n$	Ers mit $\Sigma_n \vdash \theta_{n-1} \Longleftrightarrow \theta_n$ ∎

Man verzichtet oft auf den Kommentar, insbesondere wenn dabei auf wohlbekannte Äquivalenzen, etwa Tautologien aus § 12 oder prädikatenlogische Sätze aus § 21 verwiesen wird.

Wir greifen noch einmal unser Beispiel auf.

26.5 **Satz**

$$\vdash \exists v(\varphi \Longrightarrow \psi) \Longleftrightarrow (\forall v\varphi \Longrightarrow \exists v\psi)$$

Beweis durch äquivalente Umformung:

$\exists v(\varphi \Longrightarrow \psi)$	
$\Longleftrightarrow \exists v(\neg\varphi \vee \psi)$	Ers mit 23.23 c
$\Longleftrightarrow \exists v\neg\varphi \vee \exists v\psi$	Ers mit 24.4 c
$\Longleftrightarrow \neg\forall v\varphi \vee \exists v\psi$	Ers mit 24.5 c
$\Longleftrightarrow (\forall v\varphi \Longrightarrow \exists v\psi)$	Ers mit 23.23 c ∎

Unser Umbenennungssatz 25.8 betrifft nur die Umbenennung des äußersten Quantors. Mit der Ersetzungsregel kann man auch im Innern von Formeln umbenennen und erhält den allgemeinen **Umbenennungssatz**. Danach gilt $\vdash \varphi \Longleftrightarrow \varphi'$ für Formeln φ, φ', die durch irgendwelche wiederholten Umbenennungen im Innern der Formeln auseinander hervorgehen.

Wir wollen nun zeigen, wie man durch äquivalente Umformung jede prädikatenlogische Formel in eine Normalform überführen kann, die man pränex nennt. Wir benutzen dabei das Zeichen $\mho$ um einen der Quantoren $\forall$ oder $\exists$ anzugeben.

26.6 **Pränexe Formeln**

Eine Formel ist pränex, wenn es Quantoren $\mho_1, \ldots, \mho_n$ ($\mho_i = \forall$ oder $\mho_i = \exists$) und Variablen $w_1, \ldots, w_n$ ($n \geq 0$) und eine quantorenfreie Formel θ gibt, so daß die Formel gleich

$$\mho_1 w_1 \ldots \mho_n w_n \theta$$

ist. Die Zeichenreihe $\mho_1 w_1 \ldots \mho_n w_n$ ist das Präfix und θ der quantorenfreie Kern oder die Matrix der Formel.

Jede quantorenfreie Formel ist auch pränex, wobei das Präfix dann leer ist.

26.7 **Satz über pränexe Normalformen (PNF)**

Zu jeder Formel φ gibt es eine quantorenfreie Formel θ und ein Präfix $\mho_1 w_1 \ldots \mho_n w_n$ so daß gilt:

(a) Die pränexe Formel $\mho_1 w_1 \ldots \mho_n w_n \theta$ hat dieselben Konstanten und freien Variablen wie φ und

(b) $\varphi \dashv\vdash \mho_1 w_1 \ldots \mho_n w_n \theta$

Diese Formel ist eine pränexe Normalform (PNF) von φ.

Beweis durch äquivalente Umformung:

Wir benutzen bekannte logische Äquivalenzen, um die Formel φ in eine pränexe Formel $\text{Ɔ}_1 w_1 \ldots \text{Ɔ}_n w_n \theta$ zu überführen. Dabei gehen wir so vor:

Zunächst eliminieren wir alle Junktoren außer $\neg$, $\wedge$, $\vee$. Das ist möglich, weil diese Junktoren eine vollständige Junktormenge bilden.

Sodann bringen wir mit Hilfe der Verneinungstechnik die Negationszeichen nach innen, bis sie schließlich nur noch vor atomaren Formeln stehen.

Dann wenden wir gebundene Umbenennung an, bis alle gebundenen Variablen von allen freien Variablen verschieden sind und auch gebundene Variablen, die zu verschiedenen Quantorenvorkommen gehören, verschieden sind.

Falls dann ein Quantor noch unter einem Junktor steht, so liegt eine Teilformel der folgenden Art vor:

$$\theta_1 \wedge \forall v \theta_2 \qquad \theta_1 \vee \forall v \theta_2 \qquad \theta_1 \wedge \exists v \theta_2 \qquad \theta_1 \vee \exists v \theta_2$$

$$\forall v\, \theta_2 \wedge \theta_1 \qquad \forall v\, \theta_2 \vee \theta_1 \qquad \exists v\, \theta_2 \wedge \theta_1 \qquad \exists v\, \theta_2 \vee \theta_1$$

Dabei kommt die Variable v in θ_1 überhaupt nicht vor. Dann können wir aber mit 21.8 und 21.9 jeweils äquivalent umformen in:

$$\forall v(\theta_1 \wedge \theta_2) \qquad \forall v(\theta_1 \vee \theta_2) \qquad \exists v(\theta_1 \wedge \theta_2) \qquad \exists v(\theta_1 \vee \theta_2)$$

$$\forall v(\theta_2 \wedge \theta_1) \qquad \forall v(\theta_2 \vee \theta_1) \qquad \exists v(\theta_2 \wedge \theta_1) \qquad \exists v(\theta_2 \vee \theta_1)$$

So können wir auf logisch äquivalente Weise alle Quantoren nach vorne holen und erhalten eine pränexe Formel. ∎

Bei vielen Untersuchungen setzt man voraus, daß eine Formel in pränexer Form vorliegt. Das ist also keine Einschränkung der Allgemeinheit.

Den quantorenfreien Kern kann man, wenn es gewünscht wird, dann noch mit den Mitteln der Aussagenlogik auf eine aussagenlogische Normalform bringen. Wenn der Kern etwa in disjunktiver Normalforn ist, so redet man von pränexer disjunktiver Normalform (PDNF).

Wir betrachten zwei einfache Beispiele.

Gegeben sei:

$$\forall v_0(v_0 \neq 0 \Longrightarrow \exists v_1 \ \mathrm{MULT} \ni v_0 v_1 1)$$

Bei einer äquivalenten Umformung erhält man folgende Zwischenschritte:

$$\forall v_0(\neg v_0 \neq 0 \vee \exists v_1 \ \mathrm{MULT} \ni v_0 v_1 1)$$

$$\forall v_0(v_0 = 0 \vee \exists v_1 \, \mathrm{MULT} \ni v_0 v_1 1)$$

$$\forall v_0 \exists v_1 (v_0 = 0 \vee \mathrm{MULT} \ni v_0 v_1 1)$$

Gegeben sei:

$$\forall v_0(v_0 \in A \Longrightarrow \exists v_1 \, Q \ni v_0 v_1) \vee \forall v_1 \exists v_0 \, Q \ni v_1 v_0$$

Bei einer äquivalenten Umformung erhält man folgende Zwischenschritte:

$$\forall v_0(v_0 \in A \Longrightarrow \exists v_1 \, Q \ni v_0 v_1) \vee \forall v_2 \exists v_3 \, Q \ni v_2 v_3$$

$$\forall v_0(v_0 \notin A \vee \exists v_1 \, Q \ni v_0 v_1) \vee \forall v_2 \exists v_3 \, Q \ni v_2 v_3$$

$$\forall v_0 \exists v_1 \forall v_2 \exists v_3 ((v_0 \notin A \vee Q \ni v_0 v_1) \vee Q \ni v_2 v_3)$$

§ 27. Ableitbarkeit (Identitätsregeln)

Unser logisches Regelsystem ist noch nicht vollständig. Es fehlen noch Grundregeln, die die Identität betreffen.

27.1 **Axiom der Selbstidentität**

ID	$\dfrac{\cdot}{\vdash X = X}$

Das erste Identitätsaxiom wird auch als Satz von der Identität bezeichnet. Dieser wird seit alters her in der Logik diskutiert und soll ausdrücken, daß ein sinnvoller Term ein wohlbestimmtes Denotat hat. Die Bedeutung schwankt nicht, sondern ist, wo der Term X auch steht, stets dieselbe.

Wir haben in dem Axiom den Buchstaben X als syntaktische Variable für allgemeine Terme benutzt. In der Prädikatenlogik kommen dafür natürlich nur Individuenterme derselben Sorte in Frage. Doch wollten wir das Axiom gleich so formulieren, daß es auch für andere logische Systeme paßt, in denen man andere Arten von Termen und Gleichungen zwischen ihnen zuläßt.

Als weitere Grundeigenschaft der Identität möchte man ein Ersetzungsprinzip haben. Terme, die dasselbe Denotat haben, können salva veritate, also unter Erhaltung des Wahrheitswertes, durcheinander ersetzt werden. Das drückt sich durch die folgende Forderung aus, in der X, X' für beliebige Terme (in der Prädikatenlogik sind das Individuenterme) stehen und die Formel $\varphi(X)$ durch freie Ersetzung von X durch X' an einigen Stellen in $\varphi(X')$ übergeht:

27.2 $X = X' \vdash \varphi(X) \Longleftrightarrow \varphi(X')$

Um ein umgangssprachliches Beispiel zu geben: Hans sei der Mann von Martha. Daß Hans 80 kg wiegt, ist dann gleichbedeutend damit, daß Marthas Mann 80 kg wiegt, daß Hans blond ist, ist damit gleichbedeutend, daß Marthas Mann blond ist, daß Hans schwarzhaarig ist, ist damit gleichbedeutend, daß Marthas Mann schwarzhaarig ist, usw.

Es handelt sich bei der Ersetzbarkeit um eine selbstverständliche Eigenschaft der Identität (in sog. extensionalen Kontexten, wie sie in der Prädikatenlogik vorliegen). Wenn Namen für ihre Denotate stehen, dann spielt es keine Rolle, welchen Namen man wählt.

Tiefliegender wäre die Umkehrung, ob auf die Gleichheit $X = X'$ geschlossen werden kann, wenn über X und X' dasselbe ausgesagt werden kann. Dieses Prinzip, die identitas indiscernibilium, hat Leibniz ausgesprochen. Ein solcher Schluß auf Gleichheit wird bei Klassen, Relationen und Funktionen durch die Extensionalität ermöglicht.

Es genügt, das Ersetzungsprinzip 27.2 für atomare Formeln zu fordern. Man kann es dann allgemein beweisen.

Wir wollen den Fall von Gleichungen für sich behandeln. Das folgende Komparabilitätsaxiom findet sich bereits bei Euklid in der Form:

Was demselben gleich ist, ist auch einander gleich.

Formal sieht das so aus:

27.3 **Komparabilitätsaxiom**

KOMP	$\dfrac{\cdot}{X=Z, Y=Z \vdash X=Y}$

Wir haben das Axiom mit den Buchstaben X, Y, Z für allgemeine Terme formuliert, damit es auch in andere logische Systeme übernommen werden kann. In unserer Prädikatenlogik sind natürlich dafür nur Individuenterme derselben Sorte zulässig, da andernfalls gar keine wohlgeformten Ausdrücke vorliegen.

Wir wollen zunächst einige Folgerungen aus diesen Axiomen ziehen.

27.4 **Symmetrie der Identität**

$$X=Y \vdash Y=X$$

Beweis:

1	$Y=Y, X=Y \vdash Y=X$	KOMP	
2	$\vdash Y=Y$	ID	
3	$X=Y \vdash Y=X$	S	■

27.5 **Transitivität der Identität**

$$X=Y, Y=Z \vdash X=Z$$

Beweis:

1	$X=Y, Z=Y \vdash X=Z$	KOMP	
2	$Y=Z \vdash Z=Y$	Symmetrie	
3	$X=Y, Y=Z \vdash X=Z$	S	■

Der folgende Satz drückt aus, daß die Ersetzbarkeit salva veritate in Gleichungen möglich ist. Dabei nehmen wir gleichzeitig zwei Ersetzungen vor.

27.6 **Satz**

$$X_1=Y_1, X_2=Y_2 \vdash X_1=X_2 \Longleftrightarrow Y_1=Y_2$$

Beweis:

$\Longrightarrow$: 1	$X_1=X_2, X_2=Y_2 \vdash X_1=Y_2$	Transitivität
2	$Y_1=X_1, X_1=Y_2 \vdash Y_1=Y_2$	Transitivität

3	$X_1=X_2, X_2=Y_2, Y_1=X_1 \vdash Y_1=Y_2$	S
4	$X_1=Y_1 \vdash Y_1=X_1$	Symmetrie
5	$X_1=X_2, X_2=Y_2, X_1=Y_1 \vdash Y_1=Y_2$	S
$\Longleftarrow$: 1	$X_1=Y_1, Y_1=Y_2 \vdash X_1=Y_2$	Transitivität
2	$X_1=Y_2, X_2=Y_2 \vdash X_1=X_2$	KOMP
3	$X_1=Y_1, X_2=Y_2, Y_1=Y_2 \vdash X_1=X_2$	S ∎

In der Prädikatenlogik gibt es außer Gleichungen als weitere atomare Formeln noch die prädikativen Formeln. Auch dafür müssen wir das Ersetzungsprinzip fordern. Dabei nehmen wir bei einem n-stelligen Prädikat n Ersetzungen gleichzeitig vor. Wir formulieren die logischen Axiome, die für jede Relationskonstante Q zu fordern sind, nicht für allgemeine Terme, da sie auf unsere Prädikatenlogik zugeschnitten sind. In anderen logischen Systemen muß man u. U. andere Kongruenzaxiome entsprechend den dort zugelassenen sprachlichen Mitteln fordern.

27.7 **Kongruenzaxiome**

KG_Q
$$\frac{\cdot}{a_1=b_1,\ldots,a_n=b_n \vdash Q\ni a_1\ldots a_n \Longleftrightarrow Q\ni b_1\ldots b_n}$$

Dabei müssen jeweils a_i und b_i von derselben Sorte sein, und die Sorten müssen zur Signatur von Q passen.

Die Korrektheit aller Identitätsaxiome leuchtet unmittelbar ein. Metasprachliche Beweise im Sinne einer Zurückführung auf besser einsichtige Begriffe sind gar nicht möglich und nötig.

Wir wollen nun das Ersetzungsprinzip 27.2 beweisen. Dabei betrachten wir auch Ersetzungen, die nicht frei sind, müssen dann aber wieder Bedingungen über die Variablen fordern, bzgl. derer die Ersetzung gebunden ist.

27.8 **Ersetzungssatz (Ersetzung von Termen in Formeln)**

Es gelte Ers $\varphi(X)\, X\, X'\, \varphi(X')$, d. h. $\varphi(X)$ gehe durch Ersetzung von X durch X′ in $\varphi(X')$ über. Ferner sei diese Ersetzung höchstens bzgl. der Variablen $w_1,\ldots,w_n$ gebunden. Dann gilt:

$$\forall w_1\ldots w_n\,(X=X') \vdash \varphi(X) \Longleftrightarrow \varphi(X')$$

Beweis:

Bei Ersetzung an null Stellen ist die Behauptung (wie in 26.2) trivial. Der Trivialfall der Ersetzung en bloc entfällt, weil ja nicht ein Term dasselbe wie eine Formel sein kann. Dafür sind aber jetzt in atomaren Formeln Ersetzungen möglich.

Sei $\varphi(X)$ gleich $a=b$. Dann ist $\varphi(X')$ von der Form $a'=b'$.
Dabei ist a derselbe Term wie X und a′ derselbe Term wie X′ (wenn links von Gleichheitszeichen ersetzt wird) oder a ist derselbe Term wie a′ (wenn links von Gleichheitszeichen keine Ersetzung stattfindet). In jedem Fall gilt:

$$X = X' \vdash a = a'$$

Mit n Anwendungen von ALL_1 erhält man:

$$\forall w_1 \ldots w_n (X = X') \vdash a = a'$$

In derselben Weise erhält man:

$$\forall w_1 \ldots w_n (X = X') \vdash b = b'$$

Schnitt mit 27.6 ergibt:

$$\forall w_1 \ldots w_n (X = X') \vdash a = b \Longleftrightarrow a' = b'$$

Sei $\varphi(X)$ gleich $Q \ni a_1 \ldots a_n$. Dann ist $\varphi(X')$ von der Form $Q \ni a_1' \ldots a_n'$. Dabei ist für jedes i (mit $1 \leq i \leq n$) a_i derselbe Term wie X und a_i' derselbe Term wie X' (wenn an der i-te Stelle ersetzt wird) oder a_i ist derselbe Term wie a_i' (wenn an der i-ten Stelle keine Ersetzung stattfindet). In jedem Fall erhält man:

$$\forall w_1 \ldots w_n (X = X') \vdash a_i = a_i'$$

Schneidet man diese Zeilen mit KG_Q, so ergibt sich:

$$\forall w_1 \ldots w_n (X = X') \vdash Q \ni a_1 \ldots a_n \Longleftrightarrow Q \ni a_1' \ldots a_n'$$

Damit ist der Ersetzungssatz für atomare Formeln bewiesen. Die Induktionsschritte für den Aufbau mit Junktoren und Quantoren sind genauso wie im Beweis von 26.2. Man braucht nur überall $X = X'$ für $\theta \Longleftrightarrow \theta'$ sowie X für θ und X' für θ' zu setzen. ■

Der Ersetzungsatz 27.8 liefert wieder eine eliminierbare Regel, die genauso wie 26.3 bewiesen wird und die wir auch mit Ers bezeichnen.

27.9 Ersetzungsregel (Ersetzung von Termen in Formeln)

Ers $\dfrac{\Sigma \vdash X = X' \quad \Pi \vdash \varphi(X)}{\Sigma, \Pi \vdash \varphi(X')}$, wenn Ers $\varphi(X)\, X\, X'\, \varphi(X)$ und eine der folgenden Bedingungen erfüllt ist:

(a) Σ ist eine Menge von Aussagen.
(b) Die Ersetzung ist frei.
(c) Keine Variable, bzgl. der die Ersetzung gebunden ist, kommt in einer Formel von Σ frei vor.

Damit können wir das in 26.4 besprochene Schema der Beweise durch äquivalente Umformung insofern erweitern, daß auch Ersetzungen von Termen durch Terme vorgenommen werden können. Es kann von φ_{i-1} zu φ_i übergegangen werden, sofern Ers $\varphi_{i-1}\, X_{i-1}\, X_i\, \varphi_i$ für ein i mit $1 \leq i \leq n$ gilt und die Prämisse $\Sigma_i \vdash X_{i-1} = X_i$ zur Verfügung steht. Die Ersetzung von Termen durch Terme ist aber eigentlich erst dann von Interesse, wenn man kompliziertere Terme hat, als in unserer einfachen Prädikatenlogik. Das wird im nächsten Kapitel der Fall sein. Wir werden dann das Thema der Ersetzungen noch einmal aufgreifen.

Das System der prädikatenlogischen Grundregeln ist jetzt vollständig angegeben. Es ist möglich, mit ihnen **alle** prädikatenlogischen Folgerungen zu beweisen. Das besagt der Vollständigkeitssatz der Prädikatenlogik, auf den wir in § 29 eingehen.

Man beachte aber, daß das Ableitungsverfahren, anders als das Wahrheitstafelverfahren nicht in eindeutig vorgeschriebener Weise verläuft. In jedem Schritt hat man die freie Wahl, welche Regel man als nächste anwenden will, und oft sind dabei noch gewisse Formeln frei wählbar. Nicht jede Wahl ist hilfreich und führt näher zum Ziel. Man braucht durchaus eine "Beweisidee".

Im Normalfall will man eine vorgegebene Folgerungsbehauptung beweisen, von der man gar nicht weiß, ob sie stimmt. Wenn man dann bei einem Beweisversuch keinen Erfolg hatte, so weiß man nicht, ob man nur ungeschickt war und einen existierenden Beweis nicht gefunden hat, oder ob die Folgerungsbehauptung gar nicht stimmt, es somit auch keinen Beweis gibt und man deshalb keinen gefunden hat.

Der Unentscheidbarkeitssatz der Prädikatenlogik, den wir auch in § 29 besprechen, sagt aus, daß es kein Erfolgsrezept für das Finden von Beweisen gibt. Das heißt aber nicht, daß einem nicht anderes übrig bleibt, als planlos Regeln anzuwenden, in der Hoffnung irgendwann Erfolg zu haben. Es ist durchaus sinnvoll, gewisse heuristische Rezepte zu verwenden, von denen wir einige angeben.

27.10 **Zur Beweisheuristik**

(a) Man führe die Annahmen, von denen die gewünschte Behauptung abhängen darf, mit der Annahmenregel A in den Beweis ein.

(b) Man hat eine Konjunktion als Behauptung. Zerlege sie mit KON_2, KON_3.

(c) Man soll eine Konjunktion $\varphi \wedge \psi$ beweisen. Beweise φ und beweise ψ (und wende KON_1 an).

(d) Man soll eine Disjunktion $\varphi \vee \psi$ beweisen. Beweise φ (und wende DIS_2 an) oder beweise ψ (und wende DIS_3 an).

(e) Man soll eine Subjunktion $\varphi \Longrightarrow \psi$ beweisen. Führe φ als Annahme ein und beweise ψ (und wende AB an) oder führe $\neg\psi$ als Annahme ein und beweise $\neg\varphi$ (und wende Kp_1 und AB an).

(f) Man soll eine Äquijunktion $\varphi \Longleftrightarrow \psi$ beweisen. Beweise $\varphi \Longrightarrow \psi$ und beweise $\psi \Longrightarrow \varphi$ (und wende $ÄQ_1$ an) oder versuche eine Kette äquivalenter Umformungen.

(g) Man soll eine Negation $\neg\varphi$ beweisen. Führe φ als Annahme ein und leite etwas ab, das den anderen Annahmen widerspricht (und wende dann Kp_1 an).

(h) Man hat eine Disjunktion $\varphi \vee \psi$ als Annahme. Versuche das Ergebnis unter der Annahme φ und dasselbe Ergebnis unter der Annahme ψ zu beweisen (und wende DIS_1 an).

(i) Man hat noch eine Annahme zuviel. Versuche diese zu beweisen (und wende S an).

(j) Man hat eine Allformel $\forall v\varphi(v)$ als Behauptung. Gehe zu $\varphi(v)$ oder $\varphi(a)$ für einen geeigneten Term a über, d. h. wende $\forall$b oder Spez an.

(k) Man soll eine Allformel $\forall v\varphi(v)$ beweisen. Wähle eine neue Variable w und beweise $\varphi(w)$ (und wende Gen an).

(l) Man soll eine Existenzformel $\exists v\varphi(v)$ beweisen. Man zeige $\varphi(a)$ für einen geeigneten Term a (und wende Part an).

(m) Man hat eine Existenzannahme $\exists v\varphi(v)$. Wähle eine neue Variable w und führe $\varphi(w)$ als Annahme ein (zu gegebener Zeit wende man später Bb an).

§ 28. Andere Quantoren

Unser Existenzquantor $\exists$ ist im Sinne von "es gibt wenigstens ein" zu verstehen. Das Wort "ein" der natürlichen Sprache wird auch oft im Sinne von "es gibt genau ein" verstanden. Wir können einen entsprechende Quantor in folgender Weise definieren:

28.1 **Es-gibt-genau-ein-Quantor**

v, w seien verschiedene Variablen derselben Sorte und w nicht frei in φ. Dann sei

$\overset{1}{\exists} v\varphi \iff_{def} \exists w \forall v(\varphi \iff v=w)$ Lesart: Es gibt genau ein v mit φ.

Die oben gegebene Definition ist besonders kurz und elegant. Eine äquivalente Umformulierung drückt den Quantor $\overset{1}{\exists}$ dadurch aus, daß gesagt wird, daß es wenigstens ein v mit φ und nicht zwei verschiedene v mit φ gibt. Diese letzte Bedingung (daß es höchstens ein v mit φ gibt) ist in dem folgenden Satz auf zwei Weisen ausgedrückt.

28.2 **Satz**

Es seien w_1, w_2 verschiedene Variablen derselben Sorte wie v. Dann gilt:

(a) $\vdash \overset{1}{\exists} v\, \varphi(v) \iff \exists v\, \varphi(v) \wedge \neg \exists w_1 w_2\, (\varphi(w_1) \wedge \varphi(w_2) \wedge w_1 \neq w_2)$

(b) $\vdash \overset{1}{\exists} v\, \varphi(v) \iff \exists v\, \varphi(v) \wedge \forall w_1 w_2\, (\varphi(w_1) \wedge \varphi(w_2) \implies w_1 = w_2)$

Wir wollen einen Beweis von 28.2 mit unseren Regeln hier nicht bringen. Er ist durchaus langwierig und ein Hinweis darauf, daß der Quantor $\overset{1}{\exists}$ wesentlich schwerer zu behandeln ist als der Quantor $\exists$. Wir wollen hier nur die (inhaltlich ziemlich selbstverständliche) Tatsache formal beweisen, daß es wenigstens ein v mit φ gibt, wenn es genau ein v mit φ gibt. Auch dieser Beweis erfordert etwas Geschick. Es werden dabei alle Arten von Regeln (aussagenlogische Regeln, Quantorenregeln, Substitutionsregel und Identitätsregeln) benötigt.

28.3 **Satz**

$\overset{1}{\exists} v\, \varphi \vdash \exists v\, \varphi$

Beweis:

1	(1)	$\vdash \forall v(\varphi(v) \iff v=w)$	A
2	(1)	$\vdash \varphi(w) \iff w=w$	Spez
3	(1), w=w	$\vdash \varphi(w)$	$\ddot{A}Q_3$
4		$\vdash w=w$	ID
5	(1)	$\vdash \varphi(w)$	S
6	(1)	$\vdash \exists v \varphi(v)$	Part
7	$\overset{1}{\exists} v\, \varphi$	$\vdash \exists v\, \varphi$	EX_1 ! ($\exists w$ wird eingeführt)

■

Der Quantor $\exists$ wird in der Logik zu recht dem Quantor $\overset{1}{\exists}$ vorgezogen (ähnlich wie der Junktor $\vee$ dem Junktor $\not\iff$ vorgezogen wird). Für $\exists$ gelten einfachere logische Gesetze als für $\overset{1}{\exists}$. So sind z. B. zwei $\exists$-Quantoren vertauschbar, aber $\overset{1}{\exists} v \overset{1}{\exists} w \varphi$ und

$\overset{1}{\exists} w \overset{1}{\exists} v\, \varphi$ i. allg. nicht logisch äquivalent. Um das einzusehen, betrachte man:

$\overset{1}{\exists} v_0 \overset{1}{\exists} v_1\, v_0 < v_1$ (falsch in $\mathcal{A}_{\mathbb{N}}$)

$\overset{1}{\exists} v_1 \overset{1}{\exists} v_0\, v_0 < v_1$ (wahr in $\mathcal{A}_{\mathbb{N}}$)

Durch Hintereinandersetzen zweier Es-gibt-genau-ein-Quantoren erhält man also keinen adäquaten **zweistelligen** Es-gibt-genau-ein-Quantor, der besagt, daß es **genau ein Paar** von Individuen gibt, das eine Bedingung (mit zwei Variablen) erfüllt.

Ein mehrstelliger Es-gibt-genau-ein-Quantor läßt sich folgendermaßen definieren:

28.4 **Mehrstelliger Es-gibt-genau-ein-Quantor**

Es seien $w_1, \ldots, w_n, w'_1, \ldots, w'_n$ paarweise verschiedene Variablen. Dabei seien $w'_1, \ldots, w'_n$ nicht frei in φ und jeweils w_i und w'_i von derselben Sorte. Dann sei:

$$(\overset{1}{\exists} w_1 \ldots w_n)\, \varphi \iff_{\text{def}} \exists w'_1 \ldots w'_n \forall w_1 \ldots w_n\, (\varphi \iff w_1 = w'_1 \wedge \ldots \wedge w_n = w'_n)$$

Hiermit könnte man z. B. die Aussage:

Jeder hat genau einen Vater und eine Mutter

formalisieren als:

$$\forall x_0\, (\overset{1}{\exists} x_1 x_2)\, (x_0\, \text{KINDVON}\, x_1 \wedge x_1 \in \male \wedge x_0\, \text{KINDVON}\, x_2 \wedge x_2 \in \female)$$

Auch andere Anzahlquantoren lassen sich definieren, wie z.B. Quantoren mit der Bedeutung "Es gibt wenigstens n ... mit...", "Es gibt höchstens n ... mit...", "Es gibt genau n ... mit...". Wir bringen hier in exemplarischer Weise zwei Beipiele:

28.5 **Einige Anzahlquantoren**

$$\exists^{\geq 3} v\, \varphi(v) \iff_{\text{def}} \exists w_1 w_2 w_3 (w_1 \neq w_2 \wedge w_1 \neq w_3 \wedge w_2 \neq w_3 \wedge \varphi(w_1) \wedge \varphi(w_2) \wedge \varphi(w_3))$$

$$\exists^{<4} v\, \varphi(v) \iff_{\text{def}} \forall w_1 w_2 w_3 w_4 (\varphi(w_1) \wedge \varphi(w_2) \wedge \varphi(w_3) \wedge \varphi(w_4) \Longrightarrow w_1 = w_2 \vee w_1 = w_3 \vee w_1 = w_4 \vee w_2 = w_3 \vee w_2 = w_4 \vee w_3 = w_4)$$

Es erhebt sich die Frage, ob man alle anderen Quantoren auch durch die Grundquantoren $\forall$, $\exists$ ausdrücken kann, ähnlich wie man in der Aussagenlogik alle Junktoren durch die Grundjunktoren ausdrücken kann.

Doch ist das nicht möglich. So läßt sich z. B. der Quantor "Es gibt endlich viele... mit..." nicht in der Prädikatenlogik ausdrücken. Genauso ist es mit dem mehrstelligen Quantor "Es gibt mehr... mit..., als... mit...", der bei einer Formalisierung des Satzes "Es gibt mehr Brauereien in Bayern als Brennereien in Schottland" zum Einsatz kommen könnte.

Obwohl man viele Quantoren durch die Grundquantoren darstellen kann, geht der Prädikatenlogik die bezeichnungsmäßige Vollständigkeit ab, die die Aussagenlogik auszeichnet.

§ 29. Vollständigkeit und Unentscheidbarkeit

Wir wollen abschließend einige wichtige Metatheoreme über die Prädikatenlogik besprechen, insbesondere den Vollständigkeitssatz und den Unentscheidbarkeitssatz. Allerdings werden wir die Beweise nur andeuten oder gar nicht bringen.

Der Vollständigkeitssatz ist das Gegenstück zum Korrektheitssatz (23.13), der aussagt, daß alles, was ableitbar ist, auch logisch folgt. Der Korrektheitssatz ist nicht so tiefsinnig. Wenn man bei der Auswahl der Grundregeln auf Korrektheit achtet und inkorrekte Regeln gar nicht in das System der Grundregeln aufnimmt, so gilt er schon. Schwieriger ist der Nachweis, daß wir auch tatsächlich genügend viele Grundregeln haben, um jede Folgerung beweisen zu können. Das ist aber der Fall.

29.1 **Vollständigkeitssatz für die Prädikatenlogik**

Für alle Formelmengen Γ und Formeln φ einer prädikatlogischen Sprache gilt:

$$\Gamma \Vdash \varphi \Longrightarrow \Gamma \vdash \varphi$$

Dieser Satz ist zum ersten Mal von Kurt Gödel 1930 bewiesen worden. Er legte einen anderen (aber gleichwertigen) Ableitungskalkül zugrunde, und er zeigte den Satz für Allgemeingültigkeit und Ableitbarkeit ohne Annahmen, also für $\Gamma = \emptyset$. Die Erweiterung auf beliebige Formelmengen nahm 1936 Anatoli I. Malcev vor. Die heute meist benutzte Beweismethode geht auf Leon Henkin (1949) zurück. Der Vollständigkeitssatz ist äquivalent zum Erfüllbarkeitssatz, den wir jetzt formulieren wollen. Wir definieren zu dem Zweck für Formelmengen Γ:

29.2 **Widerspruchsfreie und widerspruchsvolle Formelmengen**

$\Gamma\,\mathrm{wvoll} \Longleftrightarrow_{\mathrm{def}} \Gamma \vdash \bot$	Lesart: Γ ist widerspruchsvoll.
$\Gamma\,\mathrm{wfrei} \Longleftrightarrow_{\mathrm{def}} \Gamma \nvdash \bot$	Lesart: Γ ist widerspruchsfrei.

29.3 **Erfüllbarkeitssatz für die Prädikatenlogik**

Für alle Formelmengen Γ einer prädikatenlogischen Sprache gilt:

$$\Gamma \text{ wfrei} \Longrightarrow \text{erf } \Gamma$$

Der Erfüllbarkeitssatz ist auch für sich von Interesse. Man kann ihn etwa so formulieren:

(Kalkülmäßige) Widerspruchsfreiheit impliziert (mathematische) Existenz

Wenn man eine Formelmenge hat, aus der sich nach den Regeln des Ableitungskalküls kein formaler Widerspruch deduzieren läßt, so gibt es schon eine erfüllende Bewertung, also Individuenbereiche und Relationen zwischen diesen Individuen, so daß alle Formeln der Formelmenge erfüllt sind.

Wir zeigen, daß sich aus dem Erfüllbarkeitssatz der Vollständigkeitssatz ergibt.
Wir setzen also die Gültigkeit des Erfüllbarkeitssatzes voraus.
Sei $\Gamma \Vdash \varphi$.

Dann ist $\Gamma \cup \{\neg\varphi\}$ unerfüllbar (vgl. 20.8), also ist nach dem Erfüllbarkeitssatz $\Gamma \cup \{\neg\varphi\}$ wvoll, d. h. $\Gamma, \neg\varphi \vdash \bot$.

Dann gibt es eine endliche Formelmenge Σ mit $\Sigma \subseteq \Gamma$ und $\Sigma, \neg\varphi \vdash \bot$. Wir setzen einen Beweis mit dieser letzten Zeile fort:

1	$\Sigma, \neg\varphi \vdash \bot$	gegeben
2	$\Sigma, \neg\bot \vdash \varphi$	Kp_2
3	$\bot \vdash \varphi$	FAL
4	$\Sigma \vdash \varphi$	Fu

Also $\Gamma \vdash \varphi$. ■

Man braucht somit nur den Erfüllbarkeitssatz zu zeigen und hat damit den Vollständigkeitssatz bewiesen. Der Beweis des Erfüllbarkeitssatzes ist jedoch keineswegs einfach. Man hat ja nur eine Formelmenge Γ einer Sprache L in Händen, also einen Haufen von **sprachlichen** Objekten. Wie soll man davon zu Individuenbereichen kommen, wo man doch als Individuen gewöhnlich **außersprachliche** Objekte (wie Zahlen, physikalische Gegenstände u. ä.) hat? Die Lösung liegt darin, daß man die Individuen aus sprachlichem Material aufbaut.

Man startet also mit einer widerspruchsfreien Formelmenge Γ einer prädikatenlogischen Sprache L. Nach der **Maximalisierungsmethode** von Henkin wird die Sprache zunächst zu einer Sprache L^* erweitert durch Hinzunahme neuer Individuenkonstanten.

Dann wird die Formelmenge Γ zu einer maximal widerspruchsfreien Formelmenge Γ^* von L^* erweitert, d. h. zu einer widerspruchsfreien Formelmenge, die nicht mehr erweitert werden kann, ohne daß die Widerspruchsfreiheit verloren geht. Das ist möglich und zwar in einer solchen Weise, daß zu jeder Existenzformel $\exists v^s \varphi(v^s)$ in Γ^* auch eine Beispielformel $\varphi(d^s)$ zu Γ^* gehört, wobei d^s eine der neuen Konstanten und von derselben Sorte wie v^s ist.

Wegen $\Gamma \subseteq \Gamma^*$ genügt es sodann, eine erfüllende Struktur und Belegung für Γ^* anzugeben.

Man definiert eine Relation zwischen Individuentermen von L^* durch:

$a \sim b \Longleftrightarrow_{\text{def}}$ die Formel $(a=b)$ ist Element von Γ^*.

Die hierdurch definierte Relation $\sim$ erweist sich als sog. Äquivalenzrelation, d. h. man kann Äquivalenzklassen bilden:

$[a] =_{\text{def}}$ Menge aller Individuenterme b mit $a \sim b$.

Aus diesen Äquivalenzklassen baut man dann die Individuenbereiche der gesuchten Struktur $\mathcal{A}$ auf.

$D^s_{\mathcal{A}} =_{\text{def}}$ Menge der $[a]$ für alle Individuenterme a der Sorte s

Die Interpretation der Konstanten erfolgt so:

$$p_{\mathcal{A}} =_{\text{def}} \begin{cases} W, & \text{wenn p Element von } \Gamma^* \text{ ist} \\ F, & \text{sonst} \end{cases}$$

$c_{\mathcal{A}} =_{\text{def}} [c]$

$Q_{\mathcal{A}}$ ist die Relation, die auf Individuen $[a_1], \ldots, [a_n]$ genau dann zutrifft, wenn die Formel $(Q \ni a_1 \ldots a_n)$ Element von Γ^* ist.

Es wird ferner eine Belegung $\mathcal{B}$ definiert durch:

$$\mathcal{B}(v) =_{def} [v]$$

Man kann dann durch Induktion über den Aufbau von φ beweisen:

$$[\![\varphi]\!]_{\mathcal{A},\mathcal{B}} = W \iff \varphi \text{ ist Element von } \Gamma^*$$

Insbesondere ist $\mathcal{A},\mathcal{B} \Vdash \Gamma^*$ und Γ^* erfüllbar.
Die genaue Beschreibung der Maximalisierung und die Ausfüllung der Beweisdetails sollen hier nicht gebracht werden.

Mit dem Erfüllbarkeitssatz hat man, wie oben gezeigt, auch den Vollständigkeitssatz bewiesen, der die Prädikatenlogik zu einem gewissen Abschluß bringt.

Wir wollen noch einige Folgerungen aus dem Beweis des Vollständigkeitssatzes angeben, die in der Modelltheorie vielfältige Anwendung finden. Dabei setzen wir voraus, daß man den Unterschied zwischen abzählbar unendlichen Mengen und überabzählbaren Mengen kennt. Eine unendliche Menge ist abzählbar unendlich, wenn sie sich unter Benutzung der natürlichen Zahlen als Zählzeichen durchzählen läßt, ansonsten hat sie "mehr" Elemente als natürliche Zahlen und ist überabzählbar. So ist z. B die Menge $\mathbb{R}$ der reellen Zahlen überabzählbar. In der Modelltheorie betrachtet man durchaus auch Sprachen mit überabzählbar vielen Konstanten oder Sorten. Die normalerweise betrachteten Logiksprachen sind aber abzählbar, d. h. sie haben nur endlich oder höchstens abzählbar unendlich viele Konstanten und Sorten und dann abzählbar unendlich viele Terme und Formeln.

Einer der ersten modelltheoretischen Sätze wurde 1915 von Leopold Löwenheim bewiesen und 1920 von Thoralf Skolem erweitert.

29.4 Satz von Löwenheim-Skolem für die Prädikatenlogik

L sei eine prädikatenlogische Sprache mit nur endlich oder höchstens abzählbar unendlich vielen Sorten und Konstanten. Dann hat jede überhaupt erfüllbare Formelmenge von L auch ein endliches oder höchstens abzählbar unendliches Modell.

Der Beweis besteht einfach in der Feststellung, daß das beim Beweis des Erfüllbarkeitssatzes konstruierte Modell ja offenbar nicht mehr Individuen haben kann, als die Sprache Individuenterme hat.

Dieser Satz hat die folgenden Anwendungen, auf die Skolem zuerst hingewiesen hat:

29.5 Nichtcharakterisierbarkeit der reellen Zahlen und der Mengen

In einer "normalen" (d. h. nicht überabzählbaren) prädikatenlogischen Sprache gibt es keine Axiomensysteme, die die reellen Zahlen oder alle Mengen eindeutig (bis auf Isomorphie, d. h. strukturelle Gleichheit) beschreiben.

Zum Beweis braucht man nur zu beachten, daß es überabzählbar viele reelle Zahlen und auch überabzählbar viele Mengen gibt. Jedes Axiomensystem hat aber auch abzählbare Modelle.

Übrigens ist eine solche Charakterisierung auch in prädikatenlogischen Sprachen mit Konstantenmengen höherer Mächtigkeit nicht möglich.

In einem formalen Beweis können insgesamt nur endlich viel Formeln vorkommen. Jede Ableitung aus einer unendlichen Menge benutzt deshalb immer nur endlich viele Formeln. Wenn eine Formelmenge Γ widerspruchsvoll ist, und also $\perp$ daraus ableitbar ist, so kann man $\perp$ schon aus einer endlichen Teilmenge ableiten, d. h. Γ hat eine endliche widerspruchsvolle Teilmenge. Anders ausgedrückt: Wenn jede endliche Teilmenge von Γ widerspruchsfrei ist, so auch Γ selbst. Via Vollständigkeit ist Widerspruchsfreiheit gleichbedeutend mit Erfüllbarkeit. Wir erhalten damit den folgenden Satz:

29.6 **Endlichkeitssatz**
Wenn jede endliche Teilmenge einer Formelmenge Γ einer prädikatenlogischen Sprache erfüllbar ist, so ist auch Γ selbst erfüllbar.

Dieser Satz, der auch als **Kompaktheitssatz** bezeichnet wird, hat vielfältige Anwendungen in der Modelltheorie. Wir wollen hier ein philosophisch bedeutsames Resultat nennen, das auch von Skolem stammt (1934) und das eine weitere Grenze formaler Methoden ausweist.

29.7 **Nichtcharakterisierbarkeit der natürlichen Zahlen**
In einer prädikatenlogischen Sprache gibt es kein Axiomensystem, das die natürlichen Zahlen eindeutig (bis auf Isomorphie) beschreibt.

Zum Beweis nimmt man an, Γ sei ein solches Axiomensystem in einer geeigneten prädikatenlogischen Sprache. Man nimmt eine neue Individuenkonstante ∞ hinzu mit Axiomen:

$$0 \neq \infty, 1 \neq \infty, 2 \neq \infty, 3 \neq \infty, 4 \neq \infty, \ldots$$

Offenbar ist Γ zusammen mit jeweils nur endlich vielen dieser Axiome erfüllbar. Dann muß auch Γ zusammen mit allen diesen Axiomen ein Modell haben, das aber nicht isomorph (d. h. strukturgleich) zu den natürlichen Zahlen sein kann.

In der Prädikatenlogik, die man auch als Logik der ersten Stufe bezeichnet, hat man nur Variablen für Individuen. In der Logik der zweiten Stufe erlaubt man auch Variablen für beliebige Klassen von Individuen. In syntaktischer Hinsicht unterscheidet sich eine solche Sprache zweiter Stufe (für eine einsortige Sprache erster Stufe) nicht von einer zweisortigen prädikatenlogischen Sprache mit Variablen erster Sorte (für Individuen) und zweiter Sorte (für Klassen von Individuen). In semantischer Hinsicht ist der Bereich für die Variablen der zweiten Sorte aber nicht, wie es in der zweisortigen Prädikatenlogik der Fall ist, frei wählbar. Er muß vielmehr stets genau aus **allen** Klassen von Individuen der ersten Sorte bestehen.

Man kann leicht den Folgerungsbegriff für die Logik zweiter Stufe definieren und fragen, ob es auch dafür einen korrekten und vollständigen Ableitungskalkül gibt. Das ist aber nicht der Fall. Gäbe es einen korrekten und vollständigen Ableitungskalkül, so würde, mit der gleichen Argumentation wie oben, auch für die Logik der zweiten Stufe der Endlichkeitssatz gelten und sich daraus die Nichtcharakterisierbarkeit der natürlichen Zahlen ergeben. Aber man kann leicht zeigen, daß sich in der Logik der zweiten Stufe die natürlichen Zahlen eindeutig (bis auf Isomorphie) durch ein Axiomensystem charakterisieren lassen. Somit gilt:

29.8 **Unvollständigkeitssatz für die Logik zweiter Stufe**
Für die Logik der zweiten Stufe gibt es keinen korrekten und vollständigen Ableitungskalkül.

Dieses wurde von Kurt Gödel 1931 gezeigt. Er gab, was wesentlich tiefliegender ist, ein Verfahren an, um zu einem beliebigen korrekten (und genügend reichhaltigen) Ableitungskalkül eine Aussage zu konstruieren, die für Zahlen wahr, aber in dem Kalkül nicht beweisbar ist. Er zeigte auch, daß die Widerspruchsfreiheitsaussage (die die Korrektheit zum Ausdruck bringt) von dieser Art ist.

Als letzte Frage wollen wir die nach einem **Entscheidungsverfahren** für die Prädikatenlogik diskutieren. Dabei wollen wir uns auf Allgemeingültigkeit, also Folgerungen aus der leeren Formelmenge, beschränken. Es ist somit ein Verfahren gesucht, das zu jeder vorgelegten Formel φ in endlich vielen Schritten zu entscheiden gestattet, ob $\models \varphi$. Ein solches Verfahren haben wir für die Aussagenlogik kennengelernt, nämlich das Wahrheitstafelverfahren.

Man beachte, daß das Beweisverfahren trotz der Vollständigkeit des Ableitungskalküls **kein** Entscheidungsverfahren liefert. Zwar kann man alle möglichen Beweise prinzipiell in einer systematischen Weise aufzählen, so daß jeder formale Beweis irgendwann in dieser (endlosen) Aufzählung erscheint. Auch kann man bei jedem so erhaltenen Beweis nachprüfen, ob die letzte Zeile gerade $\vdash \varphi$ mit der vorgegebenen Formel φ ist. In diesem Fall weiß man, daß φ allgemeingültig ist. Man weiß sogar, daß jede allgemeingültige Formel sich in dieser Weise nach endlich vielen Schritten gewinnen läßt. Man hat also ein Verfahren, ein sog. **Aufzählungsverfahren**, das nur allgemeingültige Formeln liefert, und jede allgemeingültige Formel wird früher oder später von dem Aufzählungsverfahren geliefert. Aber Formeln, die nicht allgemeingültig sind, erscheinen in der Aufzählung natürlich nicht. Und da man, wenn φ vorgegeben wird, nicht weiß, welcher Fall vorliegt, kann man sich auch nicht darauf verlassen, daß das beschriebene Aufzählungsverfahren in endlich vielen Schritten die Entscheidung liefert.

Die Bemühungen, das Entscheidungsproblem für die Prädikatenlogik zu lösen, haben nur zu Teillösungen geführt (z. B. für die Prädikatenlogik mit nur einstelligen Relationskonstanten). Man kam deshalb zu der Vermutung, daß die prädikatenlogische Allgemeingültigkeit generell unentscheidbar ist.

Bei einem Versuch, das zu beweisen, taucht folgende Schwierigkeit auf.

Um Entscheidbarkeit zu zeigen, braucht man nur **ein** konkretes Verfahren zu beschreiben, und man muß sich überzeugen, daß **dieses** Verfahren ein vernünftiges Entscheidungsverfahren ist. So haben wir es ja in der Aussagenlogik gemacht und das Wahrheitstafelverfahren angegeben.

Um Unentscheidbarkeit zu zeigen, muß man **alle möglichen** Verfahren betrachten und zeigen, daß keines von ihnen die geforderte Entscheidung liefert. Man braucht also den **allgemeinen Begriff des Entscheidungsverfahrens.** Wenn man diesen allgemeinen Begriff nicht wirklich in Händen hat, so sagt ein Unentscheidbarkeitsbeweis ja offenbar nur aus, daß es kein Verfahren von der und der Sorte gibt. Es könnte dann noch andere, durch den benutzten Verfahrensbegriff nicht erfaßte, aber dennoch akzeptable Verfahren geben, die die Entscheidung liefern. Um also endgültige Unentscheidbarkeitsbeweise führen zu können, muß man erst einmal den endgültigen Begriff eines Entscheidungsverfahrens haben.

Es ist eine der größten Leistungen der modernen Logik, daß es gelungen ist, den Begriff des Entscheidungsverfahrens in einer präzisen und endgültigen Weise zu gewinnen.

Die Ausführung der Details gehört in eine eigene Theorie, die Theorie der Berechenbarkeit und Entscheidbarkeit, die zur Rekursionstheorie gehört.

An der Explizierung der Begriffe der Berechenbarkeit und Entscheidbarkeit war wesentlich Alonzo Church beteiligt, der 1936 auch eines der ersten und wichtigen Resultate bewies:

29.9 Unentscheidbarkeit der Prädikatenlogik

Die Prädikatenlogik ist unentscheidbar, d.h. es gibt kein Verfahren, das zu jeder vorgelegten Formel φ in endlich vielen Schritten zu entscheiden gestattet, ob φ allgemeingültig ist.

Dieses ist eine theoretische Erhärtung der Erfahrungstatsache, daß das Beweisen - auch im nichtformalisierten Bereich - keineswegs eine Routineaufgabe ist. Vielmehr ist oft eine besondere und originelle "Beweisidee" erforderlich. Und viele geplante Beweise mißlingen ja auch und es gibt zahlreiche ungelöste Probleme, die sich auf die Frage nach der Allgemeingültigkeit einer prädikatenlogischen Formel reduzieren lassen.

Wir schließen hiermit die Einführung in die Prädikatenlogik ab. Sie gilt heute als klassisches und grundlegendes logisches System. Doch soll man nicht die Grenzen der Prädikatenlogik verkennen.

Einige grundsätzliche Grenzen sind oben angesprochen worden. Diese lassen sich auch nicht durch ein anderes logisches System, das einen korrekten und vollständigen Ableitungskalkül hat, überwinden.

Zum anderen sind die prädikatenlogischen Sprachen wenig flexibel. Viele natürliche Ausdruckweisen, die Klassen, Relationen und Funktionen betreffen, sind darin nur mühsam darstellbar. Aus diesem Grunde bringen im nächsten Kapitel eine Klassenlogik, die nicht nur für die Darstellung mathematischer Sachverhalte gut geeignet ist, sondern auch bei anderen logischen Anwendungen bessere Formalisierungen gestattet. Der nächste Paragraph dient bereits der Vorbereitung der Klassenlogik.

Und schließlich ist die Prädikatenlogik (ebenso übrigens die Klassenlogik), ein durch und durch extensionales Logiksystem, während die natürliche Sprache in höchstem Maße intensional ist. Was das bedeutet, wird im letzten Paragraphen klar werden.

§ 30. Aufhebung der Sortenbeschränkungen

In unseren prädikatenlogischen Sprachen LP(S,C,σ) haben wir verlangt, daß jeder Individuenterm von genau einer Sorte ist, daß in die Leerstellen einer Relationskonstanten jeweils nur Individuenterme einer einzigen Sorte eingesetzt werden dürfen und daß das Gleichheitszeichen nur zwischen Individuenterme derselben Sorte gesetzt werden darf. Wir wollen sagen, daß unsere mehrsortige Prädikatenlogik **strikt** ist. Wenn man gegen die genannten Auflagen verstößt, so verläßt man das grammatische Schema von LP, und es entstehen Zeichenreihen, die nicht wohlgeformt sind, also keine Ausdrücke (einer LP-Sprache) sind. Es liegt Sortenvermengung vor, wie etwa bei:

30.1 Caesar ist eine Primzahl

Solche sprachlichen Gebilde werden oft als sinnlos empfunden, und man möchte sie deshalb gar nicht als Aussagen zulassen. Das wird in dem logischen System LP gewissermaßen nachgeahmt. Man nimmt an, daß die Individuen in verschiedene Sorten eingeteilt sind, die nichts miteinander zu tun haben. Dazu entwickelt man eine formale Logiksprache mit den oben erwähnten strikten Sortenbeschränkungen, die solche unerwünschten Ausdrücke herausfiltern sollen.

In vielen Fällen ist die strikte Grammatik angemessen, doch ist sie auch oft ein zu enges grammatisches Korsett. Das ist der Fall, wenn die Leerstellen in einer natürlichen Weise auch für mehrere Sorten passen, was durchaus häufig vorkommt.

Nehmen wir etwa an, daß wir eine zweisortige arithmetische Sprache haben, und n_0, x_0 Variablen für natürliche bzw. reelle Zahlen sind. Dann würde man das Archimedische Axiom, nach dem es zu jeder reellen Zahl eine größere natürliche Zahl gibt, folgendermaßen formalisieren:

30.2 $\forall x_0 \exists n_0 \, (x_0 < n_0)$

Das ist durchaus sinnvoll und sogar eine wichtige Aussage der Mathematik. Aber in einer LP-Sprache läßt sich das so nicht hinschreiben, wenn man für das Kleinerzeichen die naheliegende Signatur $\sigma(<) = \langle 2, \mathbb{R}, \mathbb{R} \rangle$ wählt. Man kann versuchen, das zu umgehen durch:

30.3 $\forall x_0 \, \exists x_1 n_0 \, (x_0 < x_1 \wedge x_1 = n_0)$

Aber jetzt ist das Gleichheitszeichen zwischen Terme verschiedener Sorten gesetzt, also wird wieder gegen die LP-Grammatik verstoßen.

Die Grundidee von LP ist eben, daß die Sortenbereiche ohne Beziehungen "nebeneinander liegen", wie etwa Punkte und Geraden, oder wie Menschen und Zeitpunkte. Wenn die Sortenbereiche in einer natürlichen Weise ineinander enthalten sind, etwa wie die Zahlenbereiche oder wie Menschen, Tiere, Lebewesen, so nutzt eine LP-Sprache das gar nicht aus. Zwar dürfen die Sortenbereiche einer LP-Sprache beliebig zueinander liegen und insbesondere ist es erlaubt, daß sich die Bereiche überlappen oder ineinander enthalten sind. Aber man kann dieses in der Sprache gar nicht ausdrücken.

Man kann deshalb eine Verallgemeinerung der Logik LP anstreben, in der ein Term auch mehreren Sorten zugleich angehören darf und die Leerstellen der Relationszeichen und des Gleichheitszeichens mehreren Sorten zugewiesen sein können, so daß z. B. 30.2 in einer solchen Grammatik wohlgeformt ist, aber 30.1 gleichwohl ausgeschlossen bleibt.

Um das zu erreichen, kann man eine **Subsumierungsordnung** auf den Sorten annehmen und eine dazu passende Grammatik machen. In einer solchen **ordnungssortierten** Prädikatenlogik lassen sich Situationen, wie sie oben angedeutet sind, angemessen darstellen. Die strikte Version der Prädikatenlogik ist gewissermaßen der Grenzfall, daß überhaupt keine Subsumierungen von Sorten vorausgesetzt werden. Allerdings ist die Grammatik der ordnungssortierten Prädikatenlogik nicht so einfach wie die der strikten. Außerdem ist sie auch nur auf spezielle (wenngleich allgemeinere) Situationen zugeschnitten. Deshalb lohnt der zusätzliche Aufwand nicht recht.

Allgemein kann man wohl nicht die "guten" Aussagen von den "schlechten" auf rein syntaktische Weise trennen. Eine Grammatik kann in der einen Situation zu strikt sein und Formeln herausfiltern, die man gerne behalten möchte, in einer anderen Situation zu liberal und Formeln zulassen, auf die man keinen Wert legt.

In der Prädikatenlogik soll uns die strikte Version, die wir ja ausführlich behandelt haben, genügen. In einer Erweiterung der Prädikatenlogik wollen wir aber zu sehr flexiblen Logiksprachen mit einer liberalen Grammatik kommen.

Maximale Flexibilität und zugleich Einfachheit erreicht man natürlich, wenn man auf eine Sortierung der Terme (abgesehen von den Variablen) und sortenmäßige Restriktionen in der Grammatik völlig verzichtet. Dann werden die Terme überhaupt nicht mehr in verschiedene syntaktische Kategorien eingeteilt, vielmehr sind alle Terme in syntaktischer Hinsicht gleichberechtigt. Die Unterschiede werden nicht in der Grammatik festgeschrieben, sondern sie sind inhaltlich in der Sprache zu formulieren, etwa als besondere Axiome einer Theorie. Das ist eine der Leitideen im nächsten Kapitel.

Dann muß man aber z. B. neben 30.2 (erwünscht) auch 30.1 (unerwünscht) als korrekte Aussagen akzeptieren. Man muß also mit unerwünschten Aussagen, die dennoch als grammatisch wohlgeformt zugelassen werden, leben. Das ist aber leicht möglich, wie wir jetzt erläutern wollen.

Jede Grammatik läßt ohnehin viele Aussagen zu, die sinnvoll aber uninteressant sind. Wenn z. B φ eine interessante und wahre Aussage ist, so betrachtet man es als völlig normal, daß die Aussagen $\varphi\wedge\varphi$, $\varphi\wedge\varphi\wedge\varphi$, $\varphi\wedge\varphi\wedge\varphi\wedge\varphi$, $\varphi\wedge\varphi\wedge\varphi\wedge\varphi\wedge\varphi$, ... alle ebenfalls wohlgeformt und wahr sind. Aber man wird sie wohl kaum verwenden. Ebenso braucht man die unerwünschten und "sortenmäßig inkorrekten" Aussagen ja nicht zu benutzen. Sie stören nicht, wenn sie sich nur in die allgemeine Syntax und Semantik einfügen und insbesondere sinnvoll interpretieren lassen.

Statt diese Aussagen als sinnlos zu bezeichnen und aus der Sprache zu verbannen, kann man sie aber genausogut als sinnvoll zulassen, wobei sie zumeist ganz einfach falsch sind. So ist es z. B. Caesar keine Primzahl und 30.1 ist falsch.

Man könnte allerdings befürchten, daß man falsche Aussagen "beweisen" kann, wenn man "sortenmäßig inkorrekte" (wenngleich falsche) Aussagen zuließe. Nehmen wir z. B. an, daß wir auf korrekte Weise aus wahren zahlentheoretischen Axiomen etwas abgeleitet haben, was (in verbaler Form mit einer Variablen n für natürliche Zahlen) folgendermaßen lautet:

30.4 Wenn n von 0 und 1 verschieden und keine Primzahl ist, so hat n einen echten Teiler.

Dann würde man durch Substitution des Terms "Caesar" erhalten:

30.5 Wenn Caesar von 0 und 1 verschieden und keine Primzahl ist, so hat Caesar einen echten Teiler.

Das ist aber falsch, da der Vordersatz wahr und der Hintersatz falsch ist.

Dadurch wird aber nur gezeigt, daß die Substitutionsregel richtig gefaßt werden muß. Der Substitutionsschluß ist ja nur korrekt, wenn der eingesetzte Term ein Individuum der betreffenden Sorte bezeichnet, was hier nicht der Fall ist.

Die strikte Substitutionsregel SUB_{LP} (siehe 25.7) gestattet den Übergang:

30.6
$$\frac{\psi_1(v), \ldots, \psi_n(v) \vdash \varphi(v)}{\psi_1(a), \ldots, \psi_n(a) \vdash \varphi(a)}$$

Dabei gehen die Formeln $\psi_1(v), \ldots, \psi_n(v), \varphi(v)$ durch eine (grammatisch erlaubte) Substitution des Individuentermes a für die Variable v in $\psi_1(a), \ldots, \psi_n(a), \varphi(a)$ über.

In dem prädikatenlogischen System LP sorgen die strikten Sortenbeschränkungen in der Grammatik dafür, daß für v nur solche Terme a eingesetzt werden können, die Elemente des Bereichs von v denotieren. In der oben angesprochenen ordnungssortierten Logik versucht man die strikte Grammatik zu lockern und Terme auch mehrfach zu sortieren. Aber es bleibt im Prinzip dabei, daß man durch gewisse (etwas mildere) grammatische Restriktionen dafür sorgt, daß für eine Variable einer gewissen Sorte nur Individuenterme substituiert werden dürfen, für die garantiert ist, daß sie Individuen dieser Sorte denotieren.

Wenn man aber auf die Sortierung der Terme völlig verzichtet, so hindert einen nichts daran, für eine Variable v einer gewissen Sorte einen Term X einzusetzen, der gar kein Individuum dieser Sorte bezeichnet. Dann kann man nicht mehr erwarten, daß die Regel SUB_{LP} korrekt ist. In der richtigen Substitutionsregel muß die Forderung, daß die Werte der substituierten Terme im richtigen Bereich liegen, als weitere Annahme zur Konklusionszeile zugefügt werden.

30.7 SUB
$$\frac{\varphi_1(v), \ldots, \varphi_n(v) \vdash \varphi_0(v)}{\exists v\; v = X, \varphi_1(X), \ldots, \varphi_n(X) \vdash \varphi_0(X)}$$

Diese Regel, in der "X" für einen allgemeinen Term steht, über dessen Werte keine Voraussetzungen gemacht werden, erlaubt es ohne weiteres, auf die syntaktische Bindung der Terme an Sorten zu verzichten.

Bei einer Interpretation hat man für jede Sorte den Bereich der möglichen Werte für die Variablen dieser Sorte, den Individuenbereich der betreffenden Sorte. Aber außerdem gibt es noch weitere Objekte, die auch für die Interpretation der Sprache von Belang sind.

Es mag Terme geben, deren semantische Werte stets in dem Individuenbereich liegen, und die man als Individuenterme dieser Sorte bezeichnen kann. Daneben hat man gewöhnlich noch Ausdrücke, die nicht als Terme dieser Sorte klassifiziert sind und deren semantische Werte in einem umfassenden Objektbereich liegen. Diese "allgemeinen Terme" bezeichnen irgendwelche Objekte, die keine Individuen der betreffenden Sorte zu sein brauchen, aber in besonderen Fällen sein können.

Wir veranschaulichen die semantischen Verhältnisse durch das folgende Bild:

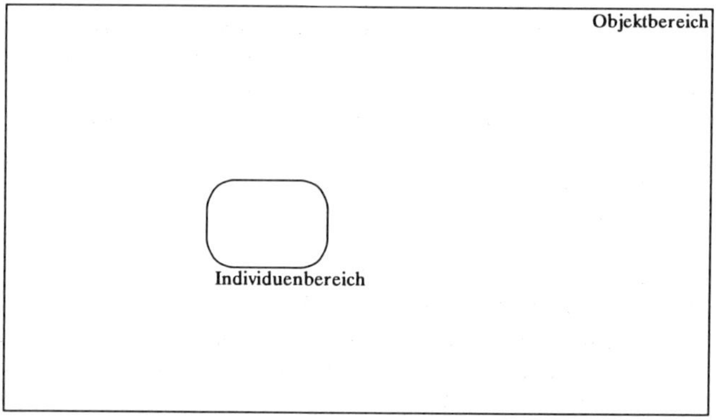

Wenn ein allgemeiner Term ein Individuum einer Sorte denotiert, so möchte man ihn in syntaktischer Hinsicht auch wie andere Ausdrücke, die Individuen dieser Sorte denotieren, behandeln können. So hat man in der Prädikatenlogik Ausdrücke, die keine Individuenterme sind (etwa Klassenkonstanten), die aber in gewissen Situationen (etwa in der Mengenlehre) durchaus auch Individuen bezeichnen können. Wenn es die strikte Grammatik nicht verbieten würde, so möchte man sie vielleicht ganz gerne auch syntaktisch wie Individuenterme verwenden.

Das ist ohne weiteres möglich, wenn man die Regel SUB_{PL} durch SUB ersetzt.

Dabei hat das alles, genau betrachtet, weniger mit der mehrsortigen Logik als mit der Lockerung grammatischer Restriktionen zu tun. Es ist gleichgültig, ob es sich um die einzige Sorte der betreffenden Sprache handelt, oder ob daneben noch weitere Sorten vorhanden sind, die dann andere Bereiche haben können.

Von der Lockerung grammatischer Restriktionen, die durch die neue Fassung der Substitutionsregel ermöglicht wird, werden wir im nächsten Kapitel beim Aufbau der Klassenlogik wesentlichen Gebrauch machen.

IV. Klassenlogik

§ 31. Vorbereitung der Klassenlogik

Wir wollen in diesem Kapitel eine Klassenlogik einführen, die Erweiterung der Prädikatenlogik ist. Bislang haben wir nur Klassenkonstanten zur Verfügung, die für jede prädikatenlogische Sprache fest zu wählen sind und nicht verändert oder ergänzt werden können. Wir wollen jetzt die Möglichkeit eröffnen, auch neue Bezeichnungen für Klassen einzuführen und über Beziehungen zwischen Klassen zu sprechen.

Die Klassenkonstanten sind in der Prädikatenlogik nur ein Spezialfall der Relationskonstanten. Man könnte eine entsprechende Erweiterung der Prädikatenlogik anstreben, in der man in ähnlicher Weise auch über Relationen sprechen kann. Das werden wir in diesem Kapitel ebenfalls leisten. Und zwar werden wir Paare und Tupel einführen und dann Relationen als Klassen von Paaren bzw. Tupeln gewinnen. Wir werden darüberhinaus auch Funktionen betrachten, die bei uns bisher noch nicht in angemessener Weise objektsprachlich dargestellt sind. Und zwar werden wir Funktionen als spezielle (rechtseindeutige) Relationen einführen. Dabei ist es sinnvoll, daß wir vorher Kennzeichnungen betrachten.

Wir besprechen zunächst die Sorten und Variablen in unserer angestrebten Klassenlogik.

Die Klassenlogik ist mehrsortig, wie es auch die von uns dargestellte Prädikatenlogik ist. Wir erlauben eine beliebige Menge S von **Sortenindizes**, zu denen es wie vorher **Variablen** dieser Sorten gibt. Neben den Sorten der Menge S, die fakultativ sind und die wir auch als **spezielle Sorten** bezeichnen, wollen wir aber noch eine obligatorische Sorte einführen, die also in jedem Fall vorhanden sein soll. Es ist nützlich, eine Sorte zu haben, die alle anderen Sorten subsumiert. Wir nennen diese Sorte die **universelle Sorte** und benutzen "univ" als Sortenindex (der nicht in S liegen soll). Mit universellen Variablen können wir über Individuen beliebiger anderer Sorten reden.

31.1 **Sortenindizes, Variablen einer Sorte**

S sei eine Menge, deren Elemente (spezielle) Sortenindizes (kurz Sorten) heißen. Die Variablen der Sorte s (für $s \in S$) sind dann:

$v_0^s, v_1^s, v_2^s, \ldots$

Ferner sei univ ein weiterer Sortenindex, der nicht in S liegt. Diese Sorte heißt die universelle Sorte und die universellen Individuenvariablen sind:

$v_0^{univ}, v_1^{univ}, v_2^{univ}, \ldots$ kurz: $u_0, u_1, u_2, \ldots$

$\bar{S}$ sei die Menge von Sortenindizes, die genau aus den Sorteninidizes von S und univ besteht.

Bei einer Interpretation einer mehrsortigen Sprache gehört zu jeder Sorte als **Bereich** eine nichtleere Menge, die die Individuen dieser Sorte und damit die möglichen

Variablenwerte von Variablen dieser Sorte enthält. In der Klassenlogik haben wir einen ausgezeichneten Bereich, nämlich den **universellen Individuenbereich**, der festlegt, was überhaupt Individuen bei der betreffenden Interpretation sind. Alle speziellen Individuenbegriffe haben sich einzufügen. Die speziellen Sorten aus S haben als Bereiche irgendwelche nichtleeren Teilmengen des universellen Bereiches.

Wenn wir z. B. eine Sprache mit drei speziellen Sorten s, s_1, s_2 haben, so liegen mit der obligatorischen Sorte univ insgesamt vier Sorten vor. Bei einer Interpretation braucht man dann auch vier Bereiche. In dem folgenden Diagramm ist schematisch dargestellt, wie diese Bereiche zueinander liegen könnten.

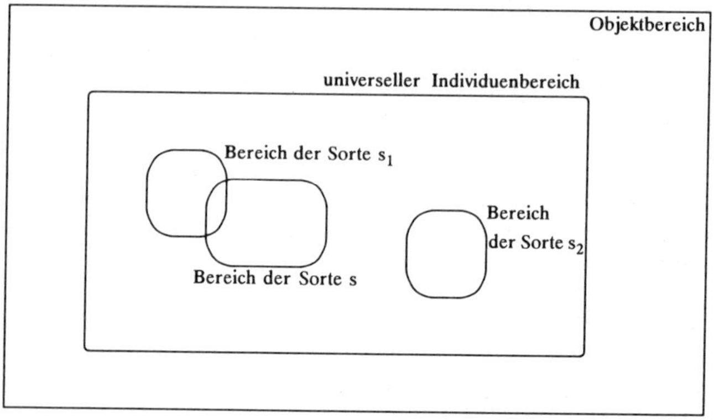

Die Individuen nennen wir auch **reale** Objekte, die anderen Objekte **virtuell**.

Man wird sich vielleicht fragen, was der **Objektbereich** überhaupt soll, den wir bei den Bereichen gar nicht mitgezählt haben, und was denn der Unterschied zwischen Individuen des universellen Bereichs und allgemeinen Objekten ist.

Wir haben im vorigen Paragraphen erläutert, daß man generell zu einem jeden Bereich einer Variablensorte auch Objekte vorsehen sollte, die außerhalb dieses Bereiches liegen. Das ist auch bei dem universellen Individuenbereich der Fall. Die außerhalb dieses Bereiches gelegenen Objekte sind eben die virtuellen Objekte. Auch wenn wir gar keine speziellen Sorten haben und nur die universelle Sorte vorhanden ist, wollen wir virtuelle Objekte zulassen.

Diese Objekte sind aber nur dafür da, als semantische Werte für Terme zu dienen, die keine Individuen denotieren. Die Objekte insgesamt bilden keinen Sortenbereich, da wir keine Variablen dafür zur Verfügung haben und auch nicht haben wollen, damit wir nichts vorsehen müssen, was wieder außerhalb dieses Bereiches läge.

Die Unterscheidung von realen und virtuellen Klassen hat Willard v. O. Quine eingeführt. Nach ihm setzt eine Theorie die Existenz derjenigen Objekte voraus, die in den Variablenbereichen vorhanden sein müssen, damit die Sätze der Theorie wahr werden, während andere Objekte sich als bloße Redeweisen "wegerklären" lassen. Wir benutzen hier diese Terminologie, nehmen aber die virtuellen Objekte als semantische

Werte ebenso ernst wie die realen Objekte. Sie erhalten ihren Status als virtuelle Objekte dadurch, daß sie außerhalb der Variablenbereiche liegen. Ob etwas ein Individuum ist oder nicht, hängt im übrigen von der Interpretation ab, wie es ja auch sonst in der Prädikatenlogik der Fall ist. In § 36 werden wir eine präzise Semantik entwickeln, die zu diesen Vorstellungen paßt.

Die in der Prädikatenlogik interessierenden Objekte sind die Individuen. Die in einer Struktur ausgezeichneten Klassen und Relationen werden nicht selbst thematisiert. Klassen- und Relationskonstanten dienen nur dazu, über Individuen zu reden.

In der Klassenlogik wollen wir dagegen auch über Klassen und Relationen sprechen und Terme (und zwar mehr als nur Konstanten) zur Verfügung haben, die Klassen und Relationen denotieren. Man könnte zu jeder Signatur $\langle 2, s_1, \ldots, s_n \rangle$ Relationsterme dieser Signatur einführen. Doch wollen wir die syntaktischen Fesseln der strikten Prädikatenlogik nicht in die Klassenlogik übertragen, vielmehr wollen wir zu syntaktisch einfachen und zugleich flexiblen Sprachen kommen.

Wir werden in der Klassenlogik gar nicht mehr syntaktisch zwischen Ausdrücken, die Individuen bezeichnen, und Ausdrücken, die Klassen, Relationen oder Funktionen bezeichnen, unterscheiden. Wir haben neben den Formeln nur noch allgemeine Terme, die eine einheitliche syntaktische Kategorie bilden.

Dann brauchen wir auch nur zwei Arten von nichtlogischen Konstanten, nämlich **Boolesche Konstanten**, die unzerlegbare Formeln darstellen und durch Wahrheitswerte bewertet werden, und **Objektkonstanten**, die unzerlegbare Terme darstellen und durch Objekte (zu denen auch Individuen, Klassen, Relationen, Funktionen zählen) bewertet werden. Wir nehmen wieder eine Menge C von nichtlogischen Konstanten an, auf der eine Signaturfunktion σ definiert ist, die durch ihre Werte (0 für Boolesche Konstanten und 1 für Objektkonstanten) die Art der Konstanten festlegt.

31.2 **Nichtlogische Konstanten, Signaturfunktion**
Gegeben sei eine Menge C, deren Elemente nichtlogische Konstanten heißen. Eine Signaturfunktion σ zu C ist eine Funktion, die jeder Konstanten $K \in C$ entweder 0 oder 1 zuordnet. Eine Konstante K mit $\sigma(K)=0$ heißt Boolesche Konstante, eine mit $\sigma(K)=1$ heißt Objektkonstante.

Durch eine Sortenmenge S, Konstantenmenge C und Signaturfunktion σ zu S, C ist eindeutig eine **klassenlogische Sprache** bestimmt, die wir folgendermaßen bezeichnen:

31.3 $LC(S, C, \sigma)$

Bevor wir diese Sprache definieren, müssen wir noch die logischen Konstanten und die Hilfszeichen angeben.

Die logischen Konstanten umfassen Junktoren und Quantoren und das Gleichheitszeichen, wie in der Prädikatenlogik. Von dem Prädikationszeichen $\ni$ brauchen wir nur die einstelligen Version, nämlich das **Elementzeichen** $\in$.
Die wesentliche Erweiterung, die der Klassenlogik den Namen gibt, ist jedoch der **Klassenbildungsoperator** $\{\ldots|\ldots\}$. Diesen fassen wir, ungeachtet der Tatsache, daß

er aus drei einfacheren Zeichen (zwei Klammern und einen Strich) zusammengesetzt ist, als ein einziges logisches Zeichen mit zwei durch Pünktchen angedeuteten Leerstellen auf. (Man könnte in der "offiziellen Notation" auch mit einem Zeichen auskommen und die Kombination aus den drei Zeichen als besser lesbare pragmatische Variante einführen.)

Die restlichen logischen Konstanten sind die **Paarklammern** $\langle \ldots, \ldots \rangle$ und der **Kennzeichnungsoperator** ι.

Als Gliederungsklammern, die für die eindeutige Lesbarkeit erforderlich sind, verwenden wir wieder die runden Klammern (und).

31.4 **Alphabet**

Das Alphabet der klassenlogischen Sprache $LC(S, C, \sigma)$ enthält:

(a) die Variablen zu $\bar{S}$,

(b) die Konstanten aus C,

(c) die logischen Konstanten

$$=, \in, \top, \bot, \neg, \wedge, \vee, \Longrightarrow, \Longleftrightarrow, \forall, \exists, \{\ldots|\ldots\}, \langle \ldots, \ldots \rangle, \iota,$$

(d) die Klammern (und) als Hilfszeichen.

31.5 **Terme und Formeln von $LC(S, C, \sigma)$**

a) Jede Variable und jede Objektkonstante ist ein Term.

b) Jede Boolesche Konstante ist eine Formel.

c) Für Terme X, Y, Formeln φ, ψ und Variablen v sind

$$\{v|\varphi\}, \langle X, Y \rangle, \iota v \varphi$$

Terme und

$$\top, \bot, X=Y, X\in Y, \neg\varphi, (\varphi \wedge \psi), (\varphi \vee \psi), (\varphi \Longrightarrow \psi), (\varphi \Longleftrightarrow \psi), \forall v\varphi, \exists v\varphi$$

Formeln.

Dabei wird in $\{v|\varphi\}$, $\iota v \varphi$, $\forall v \varphi$, $\exists v \varphi$ die Variable v gebunden, und zwar an der gezeigten Stelle, wo sie als Operatorvariable vorkommt und überall, wo sie im Skopus φ noch frei vorkommt.

Für die Formeln, die wir in dieser Form schon aus der Prädikatenlogik kennen, übernehmen wir die alten Lesarten. Zusätzlich führen wir für die neu hinzugekommenen **Klassenterme** $\{v|\varphi\}$, **Paarterme** $\langle X,Y \rangle$ und **Kennzeichnungsterme** $\iota v \varphi$ Lesarten ein:

31.6 **Lesarten**

$\{v\|\varphi\}$	Lesart:	Klasse der v mit φ.
$\langle X,Y \rangle$	Lesart:	Paar von X und Y.
$\iota v \varphi$	Lesart:	das (eindeutig bestimmte) v mit φ.

Wir haben zu diesen neuen Termen noch gar nichts Erklärendes gesagt. Das wollen wir auch erst später von Fall zu Fall tun, wenn wir diese Ausdrücke benutzen. Einstweilen mag die Lesart ein erster Hinweis auf die Bedeutung sein. Im Augenblick können wir nur konstatieren, daß man neue Arten von Termen in der Sprache hat.

Man beachte, daß die Grammatik keinerlei Sortenbeschränkungen enthält. Rechts und links von Gleichheitszeichen = und Elementzeichen ∈ sind beliebige Terme erlaubt.

Die rekursive Definition der Formeln und Terme ist verschränkt, d. h. mit bereits erhaltenen Termen erhält man weitere Formeln, und mit bereits erhaltenen Formeln erhält man weitere Terme. Insbesondere können in Termen auch Formeln und in Formeln auch Terme als Teilausdrücke vorkommen. Gebundene Variablen können sowohl in Termen wie in Formeln vorkommen. Eine Formel ohne freie Variablen bezeichnen wir als **Aussage**, einen Term ohne freie Variablen als **konstanten Term**.

Zu jeder prädikatenlogischen Sprache können wir die **zugehörige** klassenlogische Sprache bilden, die dieselben speziellen Sorten und nichtlogischen Konstanten hat und in der nur alle Individuen- und Relationskonstanten zu Objektkonstanten gemacht sind. Wir können somit alle Beispielsprachen aus § 17 in dieser Weise als klassenlogische Sprachen übernehmen.

Wir übernehmen in entsprechender Weise alle Begriffe, Abkürzungen und Bezeichnung aus Kapitel III, soweit sie auch hier passen. Insbesondere nehmen wir an, daß Substitutionen und Ersetzungen sinngemäß wie in der Prädikatenlogik eingeführt sind. Wir übernehmen ferner alle Regeln für Junktoren und Quantoren:

31.7 **Grundregeln für Junktoren und Quantoren**

Wir führen für die Klassenlogik einen Ableitbarkeitsbegriff

$\Gamma \vdash \varphi$

ein, in dem wir Regeln als logische Grundregeln auszeichnen. Dabei übernehmen wir insbesondere die Regeln A, S, VER, FAL, TND, ECQ, KON_1, KON_2, KON_3, DIS_1, DIS_2, DIS_3, AB, AE, $ÄQ_1$, $ÄQ_2$, $ÄQ_3$ aus § 23 und die Regeln ALL_1, ALL_2, EX_1, EX_2 aus § 24.

Damit können wir dann auch alle darauf gegründeten eliminierbaren Regeln, Sätze und weiteren Begriffe übernehmen.

Die Substitutionsregel ist natürlich in der Form 30.7 zu nehmen. Die zusätzliche Annahme $\exists v\, v=X$, durch die erst der Übergang zu den Sprachen mit allgemeinen Termen ohne Restriktionen in der Grammatik ermöglicht wird, wollen wir jetzt etwas umformulieren. Wir führen für jede Sorte $s \in \bar{S}$ ein **Sortenprädikat** D^s ein und schreiben dann, wenn v von der Sorte s ist, für $\exists v\, v=X$ in gleichwertiger Weise $X \in D^s$. In der Prädikatenlogik müßte man besondere Klassenkonstanten voraussetzen. In der Klassenlogik lassen sich die Sortenprädikate leicht definieren. Wenn wir in $\{v^s | \varphi\}$ für φ eine triviale Bedingung wählen, etwa $v_0^s = v_0^s$, so erhalten wir einen Term, der die Klasse aller Individuen der betreffenden Sorte bezeichnet:

31.8 **Sortenprädikate**

$D^s =_{def} \{v_0^s | v_0^s = v_0^s\}$ (für $s \in \bar{S}$) Lesart: Bereich der Sorte s.

$\mathbb{D} =_{def} \{u_0 | u_0 = u_0\}$ Lesart: universeller Bereich, Allklasse.

Dann können wir die Substitutionsregel folgendermaßen formulieren:

31.9 **Substitutionsregel**

$$\text{SUB}\ \frac{\psi_1(v^s),\ldots,\psi_n(v^s)\vdash\varphi(v^s)}{X\in D^s,\psi_1(X),\ldots,\psi_n(X)\vdash\varphi(X)},\text{wenn Sub}\,\psi_i(v^s)[v^s/X]\psi_i(X)\ (i=1,\ldots,n)\ \text{und Sub}\,\varphi(v^s)\,[v^s/X]\,\varphi(X)\ \ (\text{für } s\in\bar{S}).$$

Man beachte, daß für s auch die universelle Sorte genommen werden kann. Für D^{univ} kann man dann $\mathbb{D}$ schreiben.

Die prädikatenlogischen Sätze, bei denen eine Substitution vorkommt, müssen jetzt überprüft werden. So sind z. B. die eliminierbaren prädikatenlogischen Regeln der Spezialisierung und der Partikularisierung (25.10,11) umzuformulieren. Wenn man einen Quantor $\forall v^s$ wegläßt und für v^s einen Term X substituiert, so muß man $X\in D^s$ voraussetzen. Ferner ist diese Voraussetzung nötig, wenn man partikularisieren und $\exists v^s$ einführen möchte. Diese Regeln lauten also hier folgendermaßen:

31.10 **Spezialisierungs- und Partikularisierungsregel**

$$\text{Spez}\ \frac{\Sigma\vdash\forall v^s\varphi(v^s)\qquad \Pi\vdash X\in D^s}{\Sigma,\Pi\vdash\varphi(X)}\qquad\qquad \text{Part}\ \frac{\Sigma\vdash\varphi(X)\qquad \Pi\vdash X\in D^s}{\Sigma,\Pi\vdash\exists v^s\varphi(v^s)}$$

Dabei wird natürlich Sub $\varphi(v^s)\,[v^s/X]\,\varphi(X)$ vorausgesetzt.

Im allgemeinen hat man $X\in D^s$ nicht zur Verfügung. Aber in vielen Anwendungssituationen weiß man doch, wo die Termwerte liegen. Das ist z. B. der Fall, wenn ein Bereich unter gewissen Funktionen abgeschlossen ist und man Terme mit zugehörigen Funktionszeichen aufbaut. Ferner sind alle mit einer Variablen einer Sorte s gebildeten eigentlichen Kennzeichnungsterme Individuenterme der Sorte s.

Von Seiten der Logik kann man sagen, daß jedenfalls die Variablen der Sorte s stets Individuen der Sorte s denotieren sollen, so daß man ohne weitere Annahmen $v^s\in D^s$ $(s\in\bar{S})$ voraussetzen kann. Ferner sollen alle speziellen Sorten der universellen Sorte subsumiert sein, so daß man stets $v^s\in\mathbb{D}$ $(s\in S)$ annehmen kann. Das führt zu den folgenden Grundregeln, die keine Entsprechung in der Prädikatenlogik haben:

31.11 **Sortenaxiom und Universalitätsaxiom**

$$\text{SORT}\ \frac{\cdot}{\vdash v^s\in D^s}\ (s\in\bar{S})\qquad\qquad \text{UNIV}\ \frac{\cdot}{\vdash v^s\in\mathbb{D}}\ (s\in S)$$

Schließlich sind die Identitätsregeln an die neue Situation anzupassen. Die Axiome der Selbstidentität und der Komparabilität können wir wörtlich übernehmen. Natürlich stehen die Buchstaben X, Y, Z darin dann für allgemeine Terme einer klassenlogischen Sprache. Statt der Kongruenzaxiome 27.7 brauchen wir hier ein Kongruenzaxiom für Ersetzungen in Elementformeln, und zwar auf beiden Seiten von $\in$. Ein weiteres Kongruenzaxiom benötigen wir für die Paarklammern.

Damit kommen wir zu folgenden identitätslogischen Grundregeln:

31.12 Grundregeln für die Identität
Wir übernehmen für die Klassenlogik die Regeln ID und KOMP aus § 27 und außerdem die folgenden weiteren Kongruenzaxiome für Elementformeln und Paarterme als Grundregeln:

KGEL	$\dfrac{\bullet}{X_1 = Y_1, X_2 = Y_2 \vdash X_1 \in X_2 \Longleftrightarrow Y_1 \in Y_2}$
KGPA	$\dfrac{\bullet}{X_1 = Y_1, X_2 = Y_2 \vdash \langle X_1, X_2 \rangle = \langle Y_1, Y_2 \rangle}$

Wir greifen noch einmal das Thema der Ersetzungsregeln auf. In § 26 haben wir Ersetzungen von Formeln in Formeln und in § 27 Ersetzungen von Termen in Formeln behandelt. Die Sätze 26.2 und 27.8 gelten in gleicher Weise in der Klassenlogik. Der Beweis, der durch Induktion über den syntaktischen Aufbau erfolgt, muß ergänzt werden. Dabei müssen die Induktionsvoraussetzungen jetzt auch auf Ersetzungen von Termen in Termen und von Formeln in Termen zurückgreifen.

Wir wollen den Ersetzungssatz noch einmal neu formulieren, so daß alle Fälle abgedeckt sind. Um uns kurz ausdrücken zu können, führen wir eine besondere Schreibweise ein und beweisen dann den allgemeinen Ersetzungssatz.

31.13 Einheitliche Schreibweise für Äquijunktionen und Gleichungen
Wenn α, α' Formeln sind, so sei $\alpha \equiv \alpha'$ dasselbe wie $\alpha \Longleftrightarrow \alpha'$.
Wenn α, α' Terme sind, so sei $\alpha \equiv \alpha'$ dasselbe wie $\alpha = \alpha'$.

31.14 Allgemeiner Ersetzungssatz
$\alpha(\beta)$ gehe durch Ersetzung von β durch β' in $\alpha(\beta')$ über, und diese Ersetzung sei höchstens bzgl. $w_1, \ldots, w_n$ gebunden. Dann gilt:

$$\forall w_1 \ldots w_n (\beta \equiv \beta') \vdash \alpha(\beta) \equiv \alpha(\beta')$$

Dabei ist α ein Term oder eine Formel, und β, β' sind beides Terme oder beides Formeln.

Beweis:

Der Beweis verläuft mit geringfügigen Änderungen genauso wie der Beweis für den Ersetzungssatz 26.2 bzw. für 27.8. Man muß nur φ durch α und $\theta \Longleftrightarrow \theta'$ bzw. $X = X'$ durch $\beta \equiv \beta'$ ersetzen. In Elementformeln kann man hier auf beiden Seiten des Elementzeichens Ersetzungen vornehmen, was nach KGEL möglich ist. Für Ersetzungen in Paartermen verwendet man KGPA. Für Ersetzungen innerhalb von Klassentermen benötigt man $\forall v(\theta \Longleftrightarrow \theta') \vdash \{v \mid \theta\} = \{v \mid \theta'\}$ und für Ersetzungen innerhalb von Kennzeichnungstermen ist $\forall v(\theta \Longleftrightarrow \theta') \vdash \iota v\, \theta = \iota v\, \theta'$ erforderlich. ∎

Wir werden diese beiden genannten Sätze erst später zeigen (32.4, 34.6), und erst dann wird 31.14 voll bewiesen sein. Doch können wir den Ersetzungssatz schon benutzen, sofern wir auf Ersetzungen im Innern von Klassentermen und Kennzeichnungstermen zunächst verzichten.

Die Ersetzungsregeln 26.3 und 27.9 ergeben sich dann in gleicher Weise wie in der Prädikatenlogik.

Wir haben in 26.4 Beweise durch äquivalente Umformung betrachtet, die man als fortlaufende Ketten von Äquijunktionen schreibt:

$$\varphi_0 \Longleftrightarrow \varphi_1 \Longleftrightarrow \ldots \Longleftrightarrow \varphi_{n-1} \Longleftrightarrow \varphi_n$$

In analoger Weise betrachtet man auch identische Umformungen von Termen, die man als fortlaufende Ketten von Gleichungen schreibt:

$$X_0 = X_1 = \ldots = X_{n-1} = X_n$$

Wir geben eine Formulierung an, die beide Arten von iterierten Umformungen durch Ersetzung abdeckt. Dabei setzen wir von den vorkommenden Ersetzungen stillschweigend voraus, daß die Bedingungen von 26.3 bzw. 27.9 erfüllt sind.

31.15 **Beweise durch äquivalente bzw. identische Umformung**

Es gelte Ers $\alpha_{i-1}\, \beta_{i-1}\, \beta_i\, \alpha_i$ $(i = 1, \ldots, n)$. Durch eine fortlaufende Kette von Äquijunktionen bzw. von Gleichungen in folgender Form:

α_0	
$\equiv \alpha_1$	Ers mit $\Sigma_1 \vdash \beta_0 \equiv \beta_1$
$\vdots$	
$\equiv \alpha_n$	Ers mit $\Sigma_n \vdash \beta_{n-1} \equiv \beta_n$

wird bewiesen:

$$\Sigma_1, \ldots, \Sigma_n \vdash \alpha_0 \equiv \alpha_n$$

Man redet von äquivalenter Umformung, wenn $\alpha_0, \ldots, \alpha_n$ Formeln sind, von identischer Umformung, wenn es sich um Terme handelt.

Beweis:

Man beginnt mit der trivialen Zeile $\vdash \alpha_0 \equiv \alpha_0$ und formt sukzessive mit den Ersetzungsregeln 26.3 (wenn Formeln ersetzt werden) und 27.9 (wenn Terme ersetzt werden) die rechten Seiten um. ∎

Die Angabe der Grundregeln ist noch keineswegs abgeschlossen. Die eigentlichen Klassenregeln fehlen z. B. noch völlig. Wir haben zwar schon die Sprachen der Klassenlogik eingeführt, aber noch keine Axiome und Regeln angegeben, die für die neuen logischen Konstanten charakteristisch sind.

Insofern ist dieser Paragraph weniger der Klassenlogik als einer erweiterten Prädikatenlogik zuzuordnen. Der Paragraph enthält gewissermaßen die Anpassung der Prädikatenlogik an die allgemeine syntaktische Situation, in der wir uns jetzt in der Klassenlogik bewegen wollen.

Wir werden die Klassenlogik nicht mit derselben Ausführlichkeit behandeln wie die Prädikatenlogik. Die Semantik wird erst zum Schluß nachgeschoben. Stattdessen stützen wir uns auf logische Axiome und Regeln, die aber im Sinne der Semantik korrekt und vollständig sind. Eine systematische Darstellung findet man in [20].

§ 32. Klassen

Wir geben nun die Grundregeln an, die sich auf Klassen beziehen. Sie spiegeln genau die intuitiven Vorstellungen wider, die man mit dem Klassenbegriff verbindet.

Es soll bei den Klassen nur darauf ankommen, welche Individuen in ihnen zusammengefaßt sind. Es gibt keine Reihenfolge oder Vielfachheit, in der sie in einer Klasse vorkommen. Ein Individuum ist entweder Element in einer Klasse oder nicht. Und Klassen, die genau dieselben Elemente haben, sind bereits gleich. Man nennt das die Extensionalität der Klassen.

32.1 **Extensionalitätsaxiom**

EXT $$\frac{\bullet}{\forall u(u \in \{v \mid \varphi\} \Longleftrightarrow u \in \{w \mid \psi\}) \vdash \{v \mid \varphi\} = \{w \mid \psi\}}$$

Das nächste Axiom drückt aus, daß $\{v^s \mid \varphi\}$ genau diejenigen Individuen der Sorte s enthält, die die Bedingung φ erfüllen.

32.2 **Abstraktionsaxiom**

ABS $$\frac{\bullet}{\vdash v^s \in \{v^s \mid \varphi\} \Longleftrightarrow \varphi}$$

Hierdurch wird freilich nur etwas über solche Elemente von $\{v^s \mid \varphi\}$ ausgesagt, die Individuen der Sorte s sind. Andere Elemente soll $\{v^s \mid \varphi\}$ aber nicht haben. Das besagt das nächste Axiom.

32.3 **Elementaxiom**

EL $$\frac{\bullet}{X \in \{v^s \mid \varphi\} \vdash X \in D^s}$$

Wir zeigen jetzt, daß äquivalente (d. h. für alle Werte der Abstraktionsvariablen gleichwertige) Bedingungen dieselbe Klasse bestimmen. Damit steht dann die Ersetzungsregel auch für Ersetzungen innerhalb von Klassentermen zur Verfügung.

32.4 **Satz**

$$\forall v(\varphi \Longleftrightarrow \psi) \vdash \{v \mid \varphi\} = \{v \mid \psi\}$$

Beweis (s sei die Sorte von v):

1	$(1) \vdash \forall v(\varphi \Longleftrightarrow \psi)$	A
2	$(1) \vdash \varphi \Longleftrightarrow \psi$	$\forall$b
3	$\vdash v \in \{v \mid \varphi\} \Longleftrightarrow \varphi$	ABS
4	$\vdash v \in \{v \mid \psi\} \Longleftrightarrow \psi$	ABS
5	$(1) \vdash v \in \{v \mid \varphi\} \Longleftrightarrow v \in \{v \mid \psi\}$	2mal Ers 2, 3, 4
6	$u \in D^s, (1) \vdash u \in \{v \mid \varphi\} \Longleftrightarrow u \in \{v \mid \psi\}$	SUB
7	$u \in D^s, (1), u \in \{v \mid \varphi\} \vdash u \in \{v \mid \psi\}$	ÄQ_2
8	$u \in D^s, (1), u \in \{v \mid \psi\} \vdash u \in \{v \mid \varphi\}$	ÄQ_3
9	$u \in \{v \mid \varphi\} \vdash u \in D^s$	EL
10	$(1), u \in \{v \mid \varphi\} \vdash u \in \{v \mid \psi\}$	S 7, 9
11	$u \in \{v \mid \psi\} \vdash u \in D^s$	EL
12	$(1), u \in \{v \mid \psi\} \vdash u \in \{v \mid \varphi\}$	S 8, 11
13	$(1) \vdash u \in \{v \mid \varphi\} \Longleftrightarrow u \in \{v \mid \psi\}$	ÄQ_1 10, 12
14	$(1) \vdash \forall u(u \in \{v \mid \varphi\} \Longleftrightarrow u \in \{v \mid \psi\})$	ALL_2 !
15	$\forall u(u \in \{v \mid \varphi\} \Longleftrightarrow u \in \{v \mid \psi\}) \vdash \{v \mid \varphi\} = \{v \mid \psi\}$	EXT
16	$(1) \vdash \{v \mid \varphi\} = \{v \mid \psi\}$	S ∎

Der Klassenbildungsoperator eröffnet die Möglichkeit, eine beliebige sprachlich formulierte Bedingung an Individuen in einen Namen der dadurch gegebenen Klasse der Individuen (die die Bedingung erfüllen) umzusetzen. Das bedeutet einen großen Zuwachs an Ausdrucksmöglichkeiten, wie wir jetzt an einigen Beispielen demonstrieren wollen.

Durch eine unerfüllbare Bedingung, etwa $u_0 \neq u_0$, erhalten wir die leere Klasse, die gar keine Elemente hat:

32.5 Leere Klasse

$$\emptyset =_{\text{def}} \{u_0 \mid u_0 \neq u_0\}$$

Es gibt übrigens nur eine leere Klasse, denn wenn etwa A und B leere Klassen sind, so haben sie dieselben (nämlich gar keine) Elemente, also ist dann $A = B$.

Man kann in unserer Sprache leicht ausdrücken, daß ein Term eine Klasse bezeichnet. Wenn man die Elemente eines Objektes mit dem Klassenbildungsoperator zusammenfaßt, so erhält man natürlich eine Klasse. Diese ist gleich dem Ausgangsobjekt, wenn dieses eine Klasse ist, denn sie hat ja dieselben Elemente. Und sie ist natürlich von dem Ausgangsobjekt verschieden, wenn dieses keine Klasse ist.

Somit können wir definieren:

32.6 Formale Klassendefinition

$$\text{Cls}(X) =_{\text{def}} (X = \{u \mid u \in X\})$$ Lesart: X ist Klasse.

Mit Klassen sind gewisse Operationen durchführbar, wie Durchschnittsbildung, Vereinigungsbildung, Komplementbildung, die eine Art Rechnen mit Klassen begründen, die sog. **Klassenalgebra**. Diese Operationen können hier leicht definiert werden:

32.7 Operationen der Klassenalgebra

$A \cap B =_{def} \{u \mid u \in A \wedge u \in B\}$	Lesart: Durchschnitt von A und B.
$A \cup B =_{def} \{u \mid u \in A \vee u \in B\}$	Lesart: Vereinigung von A und B.
$\setminus A =_{def} \{u \mid u \notin A\}$	Lesart: Komplement von A.

Dabei stelle man sich unter A, B Terme vor, die Klassen bezeichnen. Doch sind die Definitionen auch für beliebige Terme sinnvoll.

Zur graphischen Veranschaulichung von Klassen wählt man oft Venn-Diagramme, wie wir sie bereits in § 20 kennengelernt haben.

Veranschaulichung des Durchschnitts $A \cap B$:

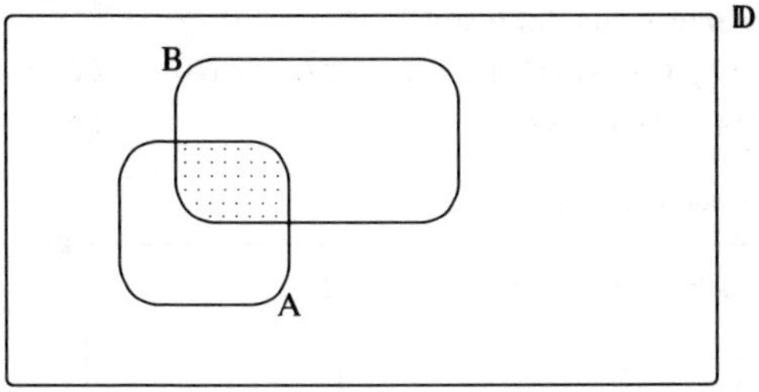

Veranschaulichung der Vereinigung $A \cup B$:

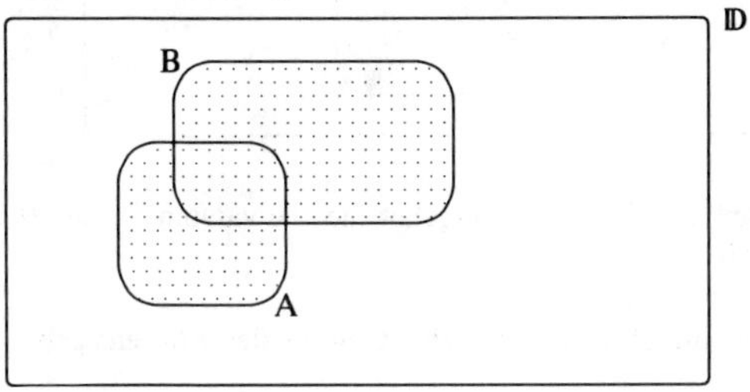

Veranschaulichung des Komplements $\setminus A$:

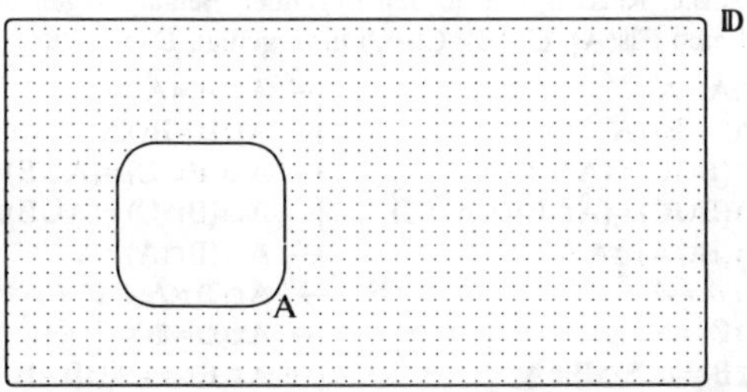

Oft möchte man gewisse endlich viele und explizit aufgezählte Objekte zu einer

Klasse zusammenfassen. Auch das läßt sich hier definieren:

32.8 Aufzählende Angabe von Klassen

$$\{a_1, \ldots, a_n\} =_{def} \{u \mid u = a_1 \vee \ldots \vee u = a_n\}$$

Damit dieses auch wirklich die Klasse mit den Elementen $a_1, \ldots, a_n$ ist, muß es sich um Individuen handeln, d. h. es müssen $a_1 \in \mathbb{D}, \ldots, a_n \in \mathbb{D}$ erfüllt sein.

Zwischen Klassen ist die **Inklusionsbeziehung** definiert. Eine Klasse ist **Subklasse** eine anderen, wenn jedes Element der ersten Klasse auch Element der zweiten Klasse ist. Wenn die Klassen verschieden sind, redet man von **echter Inklusion**:

32.9 Inklusion und echte Inklusion

$A \subseteq B \Longleftrightarrow_{def} Cls(A) \wedge Cls(B) \wedge \forall u\,(u \in A \Longrightarrow u \in B)$ Lesart: A sub B.

$A \subsetneq B \Longleftrightarrow_{def} A \subseteq B \wedge A \neq B$ Lesart: A echt sub B.

Veranschaulichung der Inklusion:

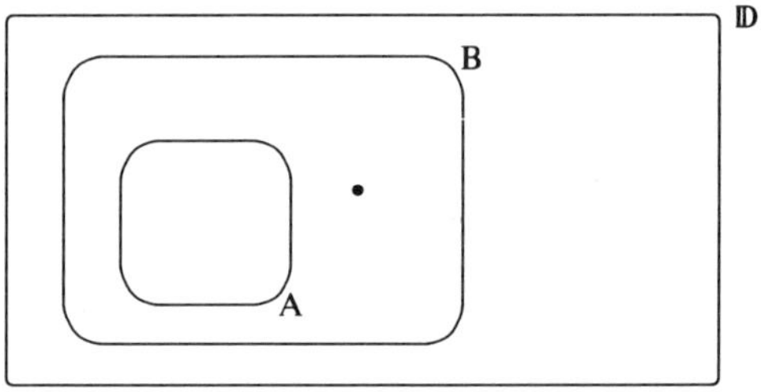

Es gilt $A \subseteq B$. Weil $A \neq B$ (das hervorgehobene Individuum ist aus B aber nicht aus A), gilt auch $A \subsetneq B$.

Der folgende Satz bringt einige typische Gesetze der Klassenalgebra:

32.10 Satz

Es seien A,B,C Klassen, d.h. in den folgenden Behauptungen denke man sich die Annahmen Cls(A), Cls(B), Cls(C) hinzugefügt. Dann gilt:

$\vdash A \cap A = A$	$\vdash A \cup A = A$
$\vdash A \cap B = B \cap A$	$\vdash A \cup B = B \cup A$
$\vdash A \cap (B \cap C) = (A \cap B) \cap C$	$\vdash A \cup (B \cup C) = (A \cup B) \cup C$
$\vdash A \cap (B \cup C) = (A \cap B) \cup (A \cap C)$	$\vdash A \cup (B \cap C) = (A \cup B) \cap (A \cup C)$
$\vdash A \cap (B \cup A) = A$	$\vdash A \cup (B \cap A) = A$
$\vdash A \cap \emptyset = \emptyset$	$\vdash A \cap \mathbb{D} = A$
$\vdash A \cup \emptyset = A$	$\vdash A \cup \mathbb{D} = \mathbb{D}$
$\vdash A \subseteq B \Longleftrightarrow A \cap B = A$	$\vdash A \subseteq B \Longleftrightarrow A \cup B = B$
$\vdash A \subseteq A$	$\vdash \emptyset \subseteq A \subseteq \mathbb{D}$

Wir wollen hier exemplarisch nur eine der obigen Behauptungen beweisen, nämlich das erste der distributiven Gesetze. Um $A \cap (B \cup C) = (A \cap B) \cup (A \cap C)$ zu zeigen, müssen wir $\forall u (u \in A \cap (B \cup C) \Longleftrightarrow u \in (A \cap B) \cup (A \cap C))$ beweisen und dann EXT anwenden. Hiervon zeigen wir $u \in A \cap (B \cup C) \Longleftrightarrow u \in (A \cap B) \cup (A \cap C)$ und wenden dann ALL_2 an. Die Äquijunktion beweisen wir durch äquivalente Umformung, wobei wir das Abstraktionsaxiom zur Umformung verwenden und einmal eine aussagenlogische Umformung anwenden, und zwar das entsprechende distributive Gesetz der Aussagenlogik. Wir schreiben nur diese Umformung hin, wobei wir die einzelnen Umformungsschritte durch $\Longleftrightarrow$ getrennt untereinander notieren.

	$u \in A \cap (B \cup C)$	
$\Longleftrightarrow$	$u \in A \wedge u \in (B \cup C)$	Def. von $\cap$ und ABS
$\Longleftrightarrow$	$u \in A \wedge (u \in B \vee u \in C)$	Def. von $\cup$ und ABS
$\Longleftrightarrow$	$(u \in A \wedge u \in B) \vee (u \in A \wedge u \in C)$	Tautologie
$\Longleftrightarrow$	$u \in A \cap B \vee u \in A \cap C$	Def. von $\cap$ und ABS
$\Longleftrightarrow$	$u \in (A \cap B) \cup (A \cap C)$	Def. von $\cup$ und ABS ■

Die anderen Gesetze der Klassenalgebra lassen sich ähnlich beweisen.

Es ist eine Grundidee der Mengenlehre, gewisse Klassen, nämlich die Mengen, als Individuen zu behandeln. Dabei möchte man möglichst viele Klassen als Individuen zur Verfügung haben. Es erhebt sich die Frage, warum wir nicht einfach alle Klassen als Individuen ansehen. Das würde durch das folgende "Axiom" gefordert:

32.11 **Das Alle-Klassen-sind-Individuen-Axiom**

☠ $$\frac{\cdot}{\vdash \{v \mid \varphi\} \in \mathbb{D}}$$

Dieses "Axiom" haben wir mit einem Totenkopf markiert. Auf den ersten Blick ist es durchaus einleuchtend. In der ersten formalisierten, umfassenden Logik von Gottlob Frege kommt, in anderer Ausdrucksweise natürlich, ein entsprechendes Axiom vor. Eines seiner logischen Grundgesetze besagte, daß jede Funktion einen Wertverlauf hat, der ein Gegenstand ist. Der Wertverlauf eines Begriffs (das ist bei ihm eine Funktion, deren Werte Wahrheitswerte sind) kann mit einer Klasse gleichgesetzt werden. Und ein Gegenstand ist bei ihm das, was Wert einer Variablen sein kann und was wir als Individuen bezeichnen. Man kann also sagen, daß Frege forderte, daß alle Klassen Individuen sind.

Dieses "Axiom" ist allerdings nicht zu halten. Bertrand Russell entdeckte im Jahre 1901, daß in der Fregeschen Logik ein Widerspruch enthalten ist. Russell führte die Klassen aller Individuen ein, die sich nicht selbst als Element enthalten:

32.12 **Russell-Klasse**

$$Ru =_{def} \{u_0 \mid u_0 \notin u_0\}$$

Dann erhält man mit 32.11 einen Widerspruch, wie der folgende einfache Beweis zeigt:

1	$\vdash u_0 \in Ru \Longleftrightarrow u_0 \notin u_0$	ABS
2	$Ru \in \mathbb{D} \vdash Ru \in Ru \Longleftrightarrow Ru \notin Ru$	SUB
3	$\vdash Ru \in \mathbb{D}$	"Axiom"
4	$\vdash Ru \in Ru \Longleftrightarrow Ru \notin Ru$	S ∎

Damit haben wir einen Widerspruch hergeleitet, die **Russellsche Antinomie**. Man redet von einer Antinomie, weil sich der Widerspruch aus (scheinbar) evidenten logischen Prinzipien ergibt.

Die Bemühungen, diese Antinomie aufzulösen, haben wesentlich zur Entwicklung der Logik und axiomatischen Mengenlehre beigetragen. Die ersten Lösungen liefen auf grammatische Einschränkungen hinaus, die die Zeichenreihe $u_0 \notin u_0$ als ungrammatisch aus der Sprache ausschlossen. Dann ist $\{u_0 | u_0 \notin u_0\}$ gar kein wohlgeformter Ausdruck, und man kann den Widerspruch gar nicht formulieren.

Grammatische Einschränkungen sind aber nicht nötig. Wir müssen nur auf das "Axiom" 32.11 verzichten. Dann können wir die Zeile 3 des Beweises oben nicht behaupten und auch nicht den Widerspruch in Zeile 4 herleiten. Doch erhält man mit einwandfreien Regeln:

32.13 **Satz**

$\vdash Ru \notin \mathbb{D}$

Beweis:

1	$\vdash u_0 \in Ru \Longleftrightarrow u_0 \notin u_0$	ABS
2	$Ru \in \mathbb{D} \vdash Ru \in Ru \Longleftrightarrow Ru \notin Ru$	SUB
3	$Ru \in \mathbb{D}, Ru \in Ru \vdash Ru \notin Ru$	$\ddot{A}Q_2$
4	$Ru \in Ru \vdash Ru \notin \mathbb{D}$	Kp_4
5	$Ru \in \mathbb{D}, Ru \notin Ru \vdash Ru \in Ru$	$\ddot{A}Q_3$ 2
6	$Ru \notin Ru \vdash Ru \notin \mathbb{D}$	Kp_1
7	$\vdash Ru \notin \mathbb{D}$	Fu 4,6 ∎

Die Russellsche Antinomie löst sich also in unserem Logiksystem so auf, daß man beweisen kann, daß die Russellklasse Ru kein Individuum ist, sie ist virtuell. Die Annahme, alle Klassen seien Individuen, ist falsch. Es gibt keinen Bereich von Individuen, der gegen Klassenbildung abgeschlossen wäre. Wie (groß) man den Individuenbereich auch wählt, stets gibt es Klassen von Individuen, die nicht Elemente dieses Bereiches sind. Der Abstraktionsprozeß der Klassenbildung führt stets über den Kreis der Individuen, die man hat, hinaus.

Das ist der Grund, warum wir die virtuellen Objekte vorgesehen haben. Sie sind unvermeidlich, wenn wir allen Termen unserer Sprache einen semantischen Wert zuweisen wollen. Würden wir auf sie verzichten, so gäbe es Terme, die keinen semantischen Wert erhalten. Wir müßten unsere einfache Sprache auf komplizierte Weise zurückschneiden.

Wir sehen auch, warum wir die virtuellen Objekte nicht zum Bereich einer Variablensorte (etwa von Objektvariablen) erhoben haben. Würden wir sie im Klassenbildungsoperator verwenden und Klassen von Objekten bilden, so erhielten wir sofort wieder neue Objekte außerhalb. Dann können wir auch gleich bei Klassen von Individuen bleiben, zumal der Individuenbegriff ja durchaus sehr umfassend sein kann. Man kann z. B. annehmen, daß der universelle Individuenbereich der Klassenlogik ein ganzes mengentheoretisches Universum umfaßt, oder ein typenlogisches Universum, wobei man die Typen als spezielle Sorten auffassen kann.

Man verwechselt oft die Begriffe der Abstraktion und der Komprehension. Mit Abstraktion meinen wir hier, daß man Individuen zu abstrakten Gesamtheiten, nämlich zu Klassen, zusammenfassen kann. Mit Komprehension meint man, daß diese Gesamtheiten dann selbst wieder zu den Individuen gehören. In diesem Sinne ist 32.11 ein Komprehensionsschema. Komprehension ist riskant, Abstraktion ist harmlos.

Wir haben oben gezeigt, daß nicht alle Klassen von Individuen real sind. Damit ist noch nicht gesagt, welche Klassen denn real sind. Die Klassenlogik läßt diese Frage völlig offen.

Eine Antwort wird von der **axiomatischen Mengenlehre** gegeben, bei der man meist die Axiome von Zermelo und Fraenkel zugrundelegt. Diese enthält u. a. Axiome über die Realität von Klassen, es werden also gewisse Fälle des insgesamt zu verwerfenden Komprehensionsschemas 32.11 wieder zugelassen. Die **Mengen** sind gewissermaßen "besonders schöne" Klassen, die insbesondere Individuen sind und mit denen man so umgehen kann, wie mit anderen Individuen. So können sie selbst wieder Elemente anderer Klassen (und Mengen) sein.

Die Axiome der Mengenlehre legen z. B. fest, daß die leere Klasse $\emptyset$ eine Menge ist. Ebenso sind die endlichen Klassen $\{a_1, \ldots, a_n\}$ Mengen. Jede Teilklasse einer Menge ist Menge. Durchschnitte und Vereinigungen von Mengen sind Mengen. Die Zahlenbereiche $\mathbb{N}, \mathbb{Z}, \mathbb{Q}, \mathbb{R}$ und die Individuenbereich von Strukturen sind Mengen, die Terme und Formeln von Logiksprachen bilden Mengen, usw.

Aber wenn eine Klasse "zu groß" wird, so ist sie keine Menge mehr. So ist, wenn wir die mengentheoretischen Axiome voraussetzen, die Klasse aller Mengen keine Menge, die Allklasse, die Klasse aller Individuen, ist keine Menge und natürlich ist auch die Russell-Klasse, die ja noch nicht einmal ein Individuum ist, keine Menge. Ferner ist das Komplement einer Menge keine Menge.

Die Erschütterungen der Russellschen Antinomie wirken durchaus noch nach. Oft findet man die Meinung, die Mengenlehre sei ein dubioses und von Widersprüchen akut bedrohtes Gebiet. Deshalb sei darauf hingewiesen, daß sich in der Zermelo-Fraenkelschen Mengenlehre noch niemals ein Widerspruch gezeigt hat. Zwar ist die Widerspruchsfreiheit der Mengenlehre nicht erwiesen. Aber man weiß nach dem zweiten Gödelschen Unvollständigkeitssatz, daß ein solcher Nachweis gar nicht möglich ist (es sei denn, man benutzt Beweismittel, die noch stärker sind, so daß sich für diese die Widerspruchsfreiheitsfrage erst recht stellen würde). Es ist deshalb durchaus vertretbar, Mengenlehre zu gebrauchen. Auch wir setzen in unserer Metatheorie Mengenlehre voraus.

Wenn man die Mengenlehre thematisiert, was wir im Rahmen einer Einführung in die Logik nicht machen können, so grenzt man sie allerdings von den harmlosen rein logischen Voraussetzungen, zu denen auch die Klassenlogik zählt, ab. Die Klassenlogik ist nachweislich widerspruchsfrei. Wir werden darauf in § 36 eingehen.

§33. Relationen

Klassen sind **einstellige** Relationen. Es taucht jetzt in natürlicher Weise das Bedürfnis auf, eine analoge Theorie, wie wir sie für Klassen entwickelt haben, auch für mehrstellige Relationen aufzustellen. Das ist möglich, doch ist es einfacher, die Relationen auf Klassen zurückzuführen. Zu dem Zweck führt man den Begriff des geordneten Paares ein.

Das **geordnete Paar** von zwei (nicht notwendig verschiedenen) Individuen ist ein Individuum, das den beiden Individuen (die wir die **Koordinaten** des Paares nennen) mit gegebener Reihenfolge zugeordnet ist und aus dem sie sich einschließlich ihrer Reihenfolge zurückgewinnen lassen. Es ist gewissermaßen der Inbegriff von zwei (nicht notwendig verschiedenen) **Individuen einschließlich einer Reihenfolge**. Wir haben damit nicht eigentlich definiert, was Paare wirklich sind. Aber wir haben doch beschrieben, was wir von ihnen verlangen. Wir führen deshalb den Begriff des geordneten Paares als einen **Grundbegriff** (d.h. ohne Definition) ein, dessen Eigenschaften durch **Axiome** beschrieben werden. Mit ein wenig Mengenlehre kann man auch geordnete Paare definieren. Doch müßte man dann die zugehörigen Voraussetzungen in die Klassenlogik aufnehmen, was wir vermeiden wollen.

Wir haben bereits in den klassenlogischen Sprachen die spitzen Klammern $\langle , \rangle$ als Paarklammern vorgesehen. Oft schreibt man auch runde Klammern. Doch wollen wir Klammersymbole mit einer besonderen Bedeutung von den runden Allerwelts- und Gliederungsklammern abheben.

Die grundlegende Eigenschaft von Paaren, daß Paare von Individuen eindeutig ihre Komponenten bestimmen, führt zu dem folgenden Axiom:

33.1 **Axiom der geordneten Paare**

$$\text{PA} \qquad \frac{\bullet}{\langle u_0, u_1\rangle = \langle u_2, u_3\rangle \vdash u_0 = u_2 \land u_1 = u_3}$$

Man könnte den Paarbegriff auch allgemeiner einführen, so daß Paare beliebiger (auch virtueller) Objekte eindeutig ihre Koordinaten bestimmen. Es reicht uns aber die einfachere Version für Individuen aus.

Das Paaraxiom ist gewissermaßen die Umkehrung des Kongruenzaxioms KGPA, das eine selbstverständliche Eigenschaft der Gleichheit ausspricht. Natürlich sind Paare gleich, wenn es die Koordinaten sind. Das Wesentliche am Paarbegriff ist, daß die Koordinaten gleich sind, wenn es die Paare sind.

Wir benötigen als weitere Eigenschaft, daß Paare von Individuen wieder Individuen sind. Es ist dies eine Anforderung an den universellen Individuenbereich. Er muß unter der Paarfunktion, die zur Interpretation der Paarausdrücke dient, abgeschlossen sein.

33.2 Axiom über die Realität von Paaren

RPA $\dfrac{\cdot}{\vdash \langle u_0, u_1 \rangle \in \mathbb{D}}$

Man wird aber nicht verlangen, daß spezielle Sortenbereiche auch unter Paarbildung abgeschlossen sind. Ein Paar von Punkten ist kein Punkt, ein Paar von Menschen kein Mensch, ein Paar aus Mensch und Zeitpunkt weder ein Mensch noch ein Zeitpunkt usw. Doch sollen alle diese Paare auch Individuen sein, damit man Klassen von Paaren bilden kann.

Mit Paaren können wir zweistellige Relationen auf Klassen zurückführen. Für dreistellige Relationen brauchen wir Tripel, für vierstellige Relationen Quadrupel, für fünfstellige Quintupel usw. Allgemein redet man von **n-Tupeln**. Glücklicherweise braucht man nicht für jede Stellenzahl einen eigenen Tupelbegriff als Grundbegriff einzuführen. n-Tupel lassen sich als iterierte Paare definieren. Aus systematischen Gründen wollen wir den Fall $n=1$ einschließen.

33.3 Definition der Tupel

$\langle X \rangle =_{def} X$ (Eintupel)

Wenn $\langle X_1, \ldots, X_n \rangle$ (n-Tupel) bereits definiert ist ($n \geq 1$), so sei:

$\langle X_1, \ldots, X_{n+1} \rangle =_{def} \langle \langle X_1, \ldots, X_n \rangle, X_{n+1} \rangle$ (n+1-Tupel)

Eintupel sind einfach dasselbe wie Objekte, Zweitupel sind Paare von Objekten, Dreitupel oder Tripel sind Paare, deren erste Koordinate selbst ein Paar ist:

$$\langle X_1, X_2, X_3 \rangle = \langle \langle X_1, X_2 \rangle, X_3 \rangle$$

Für jede natürliche Zahl $n \geq 1$ erhalten wir so n-Tupel. Dabei kann man leicht zeigen, daß n-Tupel von Individuen wieder Individuen sind und ihre Koordinaten eindeutig bestimmen.

Es lassen sich jetzt n-stellige Relationen als Klassen von n-Tupeln auffassen.

33.4 Definition der Relationen

$Rel_n(A) =_{def} Cls(A) \wedge \forall u \in A\ \exists u_1 \ldots u_n\ u = \langle u_1, \ldots, u_n \rangle$

$Rel(A) =_{def} Rel_2(A)$

Lesart für $Rel_n(A)$: A ist n-stellige Relation,
für $Rel(A)$: A ist (zweistellige) Relation.

Eine einstellige Relation ist nichts anderes als eine beliebige Klasse, eine zweistellige Relation ist eine Klasse von Paaren von Individuen, eine dreistellige Relation ist eine Klasse von Tripeln von Individuen usw. Aufgrund unserer Tupeldefinition (Tupel als iterierte Paare) ist jede n-stellige Relation für $n \geq 2$ auch insbesondere eine zweistellige Relation. Wenn wir "Relation" ohne Zusatz der Stellenzahl sagen, so meinen wir zweistellige Relationen und haben den Fall mehrstelliger Relationen damit automatisch eingeschlossen.

Wir können nun die prädikativen Formeln definieren: Individuen stehen in einer Relation, wenn das daraus gebildete Tupel ein Element der Relation (als Klasse) ist.

33.5 **Prädikative Formeln**

$$Q \ni a_1 \ldots a_n \Longleftrightarrow_{def} \langle a_1, \ldots, a_n \rangle \in Q$$

Damit haben wir die prädikatenlogische Schreibweise prädikativer Formeln mit dem Prädikationszeichen auch in die Klassenlogik eingeführt. Wir übernehmen sodann alle darauf gegründeten Schreibweisen und Abkürzungen aus der Prädikatenlogik auch in die Klassenlogik.

Ähnlich wie Klassen aus einstelligen Bedingungen durch Abstraktion gewonnen werden, so werden n-stellige Relationen aus n-stelligen Bedingungen durch Abstraktion gewonnen. Eine Formel φ bestimmt nach Auszeichnung einer Abstraktionsvariablen w (die dabei gebunden wird) die Klasse $\{w|\varphi\}$. Völlig analog bestimmt eine Formel φ nach Auszeichnung von n Abstraktionsvariablen $w_1, \ldots, w_n$ (die dabei gebunden werden) die Relation $\{w_1, \ldots, w_n|\varphi\}$.
Wir brauchen allerdings den hierbei angesprochenen Relationsbildungsoperator nicht als Grundbegriff in die Sprache aufzunehmen, da wir ihn mit Hilfe des Klassenbildungsoperators als Abkürzung definieren können.

33.6 **Relationsbildungsoperator**

$$\{w_1, \ldots, w_n|\varphi\} =_{def} \{u| \exists w_1 \ldots w_n (u = \langle w_1, \ldots, w_n \rangle \wedge \varphi)\}$$

Lesart: Relation zwischen $w_1, \ldots, w_n$ mit φ.

Man schreibt oft $\{\langle w_1, \ldots, w_n \rangle|\varphi\}$ mit Tupelklammern. Doch erspart man sich dadurch nicht die oben stehende Definition, da im Klassenbildungsoperator $\{\ldots|\ldots\}$ ja vor den Abstraktionsstrich eine Variable gehört und dort kein Term wie $\langle w_1, \ldots, w_n \rangle$ stehen darf. Man könnte einen allgemeineren Klassenbildungsoperator mit einem Term vor dem Abstraktionsstrich einführen, aber dieser erfordert besondere Verabredungen bzgl. der zu bindenden Variablen. Die Tupelklammern bringen also keinen Nutzen, deshalb lassen wir sie fort.

In der Sprache L_{VW} (mit der Standardinterpretation) könnte man z. B. definieren:

$$\text{ISTVATERVON} =_{def} \{x_0, x_1 | x_0 \in ♂ \wedge x_1 \text{ KINDVON } x_0\}$$
$$\text{ISTMUTTERVON} =_{def} \{x_0, x_1 | x_0 \in ♀ \wedge x_1 \text{ KINDVON } x_0\}$$

Weil wir Relationen auf Klassen zurückgeführt haben, brauchen wir keine weiteren logischen Axiome. Die beiden folgenden grundlegenden Sätze über Relationen lassen sich mit den bis jetzt angegebenen logischen Regeln beweisen. Wir werden die Beweise hier allerdings nicht bringen.

Der Extensionalitätssatz besagt, daß Relationen bereits völlig festgelegt sind, wenn feststeht, welche Tupel in der Relation stehen und welche nicht. Es kommt nicht auf eine besondere darüber hinausgehende Art der relationalen Verbindung an.

33.7 Extensionalitätssatz für Relationen

Sei (zur Abkürzung) $Q =_{\text{def}} \{w_1, \ldots, w_n | \varphi\}$ und $R =_{\text{def}} \{w'_1, \ldots, w'_n | \psi\}$. Dann gilt:

$$\forall u_1 \ldots u_n (Q \ni u_1 \ldots u_n \Longleftrightarrow R \ni u_1 \ldots u_n) \vdash Q = R$$

Der Abstraktionssatz besagt gewissermaßen, daß der Relationsbildungsoperator seinen Namen zu Recht trägt: Er bildet Relationen, und die dabei benutzte Formel gibt den relationalen Zusammenhang an.

33.8 Abstraktionssatz für Relationen

Sei (zur Abkürzung) $Q =_{\text{def}} \{w_1, \ldots, w_n | \varphi\}$. Dann gilt:

$$\vdash \mathrm{Rel}_n(Q)$$

$$\vdash (Q \ni w_1 \ldots w_n) \Longleftrightarrow \varphi$$

Von besonderem Interesse ist der Fall zweistelliger Relationen, den wir jetzt noch etwas näher betrachten wollen.

Um zweistellige Relationen graphisch zu veranschaulichen, stellt man Paare durch Punkte der Zeichenebene dar, die Koordinaten von Paaren durch Punkte auf den Koordinatenachsen eines Koordinatensystems. Jede Koordinatenachse soll ganz $\mathbb{D}$ veranschaulichen. Eine Relation wird dann durch eine Klasse von Punkten der Zeichenebene veranschaulicht.

33.9 Veranschaulichung von Paaren und (zweistelligen) Relationen

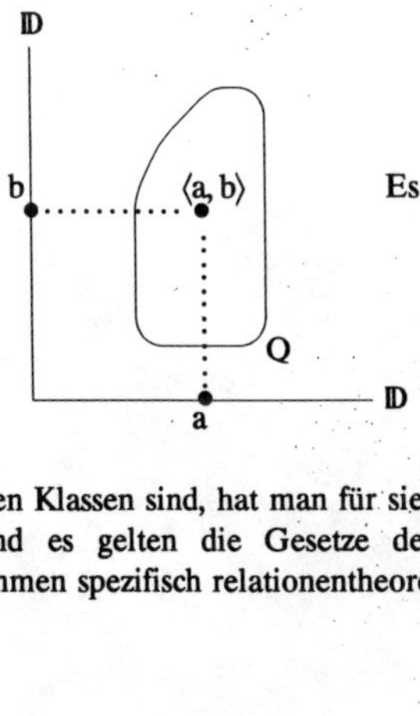

Es gilt $\langle a, b\rangle \in Q$, also $Q \ni a\,b$, kurz: $a\,Q\,b$

Weil Relationen Klassen sind, hat man für sie alle Operationen der Klassenalgebra zur Verfügung, und es gelten die Gesetze der Klassenalgebra auch für Relationen. Zusätzlich kommen spezifisch relationentheoretische Begriffe und Sätze hinzu.

Aus zwei Klassen A, B kann man eine Relation gewinnen, in der alle Paare liegen, die ihre ersten Koordinaten in A und zweiten Koordinaten in B haben. Diese Relation wird auch als kartesisches Produkt von A und B bezeichnet. Die Bezeichnung ist darauf zurückzuführen, daß durch Descartes (latinisiert Cartesius) der Gebrauch von Koordinaten zur rechnerischen Beschreibung geometrischer Gebilde bekannt geworden ist.

33.10 **Kartesisches Produkt zweier Klassen**

$$A \times B =_{def} \{u_0, u_1 \mid u_0 \in A \wedge u_1 \in B\}$$

Veranschaulichung:

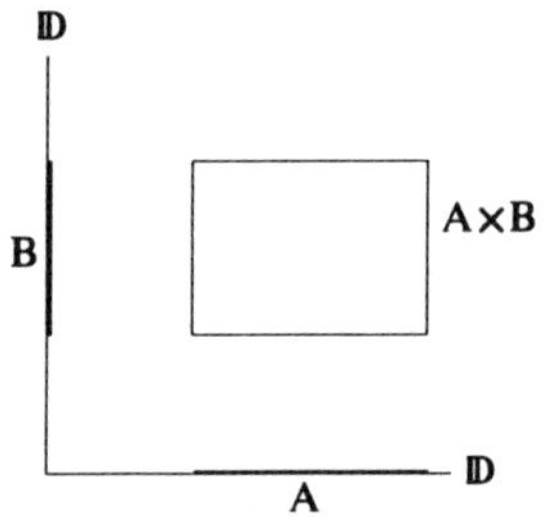

Insbesondere ist $\mathbb{D} \times \mathbb{D}$ die Klasse aller Paare von Individuen. Die zweistelligen Relationen sind genau die Teilklassen davon.

Eine zweistellige Relation Q bestimmt die Klassen der ersten bzw. zweiten Koordinaten von Paaren aus Q. Man spricht vom Vorbereich und Nachbereich von Q, im Hinblick auf die später erläuterte Bedeutung bei Funktionen wollen wir aber vom Definitionsbereich und Wertebereich reden.

33.11 **Definitionsbereich und Wertebereich**

$$D(Q) =_{def} \{u_0 \mid \exists u_1 (u_0 \, Q \, u_1)\}$$

$$W(Q) =_{def} \{u_1 \mid \exists u_0 (u_0 \, Q \, u_1)\}$$

Veranschaulichung:

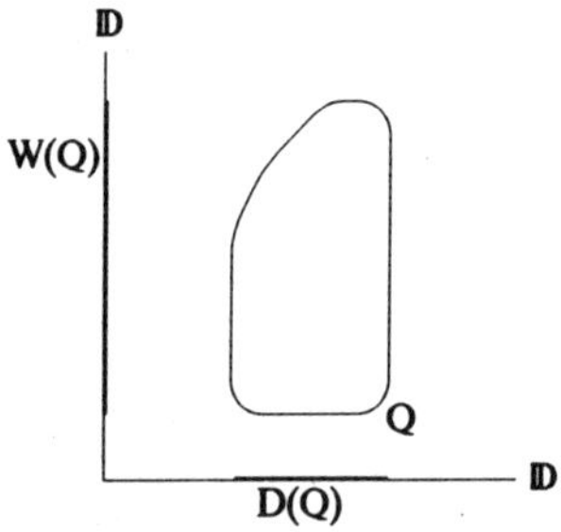

Der Definitionsbereich ist die Projektion der Relation auf die Achse der ersten, der Wertebereich auf die Achse der zweiten Koordinaten.

Wenn wir etwa in der Sprache L_{VW} (mit der Standardinterpretation) die Relation KINDVON betrachten, so bezeichnet D(KINDVON) die Menge aller Menschen und W(KINDVON) die Menge aller Eltern.

Eine besondere Relation ist die Identitätsrelation zwischen Individuen:

33.12 **Identitätsrelation**

$$\mathrm{id} =_{\mathrm{def}} \{u_0, u_1 \mid u_0 = u_1\}$$

Veranschaulichung:

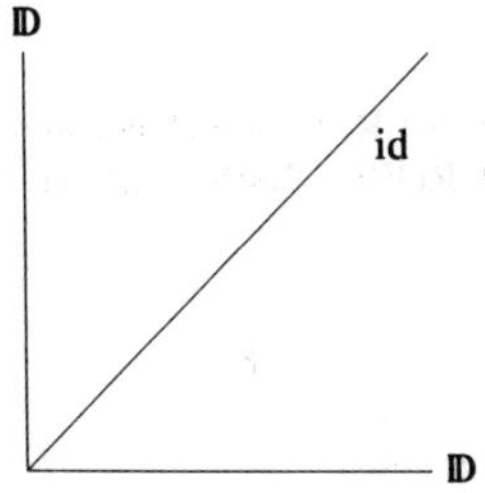

Zu jeder zweistelligen Relation Q kann man die Umkehrrelation bilden, in der die umgedrehten Paare aus Q liegen.

33.13 **Umkehrrelation**

$$Q^{-1} =_{\mathrm{def}} \{u_0, u_1 \mid u_1\, Q\, u_0\}$$

Veranschaulichung:

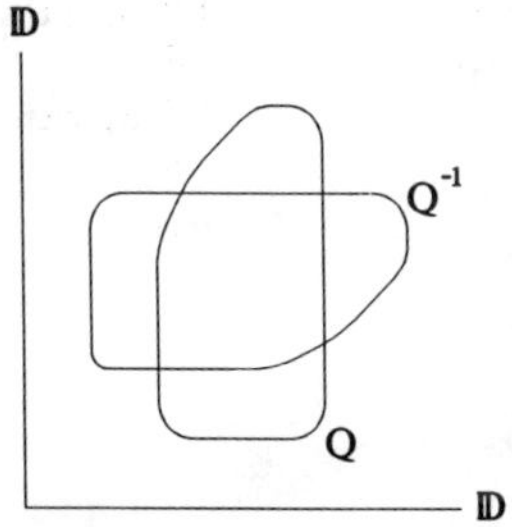

Wenn wir in der Sprache L_{VW} (mit der Standardinterpretation) die Relation KINDVON betrachten, so bezeichnet $\mathrm{KINDVON}^{-1}$ die Relation vom Elternteil zum Kind.

Aus zwei Relationen Q, R kann man durch Verkettung, auch Relationenprodukt genannt, eine neue Relation gewinnen:

33.14 Verkettung von Relationen

$$Q \circ R = \{u_0, u_2 \mid \exists u_1 (u_0 Q u_1 R u_2)\}$$

In der Sprache L_{VW} (mit der Standardinterpretation) ist die Verkettung der Relationen ISTVATERVON mit der Relation ISTMUTTERVON die Relation von Großvater mütterlicherseits zum Enkel.

Die Verkettung läßt sich durch ein Diagramm nicht gut veranschaulichen.

Für die eingeführten Begriffe gelten eine Reihe von einfachen Sätzen, die in Analogie zu den Sätzen der Klassenalgebra zu sehen sind. Wir geben einige dieser Sätze an:

33.15 Satz

Es seien Q, R, S Relationen, d.h. in den folgenden Behauptungen denke man sich die weiteren Annahmen Rel(Q), Rel(R), Rel(S) zugefügt. Dann gilt:

$$\vdash id \circ Q = Q \circ id = Q$$

$$\vdash (Q^{-1})^{-1} = Q$$

$$\vdash R \circ (Q \circ S) = (R \circ Q) \circ S$$

Wir beweisen als Beispiel die letzte Behauptung.

Wegen der Extensionalität (33.7) reicht es aus, $\forall u_1 u_2 (u_1 X u_2 \Longleftrightarrow u_1 Y u_2)$ zu zeigen (X ist dabei $Q \circ (R \circ S)$, Y ist $(Q \circ R) \circ S$). Dafür genügt es, $u_1 X u_2 \Longleftrightarrow u_1 Y u_2$ zu zeigen (da man dann nur noch ALL_2 anzuwenden braucht). Das geht mit äquivalenter Umformung. Wir schreiben "Abs", wenn der Abstraktionssatz (33.8) verwendet wurde und "LP", wenn die Umformung mit Hilfe eines prädikatenlogischen Satzes erfolgte.

	$u_1 Q \circ (R \circ S) u_2$	
$\Longleftrightarrow$	$\exists u_3 (u_1 Q u_3 \wedge u_3 (R \circ S) u_2)$	Abs
$\Longleftrightarrow$	$\exists u_3 (u_1 Q u_3 \wedge \exists u_4 (u_3 R u_4 \wedge u_4 S u_2))$	Abs
$\Longleftrightarrow$	$\exists u_3 u_4 (u_1 Q u_3 \wedge (u_3 R u_4 \wedge u_4 S u_2))$	LP, u_4 nicht in $u_1 Q u_3$
$\Longleftrightarrow$	$\exists u_4 u_3 ((u_1 Q u_3 \wedge u_3 R u_4) \wedge u_4 S u_2)$	LP
$\Longleftrightarrow$	$\exists u_4 (\exists u_3 (u_1 Q u_3 R u_4) \wedge u_4 S u_2)$	LP, u_3 nicht in $u_4 S u_2$
$\Longleftrightarrow$	$\exists u_4 (u_1 (Q \circ R) u_4 \wedge u_4 S u_2)$	Abs
$\Longleftrightarrow$	$u_1 (Q \circ R) \circ S u_2$	Abs ■

§ 34. Kennzeichnungen

Die Kennzeichnungslogik hat eigentlich nichts mit der Klassenlogik zu tun. Es handelt sich aber um ein wichtiges Gebiet, das wir nicht auslassen wollen. Deshalb haben wir es in die Klassenlogik eingeordnet. Es wird an dieser Stelle behandelt, weil wir im nächsten Paragraphen den Kennzeichnungsoperator zur Darstellung des Funktionswertes benutzen wollen.

Der Kennzeichnungsoperator ist eine Formalisierung des bestimmten Artikels in der Verwendungsweise, die aus einer Beschreibung einen Namen des beschriebenen Objektes macht. Beispiele:

Der älteste Sohn von Karl
Das rote Auto auf der Straßenkreuzung
Der jetzige Oberbürgermeister von Kiel

In der formalen Sprache benutzen wir eine gebundene Variable und ersetzen natürlich "der", "die", "das" durch einen einheitlichen Kennzeichnungsartikel. Wir schreiben die Beispiele zunächst noch einmal in einer halbformalen Schreibweise hin:

Das x_0 mit x_0 ist ältester Sohn von Karl
Das v_0 mit v_0 ist rotes Auto und v_0 ist auf der Kreuzung
Das x_0 mit x_0 ist jetzt Oberbürgermeister von Kiel

In § 31 haben wir bereits als Formalisierung von "Das ... mit ..." den Kennzeichnungsoperator ι eingeführt. Dieser macht aus einer Variablen (die dabei gebunden wird) und einer sprachlichen Bedingung (Formel) einen Term, der ein Name des durch die Bedingung gekennzeichneten Objektes ist. Mit Hilfe weiterer Relationen erhält man damit folgende Formalisierungen:

$\iota x_0 (x_0 \text{ SOHNVON KARL} \wedge \neg \exists x_1 (x_1 \text{ SOHNVON KARL} \wedge x_1 \text{ ÄLTER } x_0)$
$\iota v_0 (v_0 \in \text{AUTO} \wedge v_0 \in \text{ROT} \wedge \text{AUFKREUZUNG} \ni v_0 \text{ JETZT})$
$\iota x_0 (\text{OB} \ni x_0 \text{ KIEL JETZT})$

Wir wollen jetzt die zugehörigen logischen Gesetze besprechen.

Daß $\iota v^s \varphi$ ein Name für das eindeutig bestimmte v^s mit φ ist, wird durch das folgende logische Axiom ausgedrückt:

34.1 **Axiom der eigentlichen Kennzeichnung**

EK $$\frac{\cdot}{\overset{1}{\exists} v^s \varphi \vdash \varphi \Longleftrightarrow v^s = \iota v^s \varphi}$$

Alle Menschen und Städte, viele Haustiere, helle Fixsterne, Zahlen, markante geographische Objekte usw. haben Eigennamen, die wir in der formalen Sprache durch Individuenkonstanten darstellen können. Aber die meisten Individuen, mit denen man im täglichen Leben in Kontakt kommt, etwa Tiere, Pflanzen, Sandkörner, andere physikalische Gegenstände usw., sind in dem Sinne anonym, daß sie keinen Eigennamen haben. Bei solchen Individuen ist man auf Kennzeichnungen mit Hilfe von Beschreibungen angewiesen, wenn man über sie reden möchte. Das kann jetzt in der formalen Sprache nachgemacht werden.

Ein Kennzeichnungsterm soll natürlich ein Individuenterm sein und die kennzeichnende Bedingung erfüllen. Das drückt der nächste Satz aus:

34.2 **Kennzeichnungssatz**

a) $\exists^1 v\, \varphi(v) \vdash \iota v\, \varphi \in D^s$, wenn s die Sorte von v ist.

b) $\exists^1 v\, \varphi(v) \vdash \varphi(\iota v\, \varphi)$, wenn $\mathrm{Sub}\, \varphi(v)\, [v/\iota v\, \varphi]\, \varphi(\iota v\, \varphi)$.

Beweis:

Zu a):

1	$\exists^1 v\, \varphi \vdash \varphi \Longleftrightarrow v = \iota v \varphi$	EK
2	$\exists^1 v\, \varphi, \varphi \vdash v = \iota v\, \varphi$	$ÄQ_2$
3	$\vdash D^s = D^s$	ID
4	$v = \iota v\, \varphi, D^s = D^s \vdash v \in D^s \Longleftrightarrow \iota v\, \varphi \in D^s$	KGEL
5	$v = \iota v\, \varphi \vdash v \in D^s \Longleftrightarrow \iota v\, \varphi \in D^s$	S
6	$\exists^1 v\, \varphi, \varphi \vdash v \in D^s \Longleftrightarrow \iota v\, \varphi \in D^s$	S 2, 5
7	$\exists^1 v\, \varphi, \varphi, v \in D^s \vdash \iota v\, \varphi \in D^s$	$ÄQ_2$
8	$\vdash v \in D^s$	SORT
9	$\exists^1 v\, \varphi, \varphi \vdash \iota v\, \varphi \in D^S$	S
10	$\exists^1 v\, \varphi, \exists v\, \varphi \vdash \iota v\, \varphi \in D^s$	EX_1 !
11	$\exists^1 v\, \varphi \vdash \exists v\, \varphi$	28.25
12	$\exists^1 v\, \varphi \vdash \iota v\, \varphi \in D^s$	S ■

Zu b):

1	$\exists^1 v\, \varphi \vdash \varphi \Longleftrightarrow v = \iota v \varphi$	EK
2	$\iota v\, \varphi \in D^s, \exists^1 v\, \varphi \vdash \varphi(\iota v\, \varphi) \Longleftrightarrow \iota v\, \varphi = \iota v\, \varphi$	SUB
3	$\exists^1 v\, \varphi \vdash \iota v\, \varphi \in D^s$	34.2 a
4	$\exists^1 v\, \varphi \vdash \varphi(\iota v\, \varphi) \Longleftrightarrow \iota v\, \varphi = \iota v\, \varphi$	S
5	$\exists^1 v\, \varphi, \iota v\, \varphi = \iota v\, \varphi \vdash \varphi(\iota v\, \varphi)$	$ÄQ_3$
6	$\vdash \iota v\, \varphi = \iota v\, \varphi$	ID
7	$\exists^1 v\, \varphi \vdash \varphi(\iota v\, \varphi)$	S ■

Das intuitive Vorverständnis der Kennzeichnungsausdrücke liefert nur dann eine vernünftige Interpretation, wenn es genau ein Individuum gibt, das (als Wert der Kennzeichnungsvariablen) die kennzeichnende Bedingung erfüllt. Wir reden dann von **eigentlichen Kennzeichnungen**. Indessen ist es syntaktisch auch erlaubt, Kennzeichnungsausdrücke $\iota v^s \varphi$ zu bilden, wenn $\exists^1 v^s \varphi$ nicht erfüllt ist. Wir reden dann von **uneigentlichen Kennzeichnungen**.

Beispiele für uneigentliche Kennzeichnungen in der natürlichen Sprache:

Der Ort des Westfälischen Friedens
Der Nachfolger von Zar Nikolaus II auf dem Zarenthron

Im ersten Fall gibt es zwei Objekte (Osnabrück und Münster), die als Wert für v_0

die Bedingung "in v_0 wurde der Westfälische Frieden geschlossen" erfüllen. Im zweiten Fall gibt es kein Objekt, das die kennzeichnende Bedingung erfüllt.

Es folgt eine Kennzeichnung, die je nach dem Zeitpunkt, an dem sie geäußert wird, eigentlich oder uneigentlich ist (Neufestsetzung wöchentlich):

Der Lottogewinner mit 6 richtigen Zahlen

In der Umgangssprache vermeidet man nach Möglichkeit uneigentliche Kennzeichnungen und empfindet sie als sinnlos. Werden etwa in einem Diskurs Kennzeichnungsterme verwendet, so wird meist unterstellt, daß sie eigentlich sind. Oder man versucht, den Kontext so zu verändern (etwa durch Anpassung des dem Diskurs zugrundliegenden Individuenbereiches), daß die Kennzeichnungen eigentlich werden. Stellt sich heraus, daß das nicht möglich ist, so wird der Kennzeichnungsausdruck als sinnlos zurückgewiesen. Betrachten wir etwa den Satz:

Friedas Mann ist Maurer

Wenn sich herausstellt, daß der Mann gar kein Maurer ist, etwa Tischler, so ist der Satz falsch. Stellt sich heraus, daß Frieda gar nicht verheiratet ist, so wird der Satz weder als wahr noch als falsch, sondern als sinnlos bezeichnet. Solche Voraussetzungen, die erfüllt sein müssen, damit ein Satz überhaupt sinnvoll ist, werden als **Präsuppositionen** des Satzes bezeichnet. In der natürlichen Sprache führt die Verwendung von Kennzeichnungen also zu Präsuppositionen. Das heißt aber, daß die Frage, ob ein Satz sinnvoll ist, davon abhängt, ob gewisse andere Sätze, die Präsuppositionen, wahr sind.

Das wollen wir für die logische Sprache vermeiden. Es soll nicht von der Interpretation einer Sprache abhängen, was ein sinnvoller Ausdruck ist. Die logische Sprache soll frei von Präsuppositionen sein. Deshalb wollen wir auch für die uneigentlichen Kennzeichnungsterme einen Wert festsetzen.

Das machen wir nach der **Methode des Ersatzobjektes**. Wir greifen uns ein Objekt heraus und verabreden, daß es als Wert für alle uneigentlichen Kennzeichnungsterme genommen werden soll. Für die normale Verwendung spielt es keine Rolle, was als Ersatzobjekt genommen wird, denn in "vernünftigen Kontexten" wird man seine Formulierungen so wählen, daß der uneigentliche Fall nicht auftritt. Der einzige Zweck des Ersatzobjektes ist es, Lücken in der Wertzuweisung zu den Ausdrücken zu vermeiden, damit eine glatte logische Theorie herauskommt.

Zur formalen Bezeichnung des Ersatzobjektes in unserer Sprache können wir irgendeinen Kennzeichnungsterm mit einer unerfüllbaren Bedingung, etwa $u_0 \neq u_0$, nehmen. Wir setzen:

34.3 **Ersatzobjekt**

$\perp =_{def} \iota u_0\, u_0 \neq u_0$ Lesart: Ersatzobjekt.

Das folgende logische Axiom legt fest, daß alle uneigentlichen Kennzeichnungen dasselbe, nämlich das Ersatzobjekt, bezeichnen:

34.4 Axiom der uneigentlichen Kennzeichnung

UK $$\frac{\cdot}{\neg \overset{1}{\exists} v^s \varphi \vdash \iota v^s \varphi = \perp}$$

Wir können nun zeigen, daß äquivalente (d. h. für alle Werte der zu bindenden Variablen gleichwertige) Bedingungen dasselbe Objekt kennzeichnen.

34.5 **Satz**

$$\forall v\,(\varphi \Longleftrightarrow \psi) \vdash \iota v \varphi = \iota v \psi$$

Beweis:
Bei Beweisen in der Kennzeichnungslogik kommen oft Fallunterscheidungen vor, ein Fall für eigentliche und ein Fall für uneigentliche Kennzeichnungen.

1. Fall: $\overset{1}{\exists} v \varphi$

1	$(1) \vdash \forall v(\varphi \Longleftrightarrow \psi)$	A
2	$(1) \vdash \varphi \Longleftrightarrow \psi$	$\forall$b
3	$(1), \varphi \vdash \psi$	$\ddot{A}Q_2$
4	$(1) \vdash \overset{1}{\exists} v \varphi \Longleftrightarrow \overset{1}{\exists} v \psi$	25.2
5	$(1), \overset{1}{\exists} v \varphi \vdash \overset{1}{\exists} v \psi$	$\ddot{A}Q_2$
6	$\overset{1}{\exists} v \varphi \vdash \varphi \Longleftrightarrow \iota v \varphi = v$	EK
7	$\overset{1}{\exists} v \varphi, \varphi \vdash \iota v \varphi = v$	$\ddot{A}Q_2$
8	$\overset{1}{\exists} v \psi \vdash \psi \Longleftrightarrow \iota v \psi = v$	EK
9	$\overset{1}{\exists} v \psi, \psi \vdash \iota v \psi = v$	$\ddot{A}Q_2$
10	$(1), \overset{1}{\exists} v \psi, \varphi \vdash \iota v \psi = v$	S 3, 9
11	$(1), \overset{1}{\exists} v \varphi, \varphi \vdash \iota v \psi = v$	S 5, 10
12	$\iota v \varphi = v, \iota v \psi = v \vdash \iota v \varphi = \iota v \psi$	KOMP
13	$\overset{1}{\exists} v \varphi, \varphi, \iota v \psi = v \vdash \iota v \varphi = \iota v \psi$	S 7, 12
14	$(1), \overset{1}{\exists} v \varphi, \varphi \vdash \iota v \varphi = \iota v \psi$	S 11, 13
15	$(1), \overset{1}{\exists} v \varphi, \exists v \varphi \vdash \iota v \varphi = \iota v \psi$	EX_1 !
16	$\overset{1}{\exists} v \varphi \vdash \exists v \varphi$	24.25
17	$(1), \overset{1}{\exists} v \varphi \vdash \iota v \varphi = \iota v \psi$	S

2. Fall: $\neg \overset{1}{\exists} v \varphi$

1	$\neg \overset{1}{\exists} v \varphi \vdash \iota v \varphi = \perp$	UK
2	$\neg \overset{1}{\exists} v \psi \vdash \iota v \psi = \perp$	UK
3	$\iota v \varphi = \perp, \iota v \psi = \perp \vdash \iota v \varphi = \iota v \psi$	KOMP
4	$\neg \overset{1}{\exists} v \varphi, \iota v \psi = \perp \vdash \iota v \varphi = \iota v \psi$	S 1, 3
5	$\neg \overset{1}{\exists} v \varphi, \neg \overset{1}{\exists} v \psi \vdash \iota v \varphi = \iota v \psi$	S 2, 4
6	$\forall v(\varphi \Longleftrightarrow \psi) \vdash \neg \overset{1}{\exists} v \varphi \Longleftrightarrow \neg \overset{1}{\exists} v \psi$	25.2
7	$\forall v(\varphi \Longleftrightarrow \psi), \neg \overset{1}{\exists} v \varphi \vdash \neg \overset{1}{\exists} v \psi$	$\ddot{A}Q_2$
8	$\forall v(\varphi \Longleftrightarrow \psi), \neg \overset{1}{\exists} v \varphi \vdash \iota v \varphi = \iota v \psi$	S 7, 5

Aus den Endzeilen der Teilbeweise erhält man mit der Fallunterscheidungsregel Fu die Behauptung. ■

Dieser Satz wird für den Induktionsschritt bei Kennzeichnungstermen im Beweis des allgemeinen Ersetzungssatzes benötigt. Der Ersetzungssatz und die Ersetzungsregel sind hiermit völlig bewiesen.

Man empfindet es als störend, wenn uneigentliche Kennzeichnungsterme, die vom intuitiven Verständnis her ja undefiniert sein sollten, nichtdestoweniger ein Denotat erhalten. Insbesondere wäre es befremdend, wenn z. B. das Ersatzobjekt eine Zahl wäre, etwa gleich 5. Dann wäre nämlich die Gleichung $0^{-1}=5$ wahr. Somit möchte man das Ersatzobjekt nicht unter den Zahlen sehen. Aber es soll auch kein Mensch sein, damit der Ausdruck "der gegenwärtige König von Frankreich" nicht einen Menschen bezeichnet (der ja gar nicht König von Frankreich wäre). Am besten wäre es, wenn das Ersatzobjekt "weit weg" von allen Individuen wäre.

Jetzt ist der Umstand, daß Terme nicht notwendig Individuen bezeichnen müssen, sehr nützlich. Wir verlangen, daß das Ersatzobjekt virtuell ist. Dann kann es nicht mit den Werten eigentlicher Kennzeichnungsausdrücke zusammenfallen und erhält etwas von dem Hauch des Undefinierten, der ihm ja gut ansteht. Die Kennzeichnungslogik mit einem virtuellen Ersatzobjekt erweist sich als sehr befriedigend.

Wir fordern deshalb das folgende Axiom, das zugleich die logischen Grundregeln unserer Klassenlogik abschließt:

34.6 Axiom über das Ersatzobjekt

EO $\dfrac{\cdot}{\vdash \perp \notin \mathbb{D}}$

Wir beweisen damit, daß ein Kennzeichnungsterm genau dann eigentlich ist, wenn er ein Individuum denotiert:

34.7 Satz

$$\vdash \exists^1 v\,\varphi \Longleftrightarrow \iota v\,\varphi \in \mathbb{D}$$

Beweis (etwas verkürzt):

$\Longrightarrow$:

1	$\vdash v^s \in \mathbb{D}$	UNIV
2	$\iota v\,\varphi \in D^s \vdash \iota v\,\varphi \in \mathbb{D}$	SUB
3	$\exists^1 v\,\varphi \vdash \iota v\,\varphi \in D^s$	34.2 a (s Sorte von v)
4	$\exists^1 v\,\varphi \vdash \iota v\,\varphi \in \mathbb{D}$	S

$\Longleftarrow$:

1	$\vdash \mathbb{D} = \mathbb{D}$	ID
2	$\iota v\,\varphi = \perp \vdash \iota v\,\varphi \in \mathbb{D} \Longleftrightarrow \perp \in \mathbb{D}$	S mit KGEL
3	$\iota v\,\varphi = \perp, \iota v\,\varphi \in \mathbb{D} \vdash \perp \in \mathbb{D}$	$\ddot{A}Q_2$
4	$\iota v\,\varphi \in \mathbb{D}, \perp \notin \mathbb{D} \vdash \iota v\,\varphi \neq \perp$	Kp_1
5	$\iota v\,\varphi \in \mathbb{D} \vdash \iota v\,\varphi \neq \perp$	S mit EO
6	$\iota v\,\varphi \neq \perp \vdash \exists^1 v\,\varphi$	Kp_2 mit UK
7	$\iota v\,\varphi \in \mathbb{D} \vdash \exists^1 v\,\varphi$	S

■

§ 35. Funktionen

Bislang haben wir den Begriff der **Funktion** noch gar nicht behandelt, obwohl er sehr wichtig ist und meist auch in der Prädikatenlogik durch die Einführung von Funktionskonstanten berücksichtigt wird.

Intuitiv gesprochen sind Funktionen eindeutige Zuordnungen. Die Individuen, denen durch die Funktion etwas zugeordnet wird, nennt man auch **Argumente** und sagt, daß die Funktion für sie **definiert** ist. Sie bilden zusammen den **Definitionsbereich.** Das einem Argument eindeutig zugeordnete Individuum ist der zugehörige **Funktionswert.** Die Funktionswerte bilden den **Wertebereich.**
Es gibt natürlich zahlreiche Beispiele in der Mathematik. Jeder Zahl wird ihr Quadrat zugeordnet oder ihr Sinus. Je zwei Zahlen wird ihre Summe zugeordnet oder ihr Produkt. Aber auch sonst treten Funktionen häufig auf. So sind die Zuordnungen, die jedem Menschen seinen Geburtstag, seinen Vater, seine momentane Körpergröße usw. zuordnen, Funktionen in diesem Sinne. Jede **eindeutige** Zuordnung ist eine Funktion.

Wenn die Eindeutigkeit nicht gegeben ist, wie z.B. bei der Beziehung zwischen Zahlen und kleineren Zahlen, zwischen Menschen und ihren Geschwistern u. ä., so liegt nur eine Relation vor.

Das legt es nahe, Funktionen als Spezialfall von Relationen aufzufassen. Nach dieser relationentheoretischen Auffassung der Funktionen setzen wir eine Funktion mit der Relation jeweils zwischen Argumenten und zugehörigem (eindeutig bestimmtem) Funktionswert gleich. Eine n-stellige Funktion wird so eine n+1-stellige Relation mit der besonderen Eigenschaft der **Rechtseindeutigkeit**, die besagt, daß in n+1-Tupeln der Relation jeweils die letzte Koordinate durch die ersten n Koordinaten eindeutig bestimmt ist.

35.1 **Definition der Funktionen**

$$\mathrm{Fkt}_n(Q) =_{\mathrm{def}} \mathrm{Rel}_{n+1}(Q) \wedge$$
$$\forall u_1 \ldots u_n u\, u' (Q \ni u_1 \ldots u_n u \wedge Q \ni u_1 \ldots u_n u' \Longrightarrow u = u')$$

$$\mathrm{Fkt}(Q) =_{\mathrm{def}} \mathrm{Fkt}_1(Q)$$

Lesart für $\mathrm{Fkt}_n(Q)$: Q ist n-stellige Funktion,
für $\mathrm{Fkt}(Q)$: Q ist Funktion.

Aufgrund unserer Tupeldefinition (iterierte Paarbildung mit Linksklammerung) ist jede n-stellige Funktion ($n \geq 1$) insbesondere eine einstellige Funktion, die Argumente sind dann eben n-Tupel. Wenn wir "Funktion" ohne Zusatz der Stelligkeit sagen, so meinen wir einstellige Funktionen und haben den Fall mehrstelliger Funktionen damit automatisch eingeschlossen.

Klassentheoretische und relationentheoretische Begriffe sind auch für Funktionen sinnvoll. Es sollen nun noch einige Begriffe vorgestellt werden, die für Funktionen spezifisch sind.

Einstellige Funktionen lassen sich als besondere zweistellige Relationen in der Zeichenebene veranschaulichen. Auf der Achse der ersten Koordinaten werden die Argumente und auf der Achse der zweiten Koordinaten die Werte dargestellt. Eine Relation ist genau dann eine Funktion, wenn sie von jeder Parallelen zur Achse der zweiten Koordinaten in höchstens einem Punkt getroffen wird.

35.2 **Veranschaulichung von (einstelligen) Funktionen**

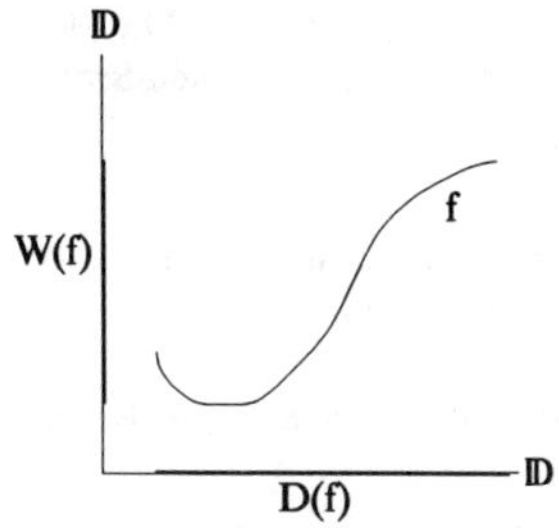

Eine Funktion f mit dem Definitionsbereich A, deren Werte in B liegen, nennt man auch eine **Abbildung von A in B**. Wenn der Wertebereich W(f) die Klasse B ganz ausschöpft, so redet man von einer **Abbildung von** A **auf** B und sagt, f sei **surjektiv auf B**. Wenn der Definitionsbereich D(f) die Klasse A nicht notwendig ausschöpft, so redet man von einer **partiellen Abbildung aus** A **in** B und sagt auch, f **sei partielle Funktion auf A**. Die Umkehrrelation einer Funktion braucht nicht wieder eine Funktion zu sein. Wenn das aber doch der Fall ist, so wird die Funktion als **injektiv** oder **umkehrbar** bezeichnet. Wenn schließlich eine Funktion surjektiv auf B und injektiv ist, so sagt man, sie sei **bijektiv von** A **auf** B. Wir fassen diese Festlegungen mit formalen Kurzschreibweisen in der folgenden Definition zusammen:

35.3 **Abbildungsbegriffe**

$f\colon A \longrightarrow B$	$\Longleftrightarrow_{def}$ $Fkt(f) \wedge D(f) = A \wedge W(f) \subseteq B$	
$f\colon A \twoheadrightarrow B$	$\Longleftrightarrow_{def}$ $Fkt(f) \wedge D(f) = A \wedge W(f) = B$	(surjektiv)
$f\colon A \dashrightarrow B$	$\Longleftrightarrow_{def}$ $Fkt(f) \wedge D(f) \subseteq A \wedge W(f) \subseteq B$	(partiell)
$f\colon A \rightarrowtail B$	$\Longleftrightarrow_{def}$ $f\colon A \longrightarrow B \wedge f^{-1}\colon B \dashrightarrow A$	(injektiv)
$f\colon A \twoheadrightarrowtail B$	$\Longleftrightarrow_{def}$ $f\colon A \longrightarrow B \wedge f^{-1}\colon B \longrightarrow A$	(bijektiv)

Der Funktionswert ist durch die Argumente eindeutig bestimmt. Deshalb kann man ihn durch einen Kennzeichnungsterm benennen:

35.4 **Anwendungsterm, Funktionswert**

$$f \multimap a_1 \ldots a_n = a_1 \ldots a_n \multimapinv f =_{def} \iota u\, f \ni a_1 \ldots a_n u$$

Lesarten: f angewendet auf $a_1, \ldots, a_n$ bzw. $a_1, \ldots, a_n$ abgebildet mit f.

Wir haben hier der Klarheit wegen besondere **Anwendungszeichen**" $\multimap$, $\multimapinv$ eingeführt, die im übrigen sonst nicht üblich sind. Meist schreibt man $f(a_1, \dots, a_n)$ zur Bezeichnung des Funktionswertes. Doch kommen auch andere Schreibweisen vor.

Der Kennzeichnungsterm in 35.4 ist für eine n-stellige Funktion f natürlich nur eigentlich, wenn die Funktion für $\langle a_1, \dots, a_n \rangle$ definiert ist, d. h. wenn $\langle a_1, \dots, a_n \rangle \in D(f)$ erfüllt ist. Andernfalls bezeichnet $f \circ a_1 \dots a_n$ das Ersatzobjekt $\perp$.

Die Additionsrelation und die Multiplikationsrelation sind Funktionen. Es gilt (bei Zugrundelegung der Standardinterpretation) $\mathrm{Fkt}_2(\mathsf{ADD})$ und $\mathrm{Fkt}_2(\mathsf{MULT})$. Für die zugehörigen Anwendungsterme benutzt man natürlich die üblichen Schreibweisen:

$$a + b \quad =_{def} \mathsf{ADD} \circ a\, b = \iota u\ \mathsf{ADD} \ni a\, b\, u$$
$$a \cdot b \quad =_{def} \mathsf{MULT} \circ a\, b = \iota u\ \mathsf{MULT} \ni a\, b\, u$$

Auf diese Weise können wir die üblichen Funktionsschreibweisen, die wir in der Prädikatenlogik zunächst beiseite gelassen hatten, gewinnen.

In der Sprache L_{VW} (mit der Standardinterpretation) ist z. B. die Relation

$$\{x, y \mid x\ \mathsf{KINDVON}\ y \wedge y \in ♂\}$$

(das ist die Relation ... HATALSVATER ...) eine Funktion. Der Definitionsbereich ist die Menge aller Menschen, der Wertebereich die Menge aller Väter. Diese Funktion ist nicht injektiv, weil ein Vater mehrere Kinder haben kann.

Wir kommen nun zum Abstraktionsoperator für Funktionen. So wie Klassen und Relationen durch Abstraktion aus Formeln erhalten werden, wobei die Formel angibt, ob ein Individuum Element der Klasse ist bzw. ob Individuen in der Relation stehen, so lassen sich Funktionen durch Terme definieren, die angeben, welches die Funktionswerte sind. Der Term beschreibt, in Abhängigkeit von den Werten darin vorkommender Variablen, welcher Funktionswert angenommen wird. Durch einen Abstraktionsprozeß, wobei diese Variablen gebunden werden, erhält man dann die auf diese Weise bestimmte Funktion.

Der von Alonzo Church zur Beschreibung der Funktionsbildung in die Logik eingeführte Lambdaoperator findet sich auch in der Informatik, doch ist er in der Mathematik nicht heimisch geworden. Dort verwendet man meist den besonderen Funktionsbildungspfeil $\longmapsto$.

Bei unserem relationentheoretischen Aufbau der Funktionen läßt sich der Funktionsbildungsoperator auf den Relationsbildungsoperator und damit letztlich auf den Klassenbildungsoperator zurückführen:

35.5 **Funktionsbildungsoperator**

$$w_1, \dots, w_n \longmapsto X = \lambda w_1 \dots w_n . X =_{def} \{w_1, \dots, w_n, u \mid u = X\}$$

Lesart: Funktion, die $w_1, \dots, w_n$ in X überführt.

Der Term X kann natürlich für gewisse Werte der Variablen auch virtuell werden. Dann gibt X an dieser Stelle (d. h. für diese Werte der Variablen) nicht den Funktionswert an, vielmehr gibt es dann an der betreffenden Stelle keinen Funktionswert.

Die Funktion ist genau dort definiert, wo der Term X ein Individuum bezeichnet, und dieses ist dann der Funktionswert.

Der folgende Satz faßt das zusammen:

35.6 **Abstraktionssatz für Funktionen**

Sei (zur Abkürzung) $f =_{def} (w_1, \ldots, w_n \longmapsto X)$. Dann gilt:

$\vdash Fkt_n(f)$

$\vdash D(f) = \{w_1, \ldots, w_n \mid X \in \mathbb{D}\}$

$X \in \mathbb{D} \vdash (f \multimapinv w_1 \ldots w_n) = X$

Wir betrachten als Beispiel die Inversenfunktion in der arithmetischen Sprache mit der Standardinterpretation, die jeder Zahl die Zahl zuordnet, die damit multipliziert 1 ergibt:

$$^{-1} =_{def} x_0 \longmapsto \iota x_1 (\mathsf{MULT} \ni x_0 x_1 1)$$

Für 0 als Wert von x_0 gibt es keine derartige Zahl, der definierende Term wird uneigentlich. Somit gilt die Gleichung $0^{-1} = \underline{\perp}$. Diese Gleichung besagt aber nicht, daß an der Stelle 0 das Ersatzobjekt $\underline{\perp}$ der Funktionswert der Inversenfunktion wäre. Das Paar $\langle 0, \underline{\perp} \rangle$ ist nicht Element der Menge von Paaren (die ja die Funktion ist). Die Inversenfunktion ist partiell auf den reellen Zahlen, es gilt $0 \notin D(^{-1})$.

Ein nichtmathematisches Beispiel in der Sprache L_{VW} ist die Relation:

$$x_0, t_0 \longmapsto \iota x_1 (\infty \ni x_0 x_1 t_0)$$

Das ist eine zweistellige Funktion, die genau für Paare aus einem Menschen und einem Zeitpunkt definiert ist, derart daß der betreffende Mensch zu der betreffenden Zeit verheiratet ist. Der Funktionswert ist dann der jeweilige Ehepartner.

Der Extensionalitätssatz für Funktionen sagt aus, wann Funktionen gleich sind. Das ist der Fall, wenn zwei Funktionen für genau dieselben Argumente definiert sind und jeweils dieselben Funktionswerte haben:

35.7 **Extensionalitätssatz für Funktionen**

$$Fkt(f), Fkt(g), D(f) = D(g), \forall u \in D(f) (f \multimapinv u = g \multimapinv u) \vdash f = g$$

Die (relationentheoretische) Verkettung von Funktionen liefert wieder Funktionen. Den Funktionswert erhält man durch Hintereinanderanwendung. Für $f \circ g$ empfiehlt sich die Lesart "erst f, dann g (angewendet)".

Bisweilen führt man eine andere (funktionentheoretische) Verkettung durch die Definition $g f =_{def} f \circ g$ mit der Lesart "g nach f (angewendet)" ein. Es gilt:

35.8 **Satz**

a) $f: A \longrightarrow B, g: B \longrightarrow C \vdash f \circ g: A \longrightarrow C \wedge \forall x \in D(f)\ x \multimap (f \circ g) = (x \multimap f) \multimap g$

b) $f: A \longrightarrow B, g: B \longrightarrow C \vdash g f: A \longrightarrow C \wedge \forall x \in D(f)\ (g f) \multimapinv x = g \multimapinv (f \multimapinv x)$

Wir schließen hiermit den Ausblick auf die logische Theorie der Funktionen ab.

§ 36. Die Semantik der Klassenlogik

Wir haben in den vorangehenden Paragraphen die klassenlogischen Sprachen LC(S, C, σ) eingeführt und das System der logischen Grundregeln ergänzt. Um die Fülle der gewonnenen Ausdrucksmöglichkeiten zu demonstrieren, wurden die wichtigsten Begriffe, die Klassen, Relationen, Funktionen und Kennzeichnungen betreffen, definiert und einige Theoreme, die sich beweisen lassen, angegeben. Wir haben aber eigentlich noch gar keine Semantik entwickelt. Das soll nun geschehen.

Dabei dürfen wir aber nicht naiv wie in der Prädikatenlogik vorgehen, wo wir zur Bewertung von Klassen- und Relationskonstanten die Begriffe der Klassen und der Relationen einfach der Metatheorie entnommen hatten. Wir würden dann Eigenschaften der Metatheorie, die man gar nicht in den Rang logischer Gesetze erheben möchte, verabsolutieren.

Wir wollen das am Beispiel des Paarbegriffs erläutern und betrachten die Aussage:

36.1 $\exists u_0\, u_0 = \langle u_0, u_0 \rangle$

Bekanntlich kann man Paare definieren, z. B. auf mengentheoretische Weise. Mit der üblichen Paardefinition und fundierter Mengenlehre als Metatheorie ist 36.1 in der Metatheorie falsch. Würde man die objektsprachlichen Paarterme im Sinne dieser Definition interpretieren, so wäre die Aussage immer falsch, also kontradiktorisch. Man müßte dann weitere logische Regeln über Paare einführen, mit denen man 36.1 widerlegen kann.

Aber es gibt andere Paardefinitionen, bei denen diese Aussage wahr wird. Würde man eine derartige Definition in der Semantik festschreiben, so müßte man logische Regeln einführen, mit denen man 36.1 beweisen kann.

Der einzige Zweck der Paare ist jedoch, daß man damit Relationen definieren kann, und dazu taugt, wie die Entwicklung der Theorie der Relationen und Funktionen zeigt, jede Paardefinition, bei der unsere Paaraxiome PA und RPA wahr werden. Diese erfassen gewissermaßen den logischen Kern des Paarbegriffs, auf den es nur ankommt. Die Logik sollte zu 36.1 überhaupt nicht Stellung nehmen.

Deshalb entnehmen wir den Paarbegriff nicht der Metatheorie. Vielmehr benutzen wir zur Bewertung der Paarterme eine Paarfunktion. Diese ist ein Bestimmungsstück der Semantik. Sie kann nach Belieben gewählt werden. Es gibt dann eben Paarfunktionen, bei denen 36.1 wahr ist und solche, bei denen das falsch ist.

In ganz entsprechender Weise dürfen wir nicht die Elementbeziehung und den Klassenbegriff der Metatheorie entnehmen. Wenn wir in der Metatheorie fundierte Mengenlehre voraussetzen und für die Bewertung von Elementformeln die metatheoretische Elementrelation benutzen würden, so wäre z. B. die folgende Formel stets falsch:

36.2 $\exists u_0\, u_0 \in u_0$

Aber man legt auch oft eine Metatheorie zugrunde, bei der das wahr ist. Wieder sollte die Logik nicht dazu Stellung nehmen. Deshalb nehmen wir irgendeine geeignete zweistelligen Beziehung auf den Objekten zur Interpretation der Elementformeln.

Auch die semantischen Objekte brauchen keine metatheoretischen Klassen zu sein, selbst wenn sie in der Semantik die Rolle von Klassen spielen. Wesentlich ist nur, daß der in den Axiomen niedergelegte logische Kern des Klassenbegriffs respektiert wird.

Wir wollen die semantischen Bestimmungsstücke, die nicht der Metatheorie entnommen werden und die nichts mit den speziellen Sorten und den Konstanten zu tun haben, zu dem Begriff des klassentheoretischen **Rahmens** zusammenfassen.

36.3 **Klassentheoretische Rahmen**

Ein klassentheoretischer Rahmen $\mathcal{R}$ ist ein Sechstupel

$$\mathcal{R} = \langle U_{\mathcal{R}}, D_{\mathcal{R}}, E_{\mathcal{R}}, A_{\mathcal{R}}, P_{\mathcal{R}}, J_{\mathcal{R}} \rangle$$

mit folgenden Eigenschaften:

$U_{\mathcal{R}}$ ist eine nichtleere Menge, der **Objektbereich** von $\mathcal{R}$.

$D_{\mathcal{R}}$ ist eine nichtleere Menge von Objekten, der (universelle) **Individuenbereich** von $\mathcal{R}$.

$E_{\mathcal{R}}$ ist eine zweistellige Relation auf Objekten, die **Elementbeziehung** von $\mathcal{R}$. Für $y \in U_{\mathcal{R}}$ wird die Menge $\{x \in U_{\mathcal{R}} | x E_{\mathcal{R}} y\}$ als $E_{\mathcal{R}}$-Vorbereich von y und die Menge $\{x \in D_{\mathcal{R}} | x E_{\mathcal{R}} y\}$ als die Extension von y bezeichnet. $D_{\mathcal{R}}$ muß der $E_{\mathcal{R}}$-Vorbereich eines Objektes sein.

$A_{\mathcal{R}}$ ist eine Funktion, der **Abstraktor** von $\mathcal{R}$, die jeder Extension ein Objekt mit genau diesem $E_{\mathcal{R}}$-Vorbereich zuordnet. Die Werte von $A_{\mathcal{R}}$ sind die **Klassen** von $\mathcal{R}$.

$P_{\mathcal{R}}$ ist eine zweistellige Funktion, die **Paarfunktion** von $\mathcal{R}$, die Objekte in Objekte und insbesondere Individuen in Individuen abbildet und die auf Individuen injektiv ist.

$J_{\mathcal{R}}$, das **Ersatzobjekt** von $\mathcal{R}$, ist ein Element von $U_{\mathcal{R}} \setminus D_{\mathcal{R}}$.

Es kommt noch die weitere ziemlich unanschauliche Bedingung hinzu, daß für jede Struktur und Belegung die damit gewonnene Bewertung für alle Ausdrücke der Sprache definiert ist.

Wir veranschaulichen einen Rahmen durch das folgende Bild:

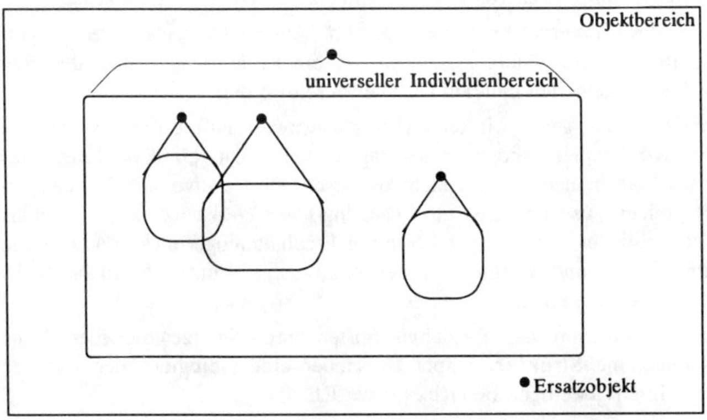

In das Bild sind einige Extensionen eingezeichnet, die z.B Individuenbereiche spezieller Sorten sein könnten. Der Abstraktor bildet jeweils die Extension auf die zugehörige Klasse des Rahmens ab, zu der genau die Elemente der Extension in der $E_{\mathfrak{R}}$-Relation stehen. Die Allklasse ist virtuell, die anderen drei gezeigten Klassen sind real, aber keine ist Element von sich selbst.

Als Beispiel betrachten wir die **trivialen Rahmen**. Diese enthalten nur ein Individuum und zwei Klassen, nämlich die leere Klasse und die Allklasse. Das Individuum ist zugleich das einzige Paar von Individuen, und die Allklasse ist gleich der Einerklasse des einzigen Individuums. Dabei gibt es dann noch die folgenden vier Möglichkeiten.

Das Individuum kann mit der leeren Klasse übereinstimmen, dann ist die Allklasse virtuell (und gleich der Russell-Klasse). Das Individuum kann mit der Allklasse übereinstimmen, dann ist die leere Klasse virtuell (und gleich der Russell-Klasse). In diesen beiden Fällen hat der Rahmen nur zwei Objekte, die beide Klassen sind. Oder beide Klassen können virtuell sein, so daß der Rahmen dann drei Objekte hat. Je nachdem, ob das einzige Individuum Element von sich selbst ist oder nicht, stimmt die Russell-Klasse mit der leeren Klasse oder der Allklasse des Rahmens überein.

Diese Rahmen sind trivial, sie zeigen aber, daß das Konzept der Klassenlogik nicht inhaltsleer ist und mit Sicherheit keine Widersprüche enthält.

Interessante Rahmen sind reichhaltiger. Für Anwendungen wird man voraussetzen, daß der Rahmen die Individuen enthält, mit denen man sich befaßt. So wird man für die Mathematik Rahmen brauchen, in denen die Axiome der Mengenlehre gelten.

Übrigens enthält jeder Rahmen mit mehr als einem Individuum auch gleich unendlich viele, da es ja eine zweistellige injektive Paarfunktion auf den Individuen geben muß.

In einem Rahmen können auch Nichtklassen Elemente haben. Man könnte sich, wenn dieser Allgemeinheitsgrad nicht gewünscht wird, auch auf Rahmen beschränken, in denen die Elementbeziehung auf den klassenlogisch ohnehin nur relevanten Teil, nämlich die Elementbeziehung zwischen Individuen und Klassen zurückgeschnitten ist. Man muß dann $X \in Y \Longrightarrow \mathrm{Cls}(Y)$ als weiteres logisches Axiom fordern, das diese spezielle Situation beschreibt, und man muß in der Definition des Rahmens die Anforderungen an die Elementbeziehung entsprechend fassen. Der Abstraktor wird dann als Bestimmungsstück von Rahmen entbehrlich, da er definierbar ist.

Der Begriff des Rahmens ist gegenüber der Prädikatenlogik neu und recht kompliziert. Die Definition ist vollständig angegeben, weitere Erläuterungen sind aber hier nicht möglich. Für Einzelheiten muß auf [20] verwiesen werden.

In unserer Semantik geben wir keine absolute Antwort auf die Frage, was Klassen und Paare "in Wirklichkeit" sind, und wir sagen auch nicht, ob diese Frage überhaupt sinnvoll ist. Man braucht das gar nicht zu wissen. Die relative, auf Rahmen bezogene Semantik reicht aus, um das nützliche logische Werkzeug der Klassenlogik zu begründen. Übrigens sagt man ja auch in der Prädikatenlogik nicht, was Individuen "in Wirklichkeit" sind und kommt mit der relativen, auf unterschiedliche Individuenbereiche bezogenen Semantik gut zurecht.

Für die Interpretation der speziellen Sorten und der nichtlogischen Konstanten benötigt man eine **Struktur**. Ferner ist wieder eine **Belegung** der Variablen mit Werten aus ihrem jeweiligen Bereich erforderlich.

36.4 **Strukturen und Belegungen**

Eine Struktur $\mathcal{A}$ ist ein Paar aus einer **Bereichsfunktion**, die jeder speziellen Sorte $s \in S$ eine nichtleere Extension $D^s_{\mathcal{A}}$ von $\mathcal{R}$ als Bereich zuordnet, und einer **Konstanteninterpretation**, die jeder Objektkonstanten $K \in C$ ein Objekt $K_{\mathcal{A}}$ von $\mathcal{R}$ und jeder Booleschen Konstanten $p \in C$ einen Wahrheitswert $p_{\mathcal{A}}$ als Denotat zuordnet.

Eine **Belegung** $\mathcal{B}$ ist eine Funktion, die jeder Variablen v^s ein Individuum $\mathcal{B}(v^s)$ zuordnet, das aus $D^s_{\mathcal{A}}$ (für $s \in S$) bzw. aus $D_{\mathcal{R}}$ (für $s = \text{univ}$) ist.

Durch einen Rahmen $\mathcal{R}$, eine zugehörige Struktur $\mathcal{A}$ und eine Belegung $\mathcal{B}$ wird eine **Bewertung** $\mathcal{J}(\mathcal{R}, \mathcal{A}, \mathcal{B})$, kurz $\mathcal{J}$, der Sprache LC(S, C, σ) definiert, bei der jedem Term X ein Objekt $[\![X]\!]_{\mathcal{J}}$ und jeder Formel φ einen Wahrheitswert $[\![\varphi]\!]_{\mathcal{J}}$ als Denotat zugeordnet wird. Für $[\![\varphi]\!]_{\mathcal{J}} = W$ schreibt man wieder $\mathcal{J} \models \varphi$.

Die Bewertungsdefinition ist naheliegend. Wir geben hier nur an, wie Klassenterme bewertet werden. Man wendet den Abstraktor auf die Erfüllungsmenge der Formel an:

36.5 $[\![\{v^s \mid \varphi\}]\!]_{\mathcal{J}} =_{\text{def}} A_{\mathcal{R}}(\{x \in D^s_{\mathcal{A}} \mid \mathcal{J}^{v^s}_{x} \models \varphi\})$

Links vom Gleichheitszeichen ist der objektsprachliche Klassenterm $\{v^s \mid \varphi\}$ gemeint, rechts stehen die geschweiften Klammern für die metatheoretische Klassenbildung. Die am Ende von 36.3 erwähnte Bedingung an einen Rahmen besagt, daß die Erfüllungsmenge stets eine Extension des Rahmens sein muß, so daß der Abstraktor, der diese metatheoretische Menge in ein Objekt des Rahmens überführt, dafür definiert ist.

Auf die Bewertungsdefinition gründet sich in der gleichen Weise, wie in den anderen logischen Systemen, der Folgerungsbegriff:

36.6 **Logische Folgerungen**

Γ sei eine Formelmenge und φ eine Formel einer klassenlogischen Sprache LC(S, C, σ). Dann sei:

$\Gamma \Vdash \varphi \Longleftrightarrow_{\text{def}}$ Jede Bewertung (zu beliebigen Rahmen, Strukturen und Belegungen), die alle Formeln der Formelmenge Γ mit W bewertet, bewertet auch die Formel φ mit W.

Die Korrektheit der angegebenen klassenlogischen Grundregeln ist offensichtlich. Wir haben ja unsere Semantik nach ihnen ausgerichtet.

Für die Klassenlogik gilt aber auch der Vollständigkeitssatz. Somit stimmen der Ableitbarkeitsbegriff bezüglich der angegebenen klassenlogischen Grundregeln und der in diesem Paragraphen definierte Folgerungsbegriff genau überein:

36.7 **Korrektheits- und Vollständigkeitssatz**

Γ sei eine Formelmenge und φ eine Formel einer klassenlogischen Sprache LC(S, C, σ). Dann gilt:

$$\Gamma \vdash \varphi \Longleftrightarrow \Gamma \Vdash \varphi$$

Dieser Satz bringt die Klassenlogik zum Abschluß und zeigt, daß sie ein abgerundetes und in sich stimmiges logisches System ist.

Wir können hier keinen Beweis des Vollständigkeitssatzes bringen und verweisen auf [20]. Der Beweis verläuft im Prinzip ähnlich wie in der Prädikatenlogik mit einer Maximalisierungsmethode. Die Hauptschwierigkeit ist es, sicherzustellen, daß in 36.5 der Abstraktor stets für die auftretenden Erfüllungsmengen von Formeln definiert ist. Zunächst muß man mit partiellen Bewertungen über Prärahmen (bei denen die letzte Bedingung in 36.3 nicht gefordert wird) arbeiten.

Auch die Korollare, die man üblicherweise aus dem Beweis des Vollständigkeitssatzes gewinnt, nämlich Endlichkeitssatz und Löwenheim-Skolem-Satz, gelten für die Klassenlogik.

Wir wollen zum Abschluß auf den Zusammenhang mit der Prädikatenlogik eingehen.

Es sei $LP(S, C, \sigma)$ eine prädikatenlogische Sprache und $LC(S, C, \sigma')$ sei die zugehörige klassenlogische Sprache, die dieselben speziellen Sorten und nichtlogischen Konstanten hat und in der alle prädikatenlogischen Individuen- und Relationskonstanten zu Objektkonstanten gemacht werden.

Jede prädikatenlogische Formel läßt sich dann auch als klassenlogische Formel auffassen. Man muß nur die prädikativen Formeln im Sinne der Abkürzung 33.5 lesen.

In der Prädikatenlogik ist in den Signaturen der Konstanten semantische Information gespeichert, die beim Übergang zur Klassenlogik verlorengeht. Diese Information muß bei einem Vergleich der Systeme auf der klassenlogischen Seite explizit formuliert werden. Dabei reicht es, wenn man entsprechende Konstantenaxiome für die Individuenkonstanten der Prädikatenlogik zufügt.

Der folgende Satz besagt, in welcher Weise sich die Prädikatenlogik in die Klassenlogik einbetten läßt. Dabei geben wir durch den Index LP (Prädikatenlogik) bzw. LC (Klassenlogik) am Folgerungszeichen an, welches logische System gemeint ist.

36.8 **Einbettung der Prädikatenlogik in die Klassenlogik**

Es sei $LP(S, C, \sigma)$ eine prädikatenlogische Sprache und $LC(S, C, \sigma')$ die zugehörige klassenlogische Sprache.

Con, die Menge der Konstantenaxiome, enthalte für jede Individuenkonstante c von $LP(S, C, \sigma)$ einer Sorte s die Aussage $c \in D^s$ von $LC(S, C, \sigma')$.

Dann gilt für jede Formelmenge Γ und Formel φ von $LP(S, C, \sigma)$:

$$\Gamma \Vdash_{\overline{LP}} \varphi \iff Con, \Gamma \Vdash_{\overline{LC}} \varphi$$

Wir können diesen Satz hier nicht beweisen und verweisen auf [20], wo auch noch weitere klassenlogische Systeme behandelt werden.

Prädikatenlogische Folgerungen sind somit dasselbe wie klassenlogische Folgerungen, sofern man die erwähnten Konstantenaxiome zufügt. In diesem Sinne ist die Klassenlogik eine **konservative Erweiterung** der Prädikatenlogik. Umgekehrt läßt sich die Prädikatenlogik als ein **Fragment** der Klassenlogik auffassen, das diejenigen Formeln umfaßt, die sich als prädikatenlogische Formeln lesen lassen.

Alle betrachteten logischen Systeme von der Aussagenlogik über die Prädikatenlogik bis zur Klassenlogik kann man als ein zusammengehöriges Ganzes ansehen.

Anhang

§ 37. Ausblick auf weitere Logiksysteme

In diesem Ausblick wollen wir in knapper Form einige für die Philosophische Logik relevante logische Systeme ansprechen.

Modallogik

Die Modallogik geht auf Aristoteles zurück und ist besonders im Mittelalter in einer sehr spitzfindigen und heute kaum noch nachvollziehbaren Weise gepflegt worden. Die moderne Modallogik hat damit wenig zu tun, sie hat aber viel zur Wiederbelebung der Philosophischen Logik beigetragen.

In der Modallogik möchte man die Wendungen "Es ist notwendig, daß", "Es ist möglich, daß" und damit zusammenhängende Begriffe behandeln. Wir führen $\Box$ als Notwendigkeitszeichen und $\Diamond$ als Möglichkeitszeichen ein (Merkregel: die Notwendigkeit ruht stabil auf der Linie, die Möglichkeit steht instabil auf der Kippe).

Die Syntax ist offensichtlich. Die Zeichen werden wie ein einstelliger Junktor verwendet. Vor eine Formel φ geschrieben, erzeugen sie neue Formeln:

37.1 $\Box\varphi$ Lesart: Es ist notwendig, daß φ.
$\Diamond\varphi$ Lesart: Es ist möglich, daß φ.

Aber die Semantik ist nicht so einfach. Jedenfalls handelt es sich nicht um Junktoren. Es lassen sich dafür keine Wahrheitstafeln angeben.

Damit $\Box\varphi$ wahr ist, genügt es nicht, daß φ wahr ist. Die Wahrheit von φ muß notwendigerweise bestehen. So kann die Aussage

Ich habe mein Schlüsselbund verloren

wahr sein. Aber das beruht nicht auf Notwendigkeit, sondern auf Unachtsamkeit, und die Aussage

$\Box$ Ich habe mein Schlüsselbund verloren

ist falsch.

Entsprechend kann $\Diamond\varphi$ wahr sein, obwohl φ falsch ist. Nehmen wir an, daß jemand auf dem Lottoschein seine Zahlen angekreuzt hat. Dann ist die Aussage

Die angekreuzten Zahlen werden gewinnen

vermutlich leider falsch. Aber die Aussage

$\Diamond$ Die angekreuzten Zahlen werden gewinnen

ist wahr, sonst würde man nämlich den Schein gar nicht ausfüllen.

In modalen Kontexten werden einige prädikatenlogische Schlußweisen inkorrekt werden, wie wir jetzt an Beispielen zeigen wollen.

Wir nehmen eine Individuenkonstante ANZAHLDERPLANETEN, die in der Standardinterpretation nach dem heutigen Kenntnisstand (es seien große Planeten gemeint) durch die Zahl Neun interpretiert wird. Dann ist also wahr:

37.2 ANZAHLDERPLANETEN = 9

Ferner wird man wohl als wahr ansehen:

37.3 $\Box$ (ANZAHLDERPLANETEN = ANZAHLDERPLANETEN)

Mit dem Ersetzungsschluß (vgl. 27.9)

37.4 $a=b, \varphi(a) \Vdash \varphi(b)$

(wobei man beachte, daß die Ersetzung frei ist) erhält man daraus:

37.5 $\Box$ (ANZAHLDERPLANETEN = 9)

Aber das ist sicherlich falsch, denn es ist ja nicht notwendig, daß es gerade neun Planeten gibt. Vielmehr ist das eine kontingente Tatsache, die auch anders sein könnte. Das Beispiel zeigt, daß die Ersetzung "Gleiches durch Gleiches" in einem modalen Kontext problematisch ist.

Aus der wahren Aussage

37.6 ANZAHLDERPLANETEN $\in \mathbb{N}$

und 37.3 erhält man mit dem prädikatenlogischen Schluß (vgl. 31.10)

37.7 $a \in \mathbb{N}, \varphi(a) \Vdash \exists n_0 \varphi(n_0)$

die falsche Aussage:

37.8 $\exists n_0$ $\Box$ (ANZAHLDERPLANETEN = n_0)

Es kann ja keine natürliche Zahl geben, die die Eigenschaft hat, notwendigerweise gleich der Anzahl der Planeten zu sein. Das Beispiel zeigt, daß man auch nicht in einen modalen Kontext "hineinquantifizieren" kann.

Die oben sichtbaren Schwierigkeiten sind inzwischen gut verstanden und analysiert worden. Ein Modaloperator $\Box$, $\Diamond$ führt gewissermaßen eine unsichtbare Variable (für Zustände oder mögliche Welten) mit sich, die er bindet und die in allen anderen Ausdrücken der Sprache ebenfalls fühlbar, wenn auch nicht sichtbar notiert ist. Die Ausdrücke sind dann in Abhängigkeit von diesem unsichtbaren Parameter zu interpretieren. Der Ausdruck ANZAHLDERPLANETEN wird z. B. nicht durch eine Zahl bewertet, sondern durch eine Funktion, die jeder möglichen Welt eine Zahl (die dortige Planetenzahl) zuordnet. Diese Funktion bezeichnet man als die **Intension** des Zahlausdrucks und den Funktionswert in einer möglichen Welt als die **Extension** in dieser Welt. Eine Aussage wird nicht durch einen Wahrheitswert bewertet, sondern durch eine Funktion, die jeder möglichen Welt einen Wahrheitswert zuordnet. Diese Funktion ist die Intension der Aussage, während die zugeordneten Wahrheitswerte die Extensionen in den jeweiligen Welten sind.

In der von Saul Kripke und Stig Kanger begründeten Semantik der Modallogik ist zunächst eine Menge W von **möglichen Welten** zu fixieren. In der sog. normalen Modallogik kommt als weiteres Bestimmungsstück eine zweistellige Relation R hinzu, die **Zugänglichkeitsrelation**. Dabei soll i R j besagen, daß die mögliche Welt j eine in Betracht zu ziehende **Alternative** zur möglichen Welt i ist. Das Paar $\langle W, R \rangle$ wird als **modaler Rahmen** bezeichnet. Dazu kommt dann noch die Interpretation der nichtlogischen Konstanten durch entsprechende Intensionen. Für die modale Prädikatenlogik sind auch zu den möglichen Welten Individuenbereiche zu fixieren, wobei man im einfachsten Fall in allen Welten denselben Individuenbereich zugrundelegt.

Die Grundidee bei der Bewertung modaler Formeln ist die, daß $\Box\varphi$ in einer Welt wahr ist, wenn φ in jeder Alternative zu dieser Welt wahr ist, und $\Diamond\varphi$ ist in einer Welt wahr, wenn es zu ihr eine Alternative gibt, in der φ wahr ist. Man setzt (wobei wir in der Notation nur die Abhängigkeit von der Welt zum Ausdruck bringen):

37.9 $i \models \Box\varphi \iff_{def}$ Für alle möglichen Welten $j \in W$ mit $i\,R\,j$ gilt $j \models \varphi$
$i \models \Diamond\varphi \iff_{def}$ Es gibt eine mögliche Welt $j \in W$ mit $i\,R\,j$ und $j \models \varphi$

Der Notwendigkeitsoperator entspricht also einem Allquantor über mögliche Welten und der Möglichkeitsoperator entspricht einem Existenzquantor über mögliche Welten.

Die Ersetzung bei dem oben vorgeführten Ersetzungsschluß ist gewissermaßen nicht frei, weil sie im Skopus des Modaloperators (mit der hinzuzudenkenden Variablen für mögliche Welten) erfolgt. Entsprechend erfolgt bei der Substitution, die bei dem Partikularisierungsschluß vorkommt, eine Variablenkollision (die hinzuzudenkende Variable wird bei der Einsetzung gebunden). Deshalb sind die Schlüsse nicht gültig.

Die Modallogik sagt nicht, was man in einer Anwendungssituation als mögliche Welten nehmen soll und welche Alternativen man zulassen soll. Es wird nicht erklärt, was Notwendigkeit und Möglichkeit "wirklich" bedeutet, wenn es so eine Erklärung überhaupt gibt. Aber dadurch wird die Modallogik auch sehr flexibel. Sie ist Vorbild für viele andere in der Philosophischen Logik interessierende logische Systeme geworden.

Temporale Logik

In der temporalen Logik möchte man die besondere Rolle der Zeit, die ja bei der Bewertung vieler Aussagen eine Rolle spielt, berücksichtigen.

Man könnte z. B. eine besondere Sorte für Zeiten einführen und die Abhängigkeit von Zeiten explizit zum Ausdruck bringen. Das ist in unserer Beispielsprache L_{VW} vorgeführt. Bei dieser Auffassung wäre die temporale Logik nur eine besondere mehrsortige Logik bisheriger Art.

In der natürlichen Sprache wird aber der Bezug auf Zeiten meist nur in indirekter Weise vorgenommen. Wenn man das modellieren will, so kann man nach dem Vorbild der Modallogik zeitliche Modaloperatoren einführen, die vor eine Formel geschrieben, diese in eine neue Formel überführen, in der Bezug auf andere Zeiten (als die Äußerungszeit) genommen wird. Das erste solche System wurde von Arthur N. Prior angegeben (1955). Er führte die Modaloperatoren F, G, P, H ein (Merkregel: F kommt in "Future", P in "Past" vor. G und H sind wohl einfach nur die nächsten Buchstaben nach F):

37.10 $F\varphi$ Lesart: Es wird einmal der Fall sein, daß φ.
$G\varphi$ Lesart: Es wird immer der Fall sein, daß φ.
$P\varphi$ Lesart: Es war einmal der Fall, daß φ.
$H\varphi$ Lesart: Es war immer der Fall, daß φ.

Die natürliche Sprache verwendet besondere Tempusformen der Verben, um solche Beziehungen auszudrücken. Auf englisch nennt man Tempusformen "Tense" und spricht von "Tense Logic".

Die Tense Logic ist gewissermaßen eine Modallogik mit einem doppelten Satz von

Modaloperatoren. G ist eine auf die Zukunft bezogene Notwendigkeit, H eine auf die Vergangenheit bezogene Notwendigkeit, F ist eine auf die Zukunft bezogene Möglichkeit, P eine auf die Vergangenheit bezogene Möglichkeit.

Auch die Semantik läßt sich nach dem Vorbild der Modallogik aufbauen. Eine Aussage kann zu einer Zeit wahr, zu einer anderen falsch sein. Die Rolle der möglichen Welten spielen somit Zeiten. Auf den Zeiten gibt es eine natürliche Ordnung nach früher oder später. Diese ist die Zugänglichkeitsrelation, und zwar ist es für F, G die Relation "später" und für P, H die Relation "früher".

Ein zeitlicher Rahmen ist somit ein Paar $\langle T, <\rangle$, wobei T eine nichtleere Menge (die Elemente heißen Zeiten) und $<$ eine zweistellige Relation auf T ist (die Früher- als-Relation). Dazu kommt dann noch die Bewertung der nichtlogischen Konstanten durch entsprechende sich über Zeiten erstreckende Intensionen. Dadurch wird eine Bewertung aller Formeln induziert. Die wesentlichen Bedingungen der Bewertungsdefinition lauten:

37.11 $t \models F\varphi \iff_{def}$ Es gibt eine Zeit t_1 mit $t_1 > t$ und $t_1 \models \varphi$

$t \models G\varphi \iff_{def}$ Für alle Zeiten t_1 mit $t_1 > t$ gilt $t_1 \models \varphi$

$t \models P\varphi \iff_{def}$ Es gibt eine Zeit t_1 mit $t_1 < t$ und $t_1 \models \varphi$

$t \models H\varphi \iff_{def}$ Für alle Zeiten t_1 mit $t_1 < t$ gilt $t_1 \models \varphi$

Die Interpretation von T als Menge der Zeiten legt gewisse zusätzliche Forderungen an den zeitlichen Rahmen nahe. So wird man fordern, daß $<$ irreflexiv und transitiv ist. Es liegt nahe, zu verlangen daß $<$ eine strikte lineare Ordnung auf T ist, doch gibt es auch Systeme mit verzweigender Zeit (branching time), um die Offenheit der Zukunft darzustellen. Man kann die Zeit als berandet (mit Anfangszeitpunkt oder Endzeitpunkt) oder unberandet, als diskret oder kontinuierlich ansehen. Je nach der getroffenen Wahl wird man verschiedene zeitlogische Systeme erhalten.

Intensionale Kontexte

Aussagenlogik, Prädikatenlogik und auch Klassenlogik sind **extensional**. Das heißt, daß man eine Semantik verwendet, in der den Ausdrücken der Sprache sehr einfache Denotate zugeordnet werden, die man auch als Extensionen bezeichnet, und daß man bei der Bewertung zusammengesetzter Ausdrücke nur auf die Denotate der Teilausdrücke zurückgreift. So ist die Extension eines Individuenausdrucks ein Individuum, d. h. ein Element eines vorgegebenen Bereiches, die Extension eines Prädikates eine Relation zwischen Individuen, und die einer Formel ein Wahrheitswert. Bei der Bewertung eines mit einem Funktor aufgebauten Ausdrucks greift man auf die Denotate der Teilausdrücke bei derselben Bewertung zurück, bei einem mit einem Operator aufgebauten Ausdruck muß man auch auf die Denotate der Teilausdrücke bei abgeänderten Belegungen zurückgreifen. In der Objektsprache wird durch die gebundenen Variablen die Abhängigkeit von den Werten dieser Variablen offengelegt.

Die natürliche Sprache ist demgegenüber **intensional**. Das bedeutet u. a., daß es bei der Interpretation zusammengesetzter Ausdrücke auf mehr als die Extensionen der Teilausdrücke ankommt. Worauf es ankommt, läßt sich gar nicht so einfach sagen. So spielt eine Rolle nicht nur **was**, sondern auch **wie** man etwas benennt. So sind z. B. die Prädikate "... ist gleichseitiges Dreieck" und "... ist gleichwinkliges Dreieck" extensional gleich, sie definieren genau dieselbe Klasse von Figuren. Aber man "meint" damit doch jeweils andere Eigenschaften. Entsprechend ist es bei den Begriffen "Mensch" und "federloser Zweibeiner", deren Extensionen (gewissermaßen zufälligerweise) gleich sind.

Die natürliche Sprache ist voll von intensionalen Kontexten. Wir betrachten einige Beispiele, die wir daran erkennen, daß ein "normaler" (extensionaler) Schluß, meist ein Ersetzungsschluß oder ein Substitutionsschluß, danebengreift.

Nehmen wir etwa GLAUBT als Formalisierung von "... glaubt, daß ...".

Die Syntax ist einfach. Aus einem Term A (der eine Person bezeichnen soll) und einer Formel φ (die beschreibt, was die Person für wahr hält) entsteht eine Formel:

37.12 A GLAUBT φ

Die Semantik (in einer Standardinterpretation) wird man vielleicht auch für unproblematisch halten: Wenn A eben glaubt, daß φ, so ist 37.12 wahr, sonst halt falsch.

Aber betrachten wir z. B. die Aussage

37.13 HEGEL GLAUBT (ANZAHLDERPLANETEN = ANZAHLDERPLANETEN)

Dieses wird man für wahr halten, denn Hegel war ja nicht dumm. Aber daraus und aus 37.2 erhält man mit den Schluß 37.4:

37.14 HEGEL GLAUBT (ANZAHLDERPLANETEN = 9)

Das ist aber erwiesenermaßen falsch, denn Hegel hat in seiner "Dissertatio philosophica de orbitis planetarum" sogar bewiesen, daß es nicht mehr als sieben Planeten geben kann. Das war in Jena im Jahr 1801, kurz bevor dort die Nachricht eintraf, daß Guiseppe Piazzi in Palermo einen achten Planeten entdeckt hatte, den kleinen Planeten Ceres.

Es liegt also ein intensionaler Kontext vor. In 37.12 steht der Satz φ nicht für seine Extension (d. h. einen Wahrheitswert), sondern für etwas anderes. In der Tat ist das was man glaubt, ja nicht ein Wahrheitswert, sondern ein "Inhalt" von Sätzen.

In der **epistemischen Logik** versucht man, eine adäquate Interpretation solcher Glaubenssätze 37.12 zu finden. Dabei geht man durchaus nach dem Vorbild der Modallogik vor. Man wählt einen festen Agenten A, so daß nur die Abhängigkeit von φ betrachtet zu werden braucht. Eine epistemische Alternative zu einer Welt i ist eine Welt j, in der alles wahr ist, was der Agent in i glaubt. Eine Schwierigkeit ist dabei, daß man ja auch tatsächlich Inkonsistentes glauben kann, was in keiner Welt wahr sein kann. Ferner bleibt bei einer modallogischen Semantik der Wahrheitswert von 37.12 erhalten, wenn man φ durch eine logisch äquivalente Aussage ψ ersetzt. Es ist aber sicherlich nicht der Fall, daß man mit φ auch alle zu φ logisch äquivalenten Aussagen glaubt. So glaubt jeder sicherlich eine Tautologie, etwa $\top$, aber nicht alle allgemeingültigen Aussagen (die ja sogar eine unentscheidbare Menge bilden). Es liegt in der epistemischen Logik eine Idealisierung vor (sog. rationaler Glaube), bei der den Agenten unbegrenzte logische Fähigkeiten zugeschrieben werden.

Wir bringen weitere Beispiele intensionaler Kontexte.

Der Detektiv D sucht den Mörder M. Er findet den Bürger B. Dieser ist der Mörder (was D aber nicht weiß). Man kann nicht schließen, daß er M gefunden hat.

A freut sich, daß φ. Leider ist $\varphi \iff \psi$ wahr (was A nicht weiß, doch weiß er, daß ψ für ihn unangenehm ist). Man kann nicht sagen, daß A sich freut, daß ψ.

A verkehrt freundschaftlich mit B. B ist ein Rauschgifthändler (was A nicht weiß). Man würde dann nicht sagen, daß A freundschaftlich mit Rauschgifthändlern verkehrt.

A weiß nicht, daß Karol Wojtyla katholisch ist. Karol Wojtyla ist der Papst. Man kann nicht schließen, daß A nicht weiß, daß der Papst katholisch ist.

Die Entfernung des abfahrenden Schiffs vom Hafen beträgt eine Meile. Die Entfernung wird größer. Man kann nicht schließen, daß eine Meile größer wird.

Es wäre absurd, eine Logik des "Suchens", des "Sich-Freuens", des "Freundschaftlich-Verkehrens" usw. zu entwickeln. Aber eine angemessene Semantik für solche Kontexte wäre für ein Verständnis der natürlichen Sprache sehr erwünscht.

Gottlob Frege unterschied zwischen dem "Sinn" und der "Bedeutung" eines Ausdrucks und erklärte das Versagen der extensionalen Schlüsse dadurch, daß ein Ausdruck an verschiedenen Stellen verschieden verwendet wird. Er hat ein "gerades" Vorkommen, wo er für seine Bedeutung steht und ein "ungerades" Vorkommen, wo er seinen Sinn ausdrückt. Da man das Wort "Bedeutung" heute in einer umfassenden Weise versteht, die alle Verwendungsarten umfaßt, sollte man die Fregesche Teminologie nicht mehr verwenden. Was Frege als Bedeutung und Sinn bezeichnete, kann man mit Extension und Intension gleichsetzen. Ein ungerades Vorkommen, von Willard v. O. Quine auch als "opak" bezeichnet, ist ein intensionaler Kontext.

Damit ist freilich noch nicht gesagt, was eine Intension ist. Einen ersten Ansatz machte Rudolf Carnap, der die Intension eines Ausdrucks mit der Gesamtheit seiner Extensionen gleichsetzte. In der bereits besprochenen Semantik der modernen Modallogik hängen die Extensionen von einem Parameter ab, dessen Werte man als mögliche Welten bezeichnet. Um modale Aussagen $\Box\varphi$, $\Diamond\varphi$ zu bewerten, muß man φ auch für andere Werte des Parameters bewerten. Der wesentliche Unterschied zu einer extensionalen Sprache besteht darin, daß dieser Bewertungsparameter nicht in der Objektsprache repräsentiert ist (etwa als gebundene Variable). Das macht den Kontext intensional.

Die Grundidee der Semantik der Modallogik hat man auch zur Analyse anderer intensionaler Kontexte verwendet, wie es oben bei der temporalen und epistemischen Logik bereits angedeutet wurde. Richard Montague hat eine Modallogik höherer Stufe angegeben, die er als **intensionale Logik** bezeichnete. Er hat sie zur Interpretation von Fragmenten natürlicher Sprachen (und zwar des Englischen) benutzt. Damit wollte er intensionale Kontexte im Rahmen einer linguistisch adäquaten Sprachtheorie, insbesondere hinsichtlich der Quantoren, modellieren.

Gegen die Modallogik und andere daran orientierte Systeme könnte man einwenden, daß sie ja nicht wirklich intensional sind, weil die "Intensionen", die als Denotate auftreten (nämlich Funktionen von möglichen Welten in Wahrheitswerte, Individuen o. ä.) durchaus extensionale Objekte sind, die sich in einer extensionalen Metatheorie sehr gut verstehen lassen. Man simuliere nur in einer extensionalen mengentheoretischen Semantik die intensionalen Objekte. Das ist richtig, aber es ist kein Einwand. Denn es wäre ja sehr erwünscht, wenn man die Intensionen auf diese Weise extensional verstehen könnte. Was man einwenden kann ist, daß diese Simulationen zu simpel und nicht adäquat sind. Auch wenn ein vollständiges Verständnis intensionaler Kontexte mit Hilfe einer extensionalen Semantik nicht erreichbar sein sollte, so lohnt es doch, zu untersuchen, was man auf diese Weise erreichen kann.

Intensionale Kontexte treten auch bei Handlungsbeschreibungen auf. Eine Handlung ist mehr als nur ein Ereignis. Eine Handlung setzt Agentschaft und Absicht voraus.

Ein Agent möge durch eine (absichtliche) Handlung bewirken, daß φ. Wenn $\varphi \Longleftrightarrow \psi$ gilt, so hat er damit auch ψ bewirkt, aber das braucht keineswegs mit Absicht zu sein. Ein Arzt führt z. B. (mit Absicht) eine Operation aus, um einen Patienten von einer kranken Niere zu befreien. Die Operation bewirkt, daß der Patient stirbt. Aber der Arzt hat den Patienten nicht (mit Absicht) getötet.

Man versucht auch, die **Handlungslogik** nach dem Muster der Modallogik zu entwickeln. Doch ist das unbefriedigend, weil man Handlungen schlecht durch Formeln beschreiben kann. So ist z. B. nicht klar, was die Negation einer Handlung sein soll. In einer Formel A BEWIRKT φ drückt φ eher das Ergebnis einer Handlung aus, als diese Handlung selbst. Man braucht auch Formeln der Art A TUT α, wobei α für Ausdrücke steht, die durch Handlungen bewertet werden.
Derartige Ausdrücke findet man in den Programmiersprachen der Informatik, die formale Sprachen zur Beschreibung von algorithmischen Abläufen sind. Programme kann man als Handlungsanweisungen verstehen. Wir wollen ein logisches System skizzieren, das eine Verbindung zwischen Programmiersprachen und Modallogik herstellt, die von Vaughan R. Pratt entdeckt wurde.

Dynamische Logik

Zur Dynamischen Logik gehören formale Sprachen, die neben Formeln auch Programme enthalten. Zu einer Interpretation gehört eine Menge von Zuständen (die man auch ebensogut als mögliche Welten bezeichnen könnte). Formeln werden in Zuständen wahr oder falsch. Programme beschreiben Übergänge zwischen Zuständen. Für Formeln hat man die üblichen logischen Verknüpfungen wie z.B. Junktoren. Programme baut man in folgender Weise auf (die Lesarten geben Hinweise auf die Semantik):

37.15	$\alpha ; \beta$	(Hintereinanderausführung: Tue erst α, dann β)
	$\alpha \sqcup \beta$	(freie Auswahl: Tue α oder tue β)
	IF φ THEN α ELSE β	(Verzweigung: Wenn φ, so tue α, sonst tue β)
	WHILE φ DO α	(Iterierung: Solange φ tue α)
	SKIP	(Tue garnichts)

Falls man über die Aussagenlogik hinausgeht und auch Variablen und Terme hat, so hat man noch die Wertzuweisungen:

37.16 $v := a$. (Gib der Variablen v den Wert, den der Term a hat)

Eine hochgradig nichtdeterministische Wertzuweisung ist:

37.17 $v:=?$ (Zufallszuweisung: Gib v irgendeinen Wert)

Von besonderem Interesse ist hier, daß man die Modaloperatoren verwenden kann. Und zwar sind sie auf Programme bezogen, d. h. die Alternativen zu einem Zustand sind die von dort aus bei einem Durchlaufen des Programms erreichbaren Zustände. Zur Bezeichnung dieser neuen Modaloperatoren bricht man die alten Modaloperatoren $\Box$, $\Diamond$ in Paare vom Klammern $[\ldots]$, $\langle\ldots\rangle$ auf:

37.18	$[\alpha]\varphi$	(nach Ausführung von α gilt notwendigerweise φ)
	$\langle\alpha\rangle\varphi$	(nach Ausführung von α gilt möglicherweise φ)

Eine dynamische Logik ist vermutlich besser als die Modallogik als eine Basistheorie zur Analyse von Begriffen brauchbar, bei denen Handlungen eine Rolle spielen.

Hierzu gehört z.B. auch die **deontische Logik**, in der man Begriffe wie "verboten", "erlaubt", "freigestellt" untersuchen will. Das was verboten, erlaubt bzw. freigestellt ist, sind nämlich Handlungen (die man durch Programme darstellen kann) und nicht Zustände oder Sachverhalte (die sich durch Formeln beschreiben lassen), für die besser Begriffe wie "gut" oder "schlecht" passen.

Wir wollen hiermit unseren Ausblick auf Gebiete abschließen, die durchaus noch in der Entwicklung sind.

Dagegen ist die Prädikatenlogik ein ausgereiftes und klassisches System, das als Einstieg in die Logik und als Grundlage für weitere Untersuchungen wohl unentbehrlich bleiben wird.

Literaturverzeichnis

Allgemeine deutschsprachige Einführungen:

[1] Asser, Günter: Einführung in die mathematische Logik I, II, III
Verlag Harri Deutsch, Zürich - Frankfurt a. M. ^{6}1983 (^{1}1965), ^{2}1976 (^{1}1972), 1981

[2] Bucher, Theodor: Einführung in die angewandte Logik
Walter de Gruyter, Berlin - New York 1987

[3] Ebbinghaus, Heinz-Dieter, Flum, Jörg und Thomas, Wolfgang: Einführung in die mathematische Logik
Wissensch. Buchges., Darmstadt ^{2}1986 (^{1}1978, engl. Übersetzung 1989)

[4] Essler, Wilhelm, Brendel, Elke und Martinez Cruzado, Rosa F.: Grundzüge der Logik I (Das logische Schließen), II (Klassen, Relationen, Zahlen)
Vittorio Klostermann, Frankfurt a. M. ^{4}1991, ^{3}1987

[5] Hermes, Hans: Einführung in die mathematische Logik
B. G. Teubner, Stuttgart ^{4}1976 (^{1}1963, engl. Übersetzung 1973)

[6] von Kutschera, Franz und Breitkopf, Alfred: Einführung in die moderne Logik
Verlag Karl Alber, Freiburg ^{4}1985 (^{1}1971)

[7] Mates, Benson: Elementare Logik
Vandenhoeck u. Ruprecht, Göttingen ^{2}1978 (^{1}1965 amerikanisch)

[8] Menne, Albert: Einführung in die Logik
UTB, Franke Verlag, München ^{4}1986 (^{1}1966)

[9] Oberschelp, Arnold: Elementare Logik und Mengenlehre I, II
Bibliographisches Institut, Mannheim - Wien - Zürich 1974, 1978

[10] Quine, Willard v. O.: Grundzüge der Logik
Suhrkamp, Frankfurt a. M. 1974 (^{1}1950 amerikanisch)

[11] Richter, Michael M.: Logikkalküle
B. G. Teubner, Stuttgart 1978

[12] Schöning, Uwe: Logik für Informatiker
Bibliographisches Institut, Mannheim - Wien - Zürich ^{2}1989 (^{1}1987)

[13] Siefkes, Dirk: Formalisieren und Beweisen (Logik für Informatiker)
Friedr. Vieweg & Sohn, Braunschweig 1990

[14] Seebohm, Thomas M.: Elementare formalisierte Logik
Verlag Karl Alber, Freiburg, München 1991

[15] Stegmüller, Wolfgang und Varga von Kibéd, Matthias: Strukturtypen der Logik
Springer Verlag, Berlin - Heidelberg - New York - Tokyo 1984

[16] Tarski, Alfred: Einführung in die mathematische Logik
Vandenhoeck u. Ruprecht, Göttingen ^{5}1977 (^{1}1936 polnisch, ^{1}1941 amer.)

[17] Varga, Tamás: Mathematische Logik für Anfänger I (Aussagenlogik), II (Prädikatenlogik)
Verlag Harri Deutsch, Zürich - Frankfurt a. M. 1972, 1973

Einführungen unter Betonung des konstruktiven Standpunktes:

[18] Kamlah, Wilhelm und Lorenzen, Paul: Logische Propädeutik
Bibliographisches Institut, Mannheim - Wien - Zürich ²1973 (¹1967)

[19] Lorenzen, Paul: Metamathematik
Bibliographisches Institut, Mannheim - Wien - Zürich ²1980 (¹1962)

Darstellung klassenlogischer Systeme:

[20] Glubrecht, Jürgen-Michael, Oberschelp, Arnold und Todt, Günter: Klassenlogik
Bibliographisches Institut, Mannheim - Wien - Zürich 1983

Darstellungen der Modallogik und anderer intensionaler logischer Systeme:

[21] van Benthem, Johan: The Logic of Time
D. Reidel Publ. Comp., Dordrecht - Boston - Lancaster ²1991 (¹1983)

[22] Chellas, Brian F.: Modal Logic
Cambridge University Press, London - New York 1980

[23] Goldblatt, Robert: Axiomatising the Logic of Computer Programming
Springer-Verlag, Berlin - Heidelberg - New York 1982

[24] Harel, David: First-Order Dynamic Logic
Springer-Verlag, Berlin - Heidelberg - New York 1979

[25] Hughes, George E. und Cresswell, Maxwell J.: Einführung in die Modallogik
Walter de Gruyter, Berlin - New York 1978 (¹1968 englisch)

[26] Lenzen, Wolfgang: Glauben, Wissen und Wahrscheinlichkeit (Systeme der epistemischen Logik)
Springer-Verlag, Wien - New York 1980

[27] von Kutschera, Franz: Einführung in die intensionale Semantik
Walter de Gruyter, Berlin - New York 1976

[28] Rautenberg, Wolfgang: Klassische und nichtklassische Aussagenlogik
Friedr. Vieweg, Braunschweig - Wiesbaden 1979

Werke mit Auszügen aus Originaltexten und Material zur Geschichte der Logik:

[29] Berka, Karel und Kreiser, Lothar: Logik-Texte
Akademie-Verlag, Berlin ³1983 (¹1971)

[30] Bocheński, Joseph M.: Formale Logik
Verlag Karl Alber, Freiburg - München ⁴1978 (¹1956)

Handbücher und Wörterbücher, die einen Überblick über weitere Gebiete geben:

[31] Barwise, Jon (Hrsg.): Handbook of Mathematical Logic
North-Holland Publ. Comp., Amsterdam - New York - Oxford 1977

[32] Gabbay, Dov M. und Guenthner, Franz (Hrsg.): Handbook of Philosophical Logic, 4 Bände
D. Reidel Publ. Comp., Dordrecht - Boston - Lancaster 1983, 1984, 1986, 1989

[33] Kondakow, N. I.: Wörterbuch der Logik
Verlag das europäische Buch, Berlin 1978 (¹1971 russisch)

HauboldESCHWEGE · 3440 Eschwege · Tel. 0 56 51 - 309-0

Deuerlich'sche Buchhandlung

3400 GÖTTINGEN · Weender Str. 33 · Tel. 4 95 00 - 0 · Fax 05 51 / 4 95 00 83
Filialen: Gotmarstraße 3, Theaterstraße 25, Weender Landstraße 6

Warengruppe	Anzahl	Göttingen, den	Einzelpreis	DM	Pf
	1	Oberschelp Logik f. Philosophen		29	80
		12 XI 92 491		2980	BA SU
		12 XI 92 491		2980	BA SU

Bitte beachten Sie die Rückseite!

_____% MWSt. = DM_____
sind im Endbetrag enthalten

Verkäufer	08182-17	Umtausch nur mit diesem Kassenzettel bitte!

Verzeichnis von Symbolen und Schreibweisen

Symbole und Schreibweisen, die Beispiele betreffen, sind nicht berücksichtigt.

Weitere Logiksysteme

Verzeichnis der Grundregeln

Verzeichnis von eliminierbaren Regeln

Namen der Syllogismen

Personenverzeichnis

Sachverzeichnis